L'italiano d'oggi
note di grammatica per corsi universitari

For use in intermediate and advanced courses of Italian for English-speaking students, this book reviews the basics of Italian grammar and explains in detail aspects of the morphology, syntax, and semantics of contemporary Italian.

Rather than presenting the material within the framework of a single theory or school of linguistics, the authors focus on different problems with a variety of approaches which they have found to be effective over the course of their teaching careers. The coverage of Italian morphology and syntax is comprehensive and the various areas of grammar are presented systematically, in 'blocks.' The book also offers innovative analyses of verb morphology, mood and tense system, as well as extensive word lists for the various grammatical categories.

The language used in the explanations is simple; the material is presented in an organic but unobtrusive way, aimed at offering instructors a guide for their lesson in class, and students a tool for their preparation and follow-up at home.

Luisa Karumanchiri and Raffaella Maiguashca teach in the Department of Languages, Literatures and Linguistics at York University. They are co-authors, with Marina Frescura and Jana Vizmuller-Zocco, of Schede di lavoro: morfologia, sintassi e lessico dell'italiano con esercizi contrastivi per studenti anglofoni e dialettofoni.

L'italiano d'oggi

Note di grammatica per corsi universitari

Luisa Polesini Karumanchiri

in collaborazione con

Raffaella Uslenghi Maiguashca

University of Toronto Press

Toronto Buffalo London

© University of Toronto Press 1988
Toronto Buffalo London
Printed in Canada
Paperback reprinted 1991, 1993

ISBN 0-8020-5746-2 cloth
ISBN 0-8020-6654-2 paper

Toronto Italian Studies

Canadian Cataloguing in Publication Data

Karumanchiri, Luisa Polesini, 1942-
L'italiano d'oggi : note di grammatica per
corsi universitari

Includes index.
ISBN 0-8020-5746-2 (bound) ISBN 0-8020-6654-2 (pbk.)

1. Italian language - Grammar - 1950- .
I. Maiguashca, Raffaella Uslenghi, 1938- .
II. Title.

PC1112.K37 1988   458.2   C88-093464-6

Acknowledgement

Special thanks go to Secretarial Services at York University,
where Mrs Pat Cates was at all times most co-operative and
understanding, and Mrs Verna Mitchell typed the manuscript with
great expertise. Needless to say, any infelicities that may
remain are our sole responsibility.

Indice

VII MODO INDICATIVO: I TEMPI "RELATIVI": TRAPASSATO PROSSIMO, TRAPASSATO REMOTO, FUTURO ANTERIORE

VIII L'AVVERBIO

IX I PRONOMI

X I MODI DEL COMANDO: IMPERATIVO E CONGIUNTIVO

XI MODO CONGIUNTIVO

XII MODO CONDIZIONALE

Al lettore

Questo volume è una raccolta di appunti di grammatica per studenti che seguono corsi intermedi e superiori d'italiano come lingua seconda o straniera in università nord-americane. Il suo scopo è quello di far ripassare le nozioni basilari di grammatica già acquisite in corsi precedenti e di ampliare tale conoscenza attraverso descrizioni ed osservazioni dettagliate su vari aspetti della morfologia, della sintassi e della semantica dell'italiano d'oggi.

In particolare si è tenuto conto delle esigenze di due gruppi:

a.   studenti di origine italiana che conoscono un dialetto e che hanno seguito due o tre corsi d'italiano al liceo, oppure uno o due corsi all'università.

b.   studenti anglofoni, con almeno due corsi d'italiano a livello universitario.

La necessità di scrivere questo volume è nata dalla constatazione che i libri di testo che si trovano sul mercato italiano e su quello nord-americano non sono adatti a questi tipi di studenti. Le grammatiche in uso nelle scuole italiane, dato che sono scritte più con l'intento di far riconoscere certe strutture che con quello di insegnarle, troppo spesso fanno appello all'istinto dello studente, che è di lingua madre italiana, nell'enunciare la regola. Questo le rende insufficienti per guidare gli studenti d'italiano come lingua seconda o straniera. D'altra parte, le grammatiche pubblicate in Nord America sono di solito destinate a studenti a un livello di apprendimento più basso e tendono a "scivolare" sui punti più difficili (per esempio: l'uso degli ausiliari o del congiuntivo; l'uso dei tempi nelle frasi subordinate, ecc.) nella speranza che una vaga "pratica" della lingua supplisca a certe deficienze descrittive. Inoltre le liste esemplificative che accompagnano le regole (per esempio: nomi e aggettivi che presentano particolarità morfologiche, verbi con particolari reggenze sintattiche, ecc.) sono sempre parziali e lasciano un notevole vuoto di informazione. In questo lavoro si è cercato, dunque, di rispondere ai bisogni specifici degli studenti a cui ci si rivolge, offrendo spiegazioni e liste esemplificative quanto più possibile dettagliate e complete.

Queste note, formulate secondo criteri più empirici che teorici, hanno uno scopo prettamente pratico: possono servire di guida sia all'insegnante per le spiegazioni in classe che allo studente per la consultazione a casa.

Sarà bene aggiungere che il criterio empirico ha portato talvolta ad operare delle semplificazioni nella formulazione delle regole che potranno apparire poco ortodosse, ma che si sono ritenute opportune per i nostri scopi. Due esempi basteranno ad illustrare questo punto. Il primo riguarda la formazione del plurale dei nomi in *-co/-ico*, trattati nell'unità I, capitolo 3. Questa è un'area molto complessa che non solo richiede una descrizione estremamente laboriosa dal punto di vista didattico, ma implica anche una quantità tale di eccezioni da rendere inefficace la regola stessa. Si è deciso pertanto di non addentrarsi nella complessità della descrizione e di offrire invece una guida esemplificativa più facilmente accessibile agli studenti di questo livello. Il secondo esempio riguarda le frasi dipendenti dalle congiunzioni che richiedono il congiuntivo. Si dice, per esempio:

1. *Sono uscita prima che lui **finisse** i compiti.*
2. *Sono uscita prima che **fosse** troppo tardi.*

E` accettabile però anche:

1a. *Sono uscita prima che lui **avesse finito** i compiti.*

Non è accettabile invece:

2a. **Sono uscita prima che **fosse stato** troppo tardi.*

Nell'unità XI, capitolo 13a, si fa notare che *la frase introdotta da **prima che** ha sempre il verbo a un tempo semplice.* Questo equivale a dire che tutti i verbi dipendenti da *prima che* devono essere o al presente o all'imperfetto del congiuntivo. In una descrizione più approfondita si sarebbe potuto continuare indicando che, per esempio, con una categoria semantica di verbi del tipo *cominciare, finire, arrivare...* sono ammessi anche i tempi composti. Dato lo scopo prettamente pratico di questo lavoro, si à invece deciso di semplificare e di dare solo la "regola della sicurezza", quella che "va sempre bene".

Dato il livello degli studenti a cui è rivolto il lavoro, non è stato trattato l'aspetto fonologico della lingua, ma solo quello morfologico, sintattico e semantico. La sequenza degli argomenti trattati è, grosso modo, quella di una grammatica di consultazione tradizionale.

Svolgendo i vari argomenti ci si è preoccupati di tenere conto - più o meno scopertamente - di due tipi di interferenze a cui è soggetta la maggioranza dei nostri studenti: da un lato l'interferenza dell'inglese e, dall'altro, quella del dialetto. Per quanto riguarda la prima, abbiamo fatto degli accenni "contrastivi", dove ci sembrava opportuno, mediante la traduzione e un confronto esplicito fra l'italiano e l'inglese. Per quanto riguarda la seconda, invece, il criterio è del tutto implicito, nel senso che, nella descrizione come nella esemplificazione, si è insistito particolarmente su quei punti in cui l'esperienza di insegnamento ha mostrato il ricorrere costante di certi errori, probabilmente dovuti all'interferenza di un dialetto (per esempio: **Ho aiutato a Maria, *Mi ho comprato un cappotto nuovo, *Se potrei, ci andrei, ecc.*). Da qui la cura particolare con cui sono state trattate certe aree che alla luce dell'esperienza si erano dimostrate problematiche, come certi costrutti verbali, l'uso dei pronomi e la relazione dei tempi e dei modi nelle frasi complesse.

Questa grammatica può essere abbinata ai due volumi di esercizi <u>Schede di lavoro - morfologia, sintassi e lessico dell'italiano, con esercizi contrastivi per studenti anglofoni e dialettofoni</u> di R. U. Maiguashca et al., University of Toronto Press, 1985. Per i richiami fra questo manuale e le <u>Schede di lavoro</u>, si confrontino le "Tavole di corrispondenza" a pag. 357.

Nota

- Il numero **centrale in alto** di ogni pagina indica la sequenza delle pagine.

- I **numeri centrali in basso** di ogni pagina indicano l'unità (numero romano)
  e il capitolo (numero arabo) trattati nella pagina stessa. Questi numeri
  sono d'aiuto per ritrovare rapidamente i richiami che compaiono nel testo.

  Per esempio: *cfr. I, 10,* significa: confronta Prima Unità, capitolo 10.

- Gli elenchi di parole sono delimitati da rettangoli disegnati in modo
  diverso:

  Un <u>rettangolo chiuso a contorno doppio</u> indica che l'elenco si
  può considerare completo allo scopo dell'insegnamento. Tutte le
  parole che vi sono contenute compaiono nell'<u>indice analitico</u>
  alla fine del testo.

  Un <u>rettangolo aperto a contorno doppio</u> indica che l'elenco è
  solamente esemplificativo, cioè molte parole dello stesso tipo
  non compaiono. Anche le parole di queste liste sono nell'<u>indice
  analitico</u> alla fine del testo.

  Un <u>rettangolo aperto a contorno semplice</u> contiene esemplifica-
  zioni di parole o espressioni tanto comuni, che non si è
  ritenuto necessario includerle nell'indice analitico.

- Un <u>puntino</u> (.) disegnato <u>sotto</u> una vocale, indica che quella vocale è
  tonica, cioè porta l'accento della parola.

- Una <u>barra (/)</u> fra due parole o espressioni indica la possibilità di usare
  l'una o l'altra parola nel contesto dato.

- Il <u>segno</u> (ʌ) vuol far rilevare che un certo elemento non compare nel
  contesto che si considera.

- Il <u>segno</u> Ø indica che manca un corrispondente ad un elemento discusso nel
  testo.

- L'<u>asterisco</u> (*) indica una forma o una costruzione non accettabili.

- Una <u>parola fra parentesi tonde, (),</u> indica che quella parola è facoltativa
  nel contesto dato.

- Una <u>parola fra parentesi quadre, [],</u> indica che quella parola generalmente
  rimane sottintesa, cioè non viene espressa nel contesto dato.

- Una <u>parola fra due barre</u> (*per esempio: /l'otel/*) rappresenta la
  trascrizione fonetica di quella parola.

- Altri segni di ovvia interpretazione sono usati per richiamare l'attenzione
  sugli elementi che si stanno esaminando nel testo.

Abbreviazioni

agg.	aggettivo
art.	articolo
avv.	avverbio
c./compl.	complemento
cg.	congiunzione
cong.	congiuntivo
det.	determinativo
ecc.	eccetera
f.	femminile
fr.	frase
GN	gruppo nominale
GV	gruppo verbale
indet.	indeterminativo
intr.	intransitivo
m.	maschile
mod.	modale
o.d. / ogg. dir.	oggetto diretto
o.i. / ogg. indir.	oggetto indiretto
pl.	plurale
prep.	preposizione
princ.	principale
pron.	pronome
rifl.	riflessivo
sec.	secondario/a
sg.	singolare
sogg.	soggetto
tr. / trans.	transitivo
v. / vb.	verbo

L'italiano d'oggi

Premessa

1 NOTE DI ORTOGRAFIA

L'alfabeto italiano ha cinque vocali:

      a   e   i   o   u

e sedici consonanti:

      b c d f g h l m n p q r s t v z

In parole come *libro, carta, prato* ogni suono è rappresentato graficamente da una lettera: in ognuna di queste parole ci sono cinque lettere e cinque suoni.

I suoni consonantici, però, in italiano, sono più di sedici, per cui nello scrivere si deve ricorrere a degli espedienti per trascriverli tutti. Esaminiamo le seguenti parole, in cui alcuni suoni sono rappresentati graficamente da più di una lettera:

	/a/	/o/	/u/	/i/	/e/
/k/	casa	cosa	cura	chilo	cherosene
/g/	gara	gomma	gusto	ghiro	ghetto
/č/	ciambella	ciotola	ciuffo	città	cena
/ǧ/	giallo	giorno	giudice	gita	gesto
/ñ/	pigna	sogno	ognuno	sogni	pigne
/š/	scialle	sciocco	sciupare	scivolare	scena
/λ/	figlia	figlio	pagliuzza	figli	figlie

Dobbiamo dunque fare attenzione all'ortografia di certe parole come:

bianco   bianca   bianchi   bianche
vago   vaga   vaghi   vaghe
fradicio fradicia fradici   fradice
grigio   grigia   grigi   grige
liscio   liscia   lisci   lisce
figlio   figlia   figli   figlie

Le stesse particolarità ortografiche si ritroveranno anche nella coniugazione dei verbi.

* * *

In italiano i suoni consonantici possono essere brevi o lunghi e rafforzati: nel primo caso il suono consonantico è rappresentato da una sola lettera, nel secondo caso con il raddoppiamento della stessa lettera.

pala - palla   cane - canne
copia - coppia   casa - cassa

La **pala** serve per spalare la neve.
Non tirare la **palla** contro le finestre!

Il bambino **beve** il latte.
Fece un bel discorso e **bevve** alla salute degli sposi.

2 L'ACCENTO DELLE PAROLE

Quando pronunciamo una parola, la voce si appoggia con più forza su una delle vocali:

>   automobile, giardino, città

Diciamo che questa vocale pronunciata con più rilievo porta l'**accento** della parola, cioè è una vocale accentata o **tonica**.[1]

In italiano non si segna graficamente tale accento, a meno che non cada sull'ultima vocale di una parola di due o più sillabe. Generalmente l'accento è grave (`), tranne che in parole che finiscono in -ché, dove è acuto ('):

>   città, università, virtù, però, così, cioè, perché[2]

Scrivendo a mano, l'accento è indicato semplicemente con un tratto "◡" sulla vocale.

N.B. In italiano l'accento è molto importante. Infatti alcune parole, che sembrano uguali se viste scritte, sono effettivamente pronunciate con l'accento su vocali diverse e ciò comporta anche un significato diverso.

>   E` una persona di sani **principi** morali. ("principles")
>   Questa tenuta è proprietà dei **principi** Torlonia. ("princes")
>
>   Il **capitano** è affondato con la nave. ("captain")
>   A Gina **capitano** sempre delle cose strane. ("happen")[3]

---

[1]   Una vocale che non porta l'accento si chiama **atona**.

[2]   Solo alcune parole con una sola sillaba richiedono l'accento scritto. Le più comuni sono:
>   più, sì (= "yes"), già, là, lì, né, (= "nor"), ciò, giù, dà ...

[3]   Negli esempi e nelle liste di parole che compaiono in questo testo, gli accenti che non vengono scritti in italiano, cioè quelli che cadono nel corpo della parola, sono segnati con un puntino sotto la vocale tonica, quando lo si ritiene utile. Per es.:
>   ciambella, ciotola, sillaba, ecc.

3 DIVISIONE DELLE PAROLE IN SILLABE

Le vocali e le consonanti che formano le parole si possono raggruppare in sillabe. Conoscere le regole della divisione in sillabe è utile per l'ortografia, cioè per sapere come dividere le parole alla fine di una riga, quando è necessario andare a capo.

Osserviamo come si possono raggruppare vocali e consonanti:

a)   La vocale (o un gruppo di vocali) con la consonante (o tutte le consonanti) che la precedono:

    a/ma/re   du/pli/ca/to   cru/sca
    proi/bi/re   ca/sta/gno   fi/glio
    ae/reo   a/tle/ta   aiuo/la
    qua/dro   se/gno   crea/re

b)   **Eccezioni:**

   i)   Le consonanti doppie si dividono:

        cap/pel/lo   az/zur/ro   al/lo

   ii) Se la "s" è seguita da una o più consonanti, resta unita a queste:

        stu/pi/do   co/stru/zio/ne   di/spa/ri

   iii) Se la prima di più consonanti è l, m, n oppure r, questa si unisce con la vocale, o le vocali, precedenti:

        di/scor/so   ar/ca   al/to
        con/cer/to   con/so/nan/te   sem/pli/ce/men/te

c)   Quando c'è l'apostrofo le due parole si dividono come se fossero un'unica parola:[4]

        dall'amica: dal/l'a/mi/ca
        quest'istante: que/st'i/stan/te

---

[4]   In italiano, scrivendo a mano, non si può finire la riga con l'apostrofo.

Introduzione:
elementi di analisi sintattica[1]

1 MORFOLOGIA E SINTASSI

La morfologia e la sintassi sono due aspetti della grammatica.

a) La **morfologia** studia la forma delle parole staccate da un contesto: cioè tratta delle possibili trasformazioni che possono avere in contesti diversi.

$$bambin\text{-} \begin{array}{|c|} \hline -o \\ -a \\ -i \\ -e \\ \hline \end{array} \qquad scriv\text{-} \begin{array}{|c|} \hline -o \\ -i \\ -e \\ -evo \\ -erò \\ \hline \end{array}$$

b) La **sintassi** studia la struttura dell'intera frase: cioè i rapporti fra le parole e la funzione di ciascuna parola (o gruppo di parole) nel contesto dell'intera frase.

Il bambino	*legge*	*il libro.*
funzione soggetto	funzione predicato	funzione oggetto

---

[1] Gli appunti che seguono illustrano in maniera succinta i concetti fondamentali di analisi sintattica e la loro terminologia (soggetto, oggetto diretto o indiretto, verbo transitivo o intransitivo o copulativo, frasi dipendenti, costruzione passiva, ecc.). Essi hanno lo scopo di facilitare la comprensione delle descrizioni morfosintattiche che compaiono nel corpo del testo. Non sono intesi come una fase introduttiva da coprire in blocco all'inizio di un corso, ma piuttosto come una sezione di riferimento a cui ricorrere a seconda delle necessità pedagogiche.

<u>La madre</u>   <u>ha punito</u>   <u>il suo bambino.</u>
funzione soggetto funzione predicato funzione oggetto

Possiamo osservare che le parole di una frase possono essere raggruppate e ciascun gruppo ha una sua funzione nell'intera frase. In particolare notiamo che il gruppo di parole *il bambino* ha una funzione diversa in ciascuna delle frasi sopra riportate.

2 IL GRUPPO NOMINALE[2]

In italiano il nome, l'articolo e l'aggettivo hanno due caratteristiche: il genere e il numero.

Ho	*un gatto siamese.*	(m.)
Ho	*una gatta siamese.*	(f.)
Ho	*un vestito elegante.*	(m.)
Ho	*una giacca sportiva.*	(f.)

Il **genere** può essere: **maschile** (m.) o **femminile** (f.).

Ho	*un gatto siamese.*	(m. sg.)
Ho	*dei gatti siamesi.*	(m. pl.)
Ho	*una giacca sportiva.*	(f. sg.)
Ho	*alcune giacche sportive.*	(f. pl.)

Il **numero** può essere **singolare** (sg.) o **plurale** (pl.).

* * *

---

[2] Il nome, che di solito viene definito come una parola che indica una persona (*Maria, madre*..), una cosa (*tavolo, matita*..) o un'idea (*filosofia, matematica*..), può anche indicare un'azione (*corsa, camminata*...). Può essere preceduto da un articolo e accompagnato da aggettivi.

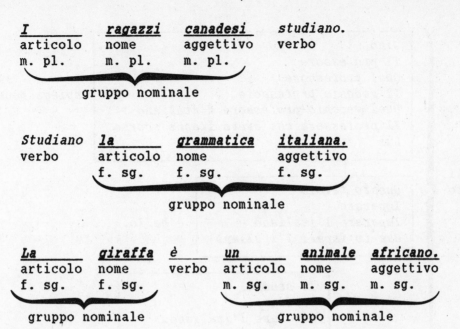

L'articolo e gli aggettivi devono essere dello stesso genere e dello stesso
numero del nome a cui si riferiscono: questi tre elementi formano un **gruppo
nominale**.

In un gruppo nominale è essenziale che ci sia un nome, mentre articolo e
aggettivi possono mancare.

Enrico   ha   *un*   *bel*   *cane*   *tedesco.*
nome   articolo   aggettivo   nome   aggettivo

gruppo   gruppo nominale
nominale

* * *

gruppi
nominali
soggetto

> Gino
> Il professore
> Quel professore
> Il vecchio professore   spiega bene.
> Quel vecchio professore d'italiano
> Il professore che avevo l'anno scorso
> Lui

> Questo tavolo
> Imparare
> Imparare l'italiano   è bello.
> Che tu impari l'italiano

> E` bello | lo studio.
> | studiare.
> | studiare l'italiano.
> | che tu studi l'italiano.

gruppi
nomimali
oggetto

> Conosco | Gino.
> | il professore.
> | quel professore.
> | ......

> So | l'italiano.
> | che studia l'italiano.

> Lo | so.

gruppi
nominali
complemento

> Vado con Lucia.

> Parlo a|l vecchio professore.

> Gli parlo.

Introduzione, 2

Il gruppo nominale però può essere costituito anche da altri elementi, come pronomi, infiniti, e anche intere frasi.

Come vedremo più sotto, i gruppi nominali nell'ambito delle frasi possono svolgere funzioni diverse: possono essere soggetti, oggetti o complementi (e in questo caso generalmente sono preceduti da preposizioni - cfr. Introduzione, 9).

3   IL GRUPPO VERBALE (o predicato)[3]

Carlo	ha legge non ha visto è andato	un gatto siamese. un libro. quel film. al cinema.

In una frase, oltre a uno o più gruppi nominali, c'è sempre il **gruppo verbale** (o predicato), che può essere costituito da:

a)   una **forma verbale semplice**, cioè constituita da una sola parola:

   *Sandra **dorme**.*
   *Lucia **insegna** storia e geografia.*
   *Voi **uscite** questa sera?*
   ***Non ho** spiccioli.*

b)   una **forma verbale composta**, cioè constituita da un verbo ausiliare (*avere* o *essere*) e il participio passato (cfr. IV, 2) del verbo considerato, oppure da *stare* e il gerundio del verbo considerato (cfr. II, 4, a):

   *I ragazzi **hanno corso** molto.*
   ***Non sei andato** dalla zia?*
   *L'ho rifatto perché **avevo sbagliato**.*
   ***State ascoltando** la radio?*
   *Finalmente **sto finendo** la tesi!*

---

[3]   Il verbo di solito viene definito da un punto di vista semantico, come la parola che indica un'azione. Bisogna ricordarsi però che molti verbi indicano uno stato (*Il libro è sul tavolo. La casa è grande. Lucia **dorme**. Ho un bel cane.*) e altri ancora non rientrano nemmeno in queste due categorie (*Luigi riceve molta posta.*).

c) un **verbo modale** (*potere, volere, dovere*)⁴ seguito dall'infinito di un
    altro verbo:

>*Non voglio uscire, perché devo studiare.*
>*Non potevo sentire, e ho dovuto alzare il volume della radio.*
>*Volevo fare una sorpresa a Mario, ma non ho potuto organizzare*
>   *la festa in tempo.*

d) un **verbo copulativo** (*essere* e altri - cfr. Introduzione, 8) seguito da un
    gruppo nominale o da un aggettivo:

>*Sandra è diligente.*
>*Lucia è insegnante d'italiano.*
>*Quei bambini sembrano molto stanchi.*

* * *

Il verbo in italiano ha quattro caratteristiche: il **modo**, il **tempo**, la
persona e il **numero** (in qualche caso anche il genere).

Io resto.	(modo indicativo)
E` bene che io resti.	(modo congiuntivo)
Io resto.	(tempo presente)
Io resterò.	(tempo futuro semplice)
Io resto.	(prima persona)
Lui resta.	(terza persona)
Io resto.	(numero singolare)
Noi restiamo.	(numero plurale)
Io sono restata.	(genere femminile)
Io sono restato.	(genere maschile)

---

⁴ Questi verbi seguiti da un infinito costituiscono un gruppo a sé, appunto
   perché formano un tutt'uno con l'infinito che segue. Nelle grammatiche
   vengono spesso chiamati o **modali** o **servili**. Questi verbi modificano il
   significato dell'infinito seguente. Infatti è ben diverso dire *guido*
   (cioè *adesso guido* o *so guidare*) oppure *posso guidare, ma non voglio
   (guidare)* oppure *devo guidare (ma non mi piace)*.

Introduzione, 3

4 IL SOGGETTO[5]

sg.	I	*(Io)*	*studio*	*la lezione.*
	II	*(Tu)*	*fumi*	*molto.*
	III	*Il ragazzo*	*cammina*	*nel bosco.*
pl.	I	*(Noi)*	*arriviamo*	*tardi.*
	II	*(Voi)*	*continuate*	*il lavoro.*
	III	*Le ragazze*	*parlano.*	

Abbiamo appena detto che due delle caratteristiche del verbo sono la persona[6] (prima, seconda e terza) e il numero (singolare o plurale). Queste caratteristiche indicano il **soggetto** della frase, cioè **il gruppo nominale che governa il verbo.** Notiamo che il gruppo nominale che ha funzione di soggetto non è **mai preceduto da preposizioni.**

> *Quella famiglia è molto numerosa.*
> *L'orchestra ha suonato benissimo.*
> *Il fogliame è rigoglioso.*
> *La polizia conduce delle indagini.*
> *La gente non lavora di domenica.*

In italiano **fra il verbo e il soggetto è richiesto l'accordo della persona e del numero,** per cui il verbo è alla terza persona singolare se si riferisce a parole singolari nella loro forma grammaticale, anche se indicano una pluralità nel loro significato.[7]

---

[5] Di solito il soggetto viene definito in questi termini: la persona o la cosa che compie l'azione espressa dal verbo o che si trova nello stato espresso dal verbo.

[6] Il termine **persona** qui usato indica soltanto la finale che dice chi o che cosa è il soggetto. Questa "persona" può essere il parlante, l'ascoltatore o la cosa o persona di cui si parla.

[7] Espressioni come *la maggioranza di...* o *la maggior parte di...* ammettono l'accordo col verbo sia al singolare (con *maggioranza* o *parte*) che al plurale con il nome che segue la preposizione *di*:

> <u>*La maggior parte*</u> *dei nomi in -a* <u>*è*</u> *femminile.*
> *La maggior parte dei* <u>*nomi in -a*</u> <u>*sono*</u> *femminili.*

Introduzione, 4

N.B. A differenza dell'inglese, che vuole sempre il soggetto espresso, in italiano il soggetto spesso non è espresso, cioè è **sottinteso**, perché è chiaramente indicato dalla finale della forma verbale.

> Che cosa *leggi*?
> (soggetto sottinteso *tu*, suggerito dalla finale -i)

> Non *leggo, studio* la grammatica
> (soggetto sottinteso *io*, suggerito dalla finale -o)

Il soggetto deve essere **espresso**:

a) quando ci può essere un **equivoco** nell'interpretazione della frase:

> Giorgio non capisce Maria: *è francese*.

"*è*" indica una terza persona singolare. Nella frase ci sono due terze persone singolari: Giorgio e Maria e non si capisce chi dei due sia francese. La frase diventa chiara se si esprime il soggetto del secondo verbo:

> Giorgio non capisce Maria: *lui* è francese.
> Giorgio non capisce Maria: *lei* è francese.

b) quando c'è **contrapposizione** fra due soggetti:

> Io suono e *tu* canti.
> Lucia detta e *lui* scrive.
> "Posso leggere il giornale?" "No, lo legge lui."

* * *

A differenza dell'inglese che vuole il soggetto in certe posizioni fisse, la **posizione del soggetto in italiano non è fissa.** Per lo più, specie per iscritto, è prima del verbo; ma spesso, specie nell'enfasi della lingua parlata, si può spostare dopo il verbo.

> Mario non scrive molte lettere?
> Non scrive molte lettere, **Mario!**
> Nemmeno *io* scrivo tante lettere!

> Arriva *il treno!*
> E' entrato *il cantante!*

> Tu, quando compri quei libri?
> Quando compri quei libri, *tu?*

Introduzione, 4

Attenti però a frasi del tipo:

Il professore	*chiama lo studente.*
Lo studente	*chiama il professore.*

Il cane	*spaventa il bambino.*
Il bambino	*spaventa il cane.*

In queste frasi l'ordine delle parole è fondamentale per capire chi fa
l'azione: il soggetto di ogni frase è prima del verbo.

5 LA FUNZIONE TRANSITIVA DEL VERBO E L'OGGETTO DIRETTO *(chi? che cosa?)*

In ogni frase è essenziale che ci sia un gruppo nominale con funzione di
soggetto (anche se sottinteso) e un gruppo verbale. Il gruppo verbale può
essere accompagnato da complementi, cioè gruppi nominali che completano il
significato del gruppo verbale e vi aggiungono varie informazioni.

sogg.	verbo	
Renzo	*ha*	*un bambino.*
Renzo	*legge*	*sempre i giornali.*
Renzo	*pettina*	*Sandrino.*
Renzo	*non scrive*	*lettere lunghe.*
Renzo	*lava*	*i piatti.*

Renzo è il soggetto di tutte queste frasi. I gruppi verbali *ha, legge,
pettina, non scrive mai, lava* indicano uno stato *(ha)* in cui Renzo si trova, o
un'azione *(legge, pettina, non scrive mai, lava)* che Renzo fa. Ogni frase ci
dà anche un altro elemento *(un bambino, i giornali, Sandrino, lettere lunghe,
i piatti)* che è **direttamente collegato al verbo (cioè senza l'uso di una
preposizione** come *a, di, per,* ecc., cfr. Introduzione, 9). Questo elemento
precisa e completa il significato del verbo e risponde alla domanda *Chi? Che
cosa?*: chiameremo questo elemento **complemento oggetto diretto.**

Introduzione, 5

In genere il complemento oggetto diretto sta immediatamente dopo il verbo, ma, come risulta dagli esempi riportati sopra, fra il verbo e il complemento oggetto diretto ci possono essere degli avverbi o anche altri elementi.

Quando il verbo è accompagnato dal complemento oggetto diretto si dice che è usato transitivamente, cioè ha una **funzione transitiva**[8]: *Mario legge... (Che cosa?) ... i giornali.*

I verbi che ammettono l'oggetto diretto della "cosa" sono molti (*leggere un libro, mangiare la pizza...*), mentre quelli che ammettono l'oggetto diretto della "persona" sono meno numerosi (*incontrare qualcuno, aiutare qualcuno...*).

Mangio **un panino**.	*Mangio sempre alle sette.*
Carla beve **una coca-cola**.	*Carla beve spesso.*
Tutte le sere leggo **il giornale**.	*Io leggo tutte le sere.*

Notiamo che ci sono molti verbi, come *mangiare, bere, leggere, scrivere,* ecc., che sono marcati nei vocabolari come verbi **transitivi, ma non sempre sono accompagnati da un oggetto diretto**, perchè, in certi contesti, non si sente la necessità di dire che cosa si è "mangiato/bevuto/letto/scritto..." In questi casi, appunto, l'oggetto diretto non è espresso.

Un verbo che ha **funzione transitiva**, si dice che è di **costruzione attiva** (cfr. Introduzione, 16).

---

[8]   Spesso le grammatiche parlano di verbi transitivi e di verbi intransitivi. Noi preferiamo parlare di **funzione o uso (transitivo o intransitivo)**, in quanto generalmente i verbi non hanno "a priori" una funzione o l'altra, ma esplicano una funzione o l'altra nel contesto delle frasi in cui compaiono.

Introduzione, 5

6 LA FUNZIONE INTRANSITIVA DEL VERBO

Renzo	ride.		
Renzo	ride	troppo.	(quanto?)
Renzo	non ride	spesso	(quando?)
Renzo	ride	quando si diverte.	(quando?)
Renzo	va	a Roma.	(dove?)
Renzo	non esce.		(forma negativa del gruppo verbale)

In tutte queste frasi manca il complemento oggetto diretto, perché i verbi *ridere, andare, uscire* non lo ammettono, quindi diciamo che in queste frasi i verbi **ride, non ride, va, non esce mai** hanno una **funzione intransitiva**, cioè sono usati intransitivamente.

Confrontiamo ora queste frasi:

> Il malato **guarisce**.
> Il dottore **guarisce il malato**.

Se osserviamo queste frasi vediamo che il verbo **guarisce** ha una funzione intransitiva nella prima frase e una funzione transitiva nella seconda frase. Il significato del verbo nelle due frasi però è diverso: nella prima frase, dove ha una funzione intransitiva, indica un cambiamento psicologico o fisiologico del soggetto stesso, cioè un processo che si risolve nell'ambito del soggetto *(Il malato migliora)*. Nella seconda frase, invece, dove ha una funzione transitiva, il verbo indica un'azione *(curare qualcuno)*, cioè il soggetto (il dottore) provoca un cambiamento sull'oggetto (il paziente).

Vediamo quindi che **uno stesso verbo può avere funzioni diverse** nell'ambito di frasi diverse.

Altri esempi di questo tipo sono:

> Il professore **comincia la lezione**.
> *La lezione* **comincia**.
> **Stai bruciando la torta?**
> *La torta* **brucia!**
> Questa legge **migliora le condizioni di lavoro**.
> *Le condizioni di lavoro* **migliorano**.

In altri casi il significato dei verbi cambia drasticamente a seconda che siano usati nella funzione transitiva o in quella intransitiva:

Cambio l'acqua ai fiori.	*Renato sta cambiando in questo periodo.*
Mi passi il sale?	*Passo dal fornaio a prendere il pane.*
Il cameriere serve la signora.	*Mi serve una matita rossa.*
Ripassiamo la lezione.	*Il dottore non c'è: ripassi domani.*

7 VERBI RIFLESSIVI[9]

		sogg.	GV	compl. ogg. dir.	sogg.	GV
sg.	I	*(Io)*	*lavo*	*i vetri.*	*(Io)*	*mi lavo.*
	II	*(Tu)*	*lavi*	*il bambino.*	*(Tu)*	*ti lavi.*
	III	*(Lui/Lei)*	*lava*	*il cane.*	*(Lui/Lei)*	*si lava.*
pl.	I	*(Noi)*	*laviamo*	*la biancheria.*	*(Noi)*	*ci laviamo.*
	II	*(Voi)*	*lavate*	*i piatti.*	*(Voi)*	*vi lavate.*
	III	*(Loro)*	*lavano*	*la macchina.*	*(Loro)*	*si lavano.*

Nelle frasi di sinistra possiamo riconoscere facilmente un soggetto sottinteso, un gruppo verbale e un complemento oggetto diretto, che è diverso dal soggetto. Nelle frasi di destra, invece, oltre al soggetto sottinteso e al verbo c'è un elemento diverso: cioè un pronome che è della stessa persona del verbo e quindi si riferisce al soggetto stesso. Questo pronome si chiama **pronome riflessivo**.

Per **verbo riflessivo** si intende un verbo accompagnato dal pronome riflessivo: questo pronome è parte integrante del gruppo verbale, per cui l'infinito dei verbi riflessivi si dà sul vocabolario col pronome riflessivo *si*:

---

[9]   Per una trattazione più esauriente dell'argomento cfr. II, 3.

vb. trans.	vb. rifl.
pettin-are	*pettin-arsi*
difend-ere	*defend-ersi*
copr-ire	*copr-irsi*

*   *   *

*Noi **ci difendiamo** dalle accuse.   Noi **ci difendiamo** l'un l'altro.*
*Voi **vi servite** da soli.   Voi **vi servite** a vicenda.   .*
*Loro **si guardano** allo specchio.   Loro **si guardano** negli occhi.*

Nelle frasi di sinistra i gruppi verbali hanno la forma riflessiva, e quindi
significano rispettivamente *noi difendiamo noi stessi, voi servite voi stessi,
loro guardano sé stessi.* Le frasi di destra hanno un altro significato, cioè
*io difendo te e tu difendi me, voi vi servite reciprocamente, lui guarda lei e
lei guarda lui.* Nelle frasi di destra, perciò, i pronomi **ci, vi, si** hanno la
forma uguale a quella dei corrispondenti pronomi riflessivi, ma con
significato diverso: sono, cioè, **pronomi reciproci.** Ovviamente tali pronomi
reciproci possono avere solamente le forme plurali. In inglese questa
costruzione si rende con l'espressione *each other.*

Si guardano. = uno guarda l'altro.
Si amano.   = uno ama l'altro.
Si baciano.   = uno bacia l'altro.
Si odiano.   = uno odia l'altro.

Si scrivono. = uno scrive all'altro.
Si parlano.   = uno parla all'altro.
Si dicono tante cose. = uno dice all'altro tante cose.

*   *   *

*Mi lavo in fretta.   Mi lavo **i denti.***
*Si asciuga al sole.   Si asciuga **le mani.***
*Ti sei ricordato   Ti sei ricordato **l'assegno?***
    dell'appuntamento?

Notiamo che nelle frasi di sinistra il verbo riflessivo non è accompagnato da
un complemento oggetto diretto, mentre nelle frasi di destra c'è un
complemento oggetto diretto.

*   *   *

Introduzione, 7

Ci scriviamo spesso.   *Ci scriviamo **una lettera** al mese.*
A che ora vi incontrate?   *Vi scambiate **dei regali** per Natale?*
Perché non si parlano più?   *Elena e Antonio si fanno **troppi**
                                                                        dispetti.***

Anche i verbi costruiti con i pronomi reciproci (cfr. II, 3) possono avere o non avere l'oggetto diretto.

8 LA FUNZIONE COPULATIVA DEL VERBO

Confrontiamo queste due frasi:

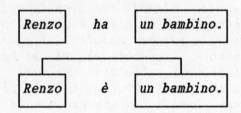

E` ovvio che nella prima frase *Renzo* e *il bambino* sono due persone diverse e hanno rispettivanente la funzione di soggetto e di oggetto diretto. Invece nella seconda frase *Renzo* e *il bambino* sono la stessa persona, cioè coincidono.

Il verbo *è* di questa frase ha dunque una funzione speciale, che si chiama **funzione copulativa**. L'elemento che segue il verbo copulativo si chiama **predicato nominale**.

Verbi che possono essere usati con funzione copulativa sono:

divenire	*essere*	*ridiventare*	*stare*
diventare	*parere*	*sembrare*	

*I nonni **sembrano** stanchi. (i nonni = stanchi)*
*La famiglia **appariva** felice. (la famiglia = felice)*
*Quando è stanca, **diventa** nervosa. (lei = stanca, lei = nervosa)*
Sta' tranquilla finché viene il papà. (tu = tranquilla)
*Come **pare** saggio quel ragazzo! (quel ragazzo = saggio)*

Il **predicato nominale** può essere formato:

a)   da un **aggettivo**, che si accorda sempre in genere e numero col soggetto:

I ragazzi sono *attenti*.
m.pl.   m. pl.

Maria è spesso *malata*.
f. sg.   f. sg.

Il cielo diventa *nuvoloso*.
m. sg.   m. sg.

b)   da un **gruppo nominale**, che generalmente si accorda in genere e numero col soggetto:

Maria è *una brava ragazza*.
f. sg   f. sg.

Sandra e Giorgio sono *bravi ragazzi*.
f. pl.   m. pl.

ma: *Sandra* è *un tipo interessante*.
f. sg.   m. sg.

Marco è **una persona aperta e simpatica**.
m. sg. f. sg.

Notiamo che in queste due ultime frasi il predicato nominale non è dello stesso genere del soggetto: infatti molti nomi che indicano persone (come *persona, tipo, guardia, vittima, ecc...*) hanno un loro genere, indipendentemente dal fatto che si riferiscano a una donna o a un uomo. Quindi gli aggettivi che si accompagnano a questi nomi si accordano con essi in genere e numero.

Notiamo anche che il gruppo nominale con funzione di predicato nominale non è **mai** preceduto da una preposizione.

Introduzione, 8

9 I COMPLEMENTI E LE PREPOSIZIONI CHE LI INTRODUCONO[10]

Abbiamo già visto (cfr. Introduzione, 5) che il gruppo verbale può essere accompagnato da un oggetto diretto, cioè da gruppo nominale che ne completa il significato e che si collega direttamente ad esso, senza l'uso di preposizioni.

> *Renzo legge i giornali.*
>   ogg. dir.

Qui vedremo che il gruppo verbale può essere accompagnato anche da altri tipi di **complementi**, cioè da **gruppi nominali introdotti da preposizioni**.

	a Paola.	*a chi?*	compl.	oggetto indiretto
	a casa.	*dove?*	"	di luogo
	in biblioteca.			
	con Paola.	*con chi?*	"	di compagnia
Renzo legge	*con interesse.*	*come?*	"	di maniera
	senza interesse			
	per interesse.	*perché?*	"	di causa
	di sera.			
	la sera.[11]	*quando?*	"	di tempo
	dopo cena.			

---

[10] Uno studio più particolareggiato su questo argomento si può trovare in: L. Polesini Karumanchiri e J. Vizmuller-Zocco, L'uso delle preposizioni in italiano - osservazioni ed esercizi per corsi intermedi, University of Toronto Press, 1984. Pp. X, 108.

[11] I complementi di tempo spesso non sono introdotti da preposizioni.

Introduzione, 9

Le **preposizioni semplici** sono:[12]

di	*meno*	*circa*
a	*contro*	*presso*
in	*dentro*	*attorno*
da	*verso*	*dinanzi*
con	*insieme*	*nonostante*
per	*avanti*	*mediante*
su	*davanti*	*rispetto*
dopo	*dietro*	*salvo*
senza	*durante*	*tranne*
tra	*oltre*	*malgrado*
fra	*secondo*	*innanzi*
fino	*sopra*	*appresso*
sotto	*lungo*	*tramite*
fuori	*attraverso*	

Alcune preposizioni hanno un significato unico chiaramente identificabile (*dopo cena*, **senza** *interesse*), altre invece possono essere usate in contesti diversi con significati differenti (*a Paola*, **a** *casa*; **con** *Paola*, **con** *interesse*).

10 L'OGGETTO INDIRETTO *(a chi? per chi?)*

> *Voglio parlare* **a Mario.**
> **A chi** *date quel vocabolario?*
> *Devo mandare una lettera* **alla mia amica.**
> *Hai dato un bacio* **a quel bambino?**

Per oggetto indiretto si intende un gruppo nominale che si collega al verbo mediante la preposizione **a**. In genere esso si riferisce a una persona o a un essere animato.

> *Lavo le mani* **al bambino.** (I wash the **child's** hands.)
> *Slaccio le scarpe* **alla bambina.** (I undo the **girl's** shoes.)

---

[12] Le preposizioni semplici **non si apostrofano** mai, eccetto *di* in espressioni come: *i re d'Italia, un libro d'occasione, l'hanno operato d'urgenza.*

Preparo il pranzo a/per mio marito. (I prepare my **husband's** lunch.)
Stiro la gonna a/per mia sorella. (I'm ironing my **sister's** skirt.)

In frasi di questo tipo in italiano l'oggetto indiretto corrisponde spesso al possessivo inglese.

N.B. Come si vede dagli esempi sopra riportati alcuni verbi ammettono solo l'oggetto indiretto. Verbi simili sono:

affezionarsi	*Mi sono affezionata a Mario.*
appartenere	*Quelle terre appartengono a mio nonno.*
avvicinarsi	*Mi sono avvicinata a un passante.*
badare	*Chi bada ai bambini?*
far bene/male	*Gli (= a lui) fa male la schiena.*
giovare	*Ti (= a te) giova la cura che fai?*
mentire	*Non mentire mai a nessuno!*
obbedire *ubbidire* *disubbidire*	*Tino ubbidisce sempre alla zia.*
parlare	*Parlo io a Elisa!*
rispondere	*Hai risposto a Gino?*
somigliare *assomigliare* *rassomigliare*	*Come assomiglia a te questo bambino!*
sopravvivere	*In genere le mogli sopravvivono ai mariti.*
sorridere	*Quella ragazza sorride sempre a tutti.*
sparare	*Ha sparato a tre persone!*
telefonare	*Voglio telefonare a Renata.*
voler bene	*Gli (= a lui) voglio tanto bene!*

Ci sono alcuni verbi, come *piacere*, che richiedono l'oggetto indiretto e che hanno un costrutto particolare, diverso dall'inglese, per quanto riguarda l'ordine delle parole.

<u>*A Mario*</u>   <u>*piacciono*</u> <u>*le bionde.*</u>
ogg. ind. vb.   sogg.

La caratteristica più evidente è che normalmente l'oggetto indiretto occupa il primo posto nella frase, seguito dal verbo e infine dal soggetto. Quest'ultimo ovviamente determina la forma del verbo.

E` importante sottolineare la differenza fra l'italiano *piacere* e l'inglese *to like*.

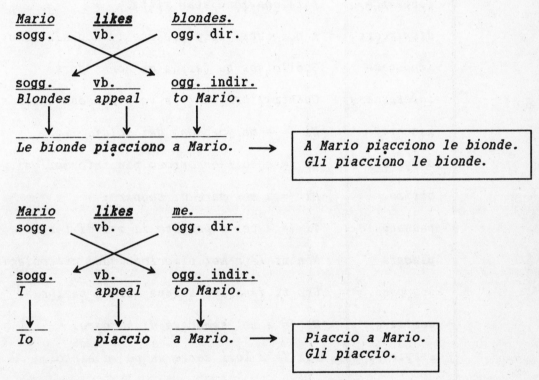

Ecco altri esempi:

Mi *piace* la musica di Chopin.   Mi *piacciono* le sonate di Chopin.
Tu mi *piaci* tanto!   Voi mi *piacete* tanto!
Mi *piace* fare ginnastica.   Mi *piace* la ginnastica.
Mi *piace* mangiare i cioccolatini. Mi *piacciono* i cioccolatini.
Mi *piace* ballare e cantare.   Mi *piacciono* sia la storia che la
                                   geografia.

N.B. Se il soggetto di *piacere* è costituito da due infiniti, il verbo *piacere* resta alla terza persona singolare.

Si costruiscono come **piacere** i seguenti verbi:

bastare	*Ti (= a te) bastano questi semi?*
cadere	*Le (= a lei) è caduto un dente.*
capitare	*Gli (= a lui) è capitata una brutta avventura.*
convenire	*A te conviene star zitta.*
dispiacere	*A noi tutti dispiace che tu non sia venuto.*
importare	*Quello che tu fai, a me non importa.*
interessare	*Questi libri vi (= a voi) possono interessare?*
mancare	*Mi (= a me) mancano dei soldi.*
occorrere	*Ci (= a noi) occorrono più informazioni.*
parere	*Mi (= a me) pare di sognare.*
passare	*Ti (= a te) è passato il mal di testa?*
piacere	*Non mi (= a me) piacciono quei cioccolatini.*
scappare	*Non ti (= a te) scappa mai la pazienza?*
sembrare	*Mi (= a me) sembrava di sognare.*
servire	*Gli (= a lui) serve un po' d'aiuto.*
spettare	*Spetta a me dirglielo?*
spiacere	*Gli (= a lui) è spiaciuto di non averti visto.*
succedere	*Che cosa è successo a Marina?*
toccare	*Tocca a te tirare i dadi!*
venire	*Mi (= a me) è venuto un gran mal di testa.*

Introduzione, 10

Alcuni verbi in italiano ammettono due costruzioni: con l'oggetto diretto o con l'oggetto indiretto, in genere senza differenza sostanziale di significato.

> **Credo** ciecamente **a mio padre.**
> **Credo** sempre **mio padre,** quando racconta vecchie storie.

> Non **obbedisco** volentieri **a mio fratello.**
> **Obbedisco** sempre **la voce della coscienza!**

> Questo libro **interessa** certamente moltissimo **a Luisa.**
> Questo libro non può **interessare Luisa.**

*   *   *

Altri verbi che fondamentalmente significano *dire* o *dare* possono avere nella stessa frase sia l'oggetto diretto che l'oggetto indiretto (o solo uno di questi complementi).

> Quando porti **questa pianta a Renata?**
> Oggi scrivo **una lunga lettera alla zia.**
> Puoi leggere **una storia a Pierino?**
> Franco offre **un caffè alla signorina.**

I verbi più comuni di questo tipo sono:

affidare	domandare	pagare	ricordare
assegnare	donare	permettere	rifiutare
assicurare	fare	portare	ripetere
attribuire	giurare	prendere	riportare
cantare	gridare	preparare	rubare
chiedere	impedire	prescrivere	scrivere
comprare	imporre	presentare	servire
comunicare	insegnare	prestare	strappare
concedere	lanciare	procurare	spedire
consegnare	lasciare	proibire	spiegare
consigliare	leggere	promettere	suggerire
dare	mandare	proporre	suonare
dedicare	mettere	raccomandare	sussurrare
dichiarare	mostrare	raccontare	togliere
dire	offrire	regalare	vendere
distribuire	ordinare	rendere	

11 COMPLEMENTI DI SPECIFICAZIONE *(di chi? di che cosa?)*

Raggrupperemo qui, sotto il titolo **complementi di specificazione**, varie espressioni costituite dalla preposizione "di + gruppo nominale" che hanno significato diverso.

a)   Il complemento "di + GN" **può dipendere da un altro gruppo nominale**:

> *Che bello quel tuo servizio di bicchieri!*
> *Hai un libro di medicina?*
> *A che ora è la tua lezione d'italiano?*

In queste frasi il complemento "di + GN" determina e **specifica** il significato del gruppo nominale da cui dipende.

* * *

> *E' un bicchiere di cristallo.*
> *Vorrei una camicetta di cotone.*
> *A Teresa regalo una bella coppa d'argento massiccio.*

In queste frasi il complemento "di + GN" indica la **materia** di cui è fatto l'oggetto indicato dal gruppo nominale precedente.

* * *

> *Rispetto le idee dei miei studenti.*
> *Ecco il compito di Aldo.*
> *Apprezzo l'attenzione degli studenti.*
> *Vorrei avere il coraggio di quei ragazzi.*

In queste frasi il complemento "di + GN" indica il **possessore**.

b)   Il complemento "di + GN" **può dipendere da un verbo**:

> *Mi ricorderò sempre di quell'incidente.*
> *Ti preoccupi troppo del loro futuro.*
> *Non si accorge degli errori.*

In queste frasi il complemento "di + GN" dipende da un verbo riflessivo, di cui chiarisce e **specifica** il significato.

Verbi che hanno questo tipo di costruzione sono:

Introduzione, 11

accontentarsi	interessarsi	ricordarsi
accorgersi	lamentarsi	sbarazzarsi
ammalarsi	meravigliarsi	servirsi
convincersi	occuparsi	stupirsi
dimenticarsi	pentirsi	vantarsi
fidarsi	prendersi cura	vergognarsi
impadronirsi	preoccuparsi	
innamorarsi	privarsi	
intendersi	rendersi conto	

* * *

Il professore parlerà dell'inquinamento.
E` inutile discutere di queste cose!
Quel libro tratta della prima guerra mondiale.
Ridete ancora di quelle barzellette?

In queste frasi il complemeto "di + GN " indica l'**argomento**.

Verbi che hanno questo tipo di costruzione sono:

abusare	essere contento	risentirsi
approfittare	essere soddisfatto	soffrire
aver bisogno	fare a meno	trattare
aver paura	godere	vivere
aver timore	mancare	
discutere	parlare	
dubitare	ridere	

* * *

Lo hanno accusato di plagio.
Bisogna avvertire i viaggiatori del cambiamento di rotta.

In queste frasi il complemento "di + GN" dipende da verbi che ammettono anche un complemento oggetto (per esempio *accusare qualcuno di qualche cosa*), come:

accusare	convincere	privare	svuotare
avvertire	incaricare	riempire	

Introduzione, 11

12 I COMPLEMENTI DI LUOGO

a) Posizione, stato: *dove sta? dov'è?*	b) Movimento verso luogo: *dove va?*

a) Posizione, stato: *dove sta? dov'è?*

Sono   a   Roma / casa / cena

Resto
- al mare
- all'albergo
- alla stazione

Resto
- in Italia/ Puglia/ Europa
- in casa/ chiesa/ piazza
- in Via Machiavelli

Sono
- nello studio
- nelle Filippine
- negli Stati Uniti

Sono
- da Lucia / da mia madre
- dal dentista
- dal signor Rossi

Resto
- sul ponte
- sul balcone
- sulla barca

Sono
- sotto l'arco
- dentro il castello
- davanti alla statua
- dietro la porta
- vicino all'entrata
- fuori dalle mura

b) Movimento verso luogo: *dove va?*

Vado   a   Roma / casa / cena

Arrivo
- al mare
- all'albergo
- alla stazione

Vado
- in Italia/Calabria/Europa
- in casa/ chiesa/piazza
- in Via Machiavelli

Vado
- nello studio
- nelle Filippine
- negli Stati Uniti

Vado
- da Lucia / da mia madre
- dal dentista
- dal signor Rossi

Vado
- sul ponte
- sul balcone
- sulla barca

Vado
- sotto l'arco
- dentro il castello
- davanti alla statua
- dietro la porta
- vicino all'entrata
- fuori dalle mura

c) Provenienza: *da dove viene? di dov'è?*

Torno
- da Roma / Milano / Ottawa
- da casa / scuola / teatro

Torno
- dall'Italia / dall'Europa
- dalla biblioteca / dalla piscina
- dal mercato / dal viaggio

N.B. *Sono di + nome di città:*

     Sono *di* Milano / Toronto / Palermo.

Introduzione, 12

d) Movimento per (attraverso) luogo: *per / da dove passa?*

Passo
[
da Bologna / Pisa / Roma.
per l'Italia / gli Stati Uniti / il Messico
per la porta / il corso / Via Matteotti.

13 COMPLEMENTI DI TEMPO

a) *Quando?*

*Non mi piace guidare **di** notte.*
Al tramonto facciamo una passeggiata.
A quel tempo non c'era ancora l'elettricità.
*Pasqua cade **in** primavera.*
Da giovane viaggiavo molto.
Dopo il mio arrivo parleremo tanto.
*Sono arrivato **prima** di te.*
*Vengo da te **alle** cinque.*
Sei libera questa sera?
Il venerdì facciamo sempre un compito in classe.
Sono nata il 15 aprile.

N.B. Notiamo che talvolta il complemento di tempo non è preceduto da una
preposizione.

b) *(Per) quanto tempo?*

*Ho frequentato l'università **(per)** cinque anni.*
*Frequenterò l'università **(per)** cinque anni.*
*Ha piovuto **(per)** tutta la settimana!*

c) Altre espressioni di tempo:

Durante la guerra non ci scrivevamo.
*Da qui si arriva alla stazione **in** dieci minuti.*
*Bisogna consegnare il tema **entro** il 4 novembre.*
*Si potrà alzare **fra** qualche giorno.*
*Puoi darmi tempo **fino a** giovedì prossimo?*
*La proiezione dura **dalle** quattro **alle** sei.*

14 ALTRI COMPLEMENTI

a) Complemento di modo o maniera *(come? in che modo? in che maniera?)*

Bisogna guidare con prudenza.
Puoi parlare a voce bassa?
Coraggio! Lavora di buona lena!
I bambini imparano tutto con facilità.
Vive in gran miseria.
Comportati da gentiluomo, per piacere!

b) Complemento di mezzo *(con che cosa? con quale strumento?)*

Con quale lana hai fatto questo golf?
Preferisci una barca a vela, a remi, o a motore?
Giocate a scacchi?
Bisogna riempire la bottiglia di vino.
Andiamo in bicicletta o in autobus?

c) Complemento di causa *(perché? a causa di che cosa? per quale motivo?)*

Qui dentro si scoppia dal caldo.
E' svenuta dal dolore.
Ha avuto un esaurimento nervoso per la stanchezza.
Sono morto di fame!
Soffre di reumatismi.

d) Complemento di scopo *(a che scopo? per quale fine?)*

Non ti arrabbiare, lo dicevo per scherzo.
Bisogna lottare per il successo.
Devo comprare dei bicchieri da vino e da cognac.

15 FRASI PRINCIPALI E FRASI DIPENDENTI (o subordinate)

In genere finora abbiamo considerato frasi semplici, cioè con un solo verbo finito.[13]

> E' italiano.
> *Piange.*
> *Ieri ha pianto.*
> *Prendo un'aspirina.*
> *Lucia dà un'aspirina alla mamma.*
> *Lucia dà alla mamma un'aspirina con un bicchiere d'acqua.*

Possiamo però avere anche delle frasi complesse, cioè in cui ci sono due o più verbi di modo finito.

> *Sono sicuro che è italiano.*
> *Piange, perché non è preparata per l'esame.*
> *Prendo l'aspirina, quando ho mal di testa.*
> *Se piove, non esco.*

Le frasi introdotte da una congiunzione *che, perché, quando, se ...* si chiamano **frasi secondarie o dipendenti**, perché specificano delle condizioni o delle circostanze e non possono reggersi da sole. Infatti sono dipendenti da altre frasi, che chiameremo **frasi principali o indipendenti**, di cui completano il significato.

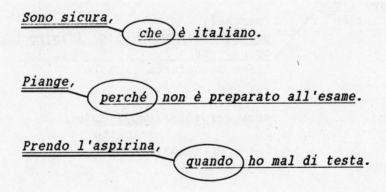

> *Sono sicura,*
>   *che* è italiano.
>
> *Piange,*
>   *perché* non è preparato all'esame.
>
> *Prendo l'aspirina,*
>   *quando* ho mal di testa.

---

[13] Sono **modi finiti** l'indicativo, il congiuntivo, l'imperativo e il condizionale, cioè i modi che hanno delle particolari finali per ogni persona del verbo.

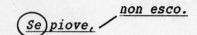
Se piove, *non esco.*

Le frasi dipendenti, cioè, svolgono nella frase complessa una funzione simile a quella dei complementi nella frase semplice. Cioè, così come nella frase semplice la preposizione introduce il complemento, allo stesso modo nella frase complessa la **congiunzione** introduce la frase dipendente.

Strilla ***per lo spavento***. Strilla ***perché l'hanno spaventata***.
prep. + GN cg. + frase secondaria

Di notte dormiamo. ***Quando è notte*** , dormiamo.
prep. + GN cg. + fr. sec.

Quindi possiamo dire che le frasi dipendenti hanno una certa funzione rispetto alla frase principale, e, allo stesso tempo, possiamo identificare in ogni frase dipendente un predicato, un soggetto ed eventualmente dei complementi.

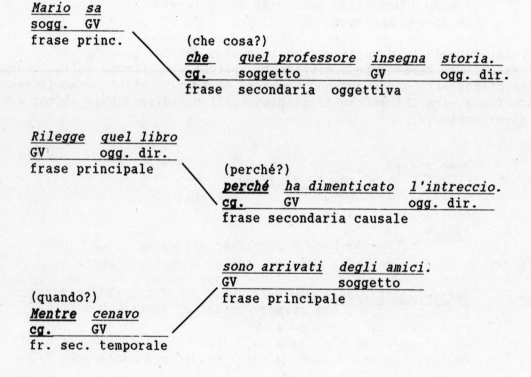

```
E` bello
GV
fr.princ. ╲   (che cosa è bello?)
          ╲  che    noi    studiamo    l'italiano    quest'anno.
          ╱  cg.    sogg.  GV          c.ogg.dir.    c. tempo
          frase secondaria soggettiva
```

Le frasi dipendenti possono avere varie funzioni nell'ambito della frase complessa.

a) frasi soggettive: *(che cosa?)*

> *E` bello **che tu impari l'italiano.***
> *E` sicuro **che arriva domani?***
> *Sembra **che abbiano preso il treno delle dieci e trenta.***
> *Mi dispiace molto **che il regalo non sia arrivato in tempo.***

b) frasi oggettive: *(che cosa?)*

> *Non credo **che Antonio abbia capito la situazione.***
> *Mi hanno detto **che tu impari l'italiano.***
> *So **che studia a Padova.***
> *Spero **che il regalo arrivi in tempo.***

c) frasi temporali: *(quando?)*

> ***Quando fa freddo** mi metto il cappotto.*
> ***Mentre io leggevo** lui studiava.*
> ***Appena arriverò** ti telefonerò.*
> ***Dopo che sono partiti** la casa sembrava vuota.*
> *Resto **finché lui tornerà.***

d) frasi causali: *(per quale motivo? perché? a causa di che?)*

> *Hai fatto male l'esame, **perché non avevi studiato abbastanza.***
> ***Siccome pioveva,** non siamo usciti.*
> ***Dato che è caro,** non lo compro.*
> ***Dal momento che non viene,** gli scrivo una lettera.*
> *Non è intervenuta al dibattito, **poiché era indisposta.***

e) frasi finali: *(a che scopo? perché?)*

> *Ve lo spiego **affinché capiate bene.***
> *Ve lo spiego **perché capiate bene.***
> *Te lo dico **perché tu lo sappia.***[14]

f) frasi concessive: (introdotte da congiunzioni come *benché, sebbene, ecc.)*

> ***Anche se fa freddo,** non si mette il cappotto.*
> ***Benché faccia freddo,** non si mette il cappotto.*
> ***Sebbene faccia caldo,** non va in piscina.*
> *Non è qui, **nonostante gli abbia raccomandato** di essere puntuale.*
> *L'ha venduto per poco, **quantunque sia un oggetto prezioso.***
> ***Malgrado lo intuisca,** non sono capace di spiegarlo.*
> ***Per quanto glielo dica,** non mi obbedisce.*

g) frasi limitative:

> *Lo faccio, **purché mi dia due settimane di tempo.***
> *Ci vado, **a condizione che ci venga anche tu.***
> *Te lo rispiegherò **a patto che tu stia attento.***

eccetera....

16 LA COSTRUZIONE PASSIVA E IL COMPLEMENTO D'AGENTE

Confrontiamo queste due frasi:

> *Tutti **amano** il professore.*
> *Il professore **è amato** da tutti.*

Le due frasi hanno significato identico, ma il concetto fondamentale è comunicato con due strutture diverse:

---

[14] La congiunzione *perché* può avere vari significati in contesti diversi:
> *Non capisco perché sia così nervoso.* (interrogativa indiretta = *why)*
> *Lo leggo perché mi piace.* (frase causale, perché = *because)*
> *Te lo consiglio perché tu faccia meno fatica.*
>   (frase finale, perché = *so that)*

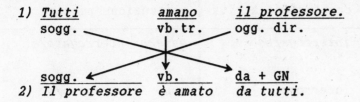

Nella frase così trasformata il gruppo verbale ha una **costruzione** che chiamiamo **passiva** *(è amato)* per distinguerla dall'equivalente forma verbale transitiva che chiamiamo **attiva** *(amano)*.

Dunque la frase con un verbo passivo è la trasformazione di un'altra frase con un verbo transitivo. L'oggetto diretto della frase 1) diventa il soggetto della frase 2) e il soggetto della frase 1) viene trasformato nella frase 2) in **complemento di agente**, cioè **da + GN**.

* * *

    *Il professore **è amato** da tutti.* (presente)
    *Ieri Maria **è stata sgridata** dalla mamma.* (passato prossimo)

Notiamo che nei costrutti passivi il tempo del verbo è espresso dalle forme (semplici o complesse) del verbo ausiliare.

Notiamo subito che il complemento d'agente non è sempre espresso:

    Ieri il ladro è stato catturato.
    Le trattative sono state interrotte.

Quando non si sa chi sia stato l'agente, o non si vuole dare una tale informazione, il complemento d'agente può essere soppresso.

* * *

Riportiamo ora un modello di coniugazione passiva: (cfr. Appendici 1 b, per l'intera coniugazione).

	costruzione attiva	costruzione passiva
INFINITO	*interrogare*	*essere interrogato/a*
INDICATIVO presente	*interrogo* *interroghi* *interroga*	*sono interrogato/a* *sei interrogato/a* *è interrogato/a*
	interroghiamo *ecc.*	*siamo interrogati/e* *ecc.*
futuro	*interrogherò* *ecc.*	*sarò interrogato/a* *ecc.*
passato remoto	*interrogai*	*fui interrogato/a*
imperfetto	*interrogavo*	*ero interrogato/a*
passato prossimo	*ho interrogato*	*sono stato/a interrogato/a*
futuro anteriore	*avrò interrogato*	*sarò stato/a interrogato/a*
trapassato remoto	*ebbi interrogato*	Ø
trapassato prossimo	*avevo interrogato*	*ero stato/a interrogato/a*
CONGIUNTIVO presente	*interroghi*	*sia interrogato/a*
imperfetto	*interrogassi*	*fossi interrogato/a*
passato prossimo	*abbia interrogato*	*sia stato/a interrogato/a*
trapassato prossimo	*avessi interrogato*	*fossi stato/a interrogato/a*
CONDIZIONALE presente	*interrogherei*	*sarei interrogato/a*
passato	*avrei interrogato*	*sarei stato/a interrogato/a*
GERUNDIO presente	*interrogando*	*essendo interrogato/a*
passato	*avendo interrogato*	*essendo stato/a interrogato/a*

N.B. Notiamo subito che il trapassato remoto passivo non è usato.

Introduzione, 16

Oltre al verbo *essere* ci sono altri verbi che possono essere usati come ausiliari nella costruzione passiva: *venire* e *andare*.

Il verbo *venire* usato come ausiliare nella costruzione passiva ha lo stesso significato di *essere*:

> *Il ragazzo **è interrogato** dal professore.*
> *Il ragazzo **viene interrogato** dal professore.*

Il verbo *andare* come ausiliare nella costruzione passiva ha invece il significato di *dover essere*:

> *Quel vestito **deve essere** lavato.*
> *Quel vestito **va** lavato.*

Si noti che in questa costruzione con il verbo *andare* l'agente generalmente non viene espresso.

*   *   *

Ecco un esempio di coniugazione con questi verbi:

INDICATIVO		
presente	*viene interrogato/a*	*va interrogato/a*
futuro	*verrà interrogato/a*	*andrà interrogato/a*
passato remoto	*venne interrogato/a*	*andò interrogato/a*
imperfetto	*veniva interrogato/a*	*andava interrogato/a*
CONGIUNTIVO		
presente	*venga interrogato/a*	*vada interrogato/a*
imperfetto	*venisse interrogato/a*	*andasse interrogato/a*
CONDIZIONALE		
presente	*verrebbe interrogato/a*	*andrebbe interrogato/a*

*   *   *

N.B. Facciamo attenzione alla coniugazione di certi verbi per cui alcune forme possono avere più di un significato e quindi risultano ambigue e possono essere interpretate correttamente soltanto se sono messe in un contesto più ampio. (cfr. Appendici 1 b, per l'intera coniugazione.)

	rifl. (tr.)	tr. attivo	intr. attivo	passivo
presente	*Si brucia (il dito).*	*Bruciano la legna.*	*La legna brucia.*	*La legna è/viene bruciata.*
passato prossimo	*Si è bruciata (il dito).*	*Hanno bruciato la legna.*	*La legna è bruciata.*	*La legna è stata bruciata.*

In queste forme vediamo che il passato prossimo intransitivo attivo e il presente passivo hanno una forma in comune *La legna è bruciata.*: mettiamo queste due frasi in un contesto più ampio:

> *La notte scorsa, durante l'incendio, la legna* **è bruciata.**
> *(passato prossimo)*

> *In questa caldaia la legna* **è (= viene) bruciata** *con la massima efficienza.* (presente passivo)

Inoltre notiamo quest'espressione:

> *Guarda! La torta è tutta nera:* **è** *completamente* **bruciata.**

In questa frase l'espressione **è bruciata** ha un valore descrittivo, cioè **bruciata** è usato come aggettivo. In questo caso abbiamo un verbo copulativo (**è**) seguito da un aggettivo qualificativo (**bruciata**) con valore di predicato nominale.

* * *

Abbiamo visto che una frase con il verbo transitivo può essere trasformata in una frase di costruzione passiva. Logicamente è possibile fare anche il contrario, cioè transformare una frase passiva in attiva:

> *Questo libro* **verrà letto** *da tutti.*

> *Tutti* **leggeranno** *questo libro.*

Introduzione, 16

Questo libro __è stato regalato__ a Maria __da Mario__.

__Mario__ __ha regalato__ questo libro a Maria.

In italiano si cerca di evitare frasi del tipo seguente, in cui il soggetto non ha molta importanza:

> *Qui __la gente__ produce vini pregiati.*
> *Qui __tutti__ producono vini pregiati.*
> *Qui __i contadini__ producono vini pregiati.*
> *Qui [loro] producono vini pregiati.*

Nelle frasi riportate sopra l'informazione importante è centrata sulla produzione di vini pregiati, chi *produce* è ovviamente la popolazione locale e questo soggetto non ha molta importanza, infatti può rimanere sottinteso come un *loro* generico (vedi l'ultima frase). In questi casi l'italiano ricorre piuttosto a una frase col verbo passivo, in cui il complemento d'agente non viene espresso, cioè:

> *Qui __vengono prodotti__ vini pregiati.*

Un altro costrutto che esprime un concetto simile è quello del __si__ impersonale (cfr. IX, 11):

> *Qui __si producono__ vini pregiati.*

* * *

Anche la costruzione "nome + DA + infinito" ha un significato passivo ed esprime l'idea di necessità (*qualcosa che può/deve essere fatto*).

> *Hai qualcosa __da fare?__*
> *Ho sempre a portata di mano un libro __da leggere__.*
> *In casa tua c'è sempre tanta roba __da mangiare__.*
> *Che cosa c'è __da preparare?__*
> *Ho molti compiti __da correggere__.*

* * *

N.B. A proposito di costrutti passivi, osserviamo una differenza importante fra l'inglese e l'italiano. Questa riguarda i costrutti dei verbi come *dire* e *fare* che, come si è visto (cfr. Introduzione, 10) possono avere entrambi, l'oggetto diretto e l'oggetto indiretto.

Confrontiamo le due strutture in inglese e in italiano. In inglese è possibile avere due strutture diverse:

Introduzione, 16

Carla	*gave*	*the book*	*to Mario.*
sogg.	vb.tr.	ogg.dir.	ogg. indir.

Carla	*gave*	*Mario*	*the book.*[15]
sogg.	vb.tr.	ogg.ind.	ogg. dir.

Di conseguenza l'inglese ammette due possibili trasformazioni passive, una in cui il soggetto sarà l'oggetto diretto della frase attiva (in questo caso *the book*) e l'altra in cui il soggetto sarà l'oggetto indiretto della frase attiva (in questo caso *Mario*).

The book **was given** *to Mario (by Carla).*

Mario **was given** *the book (by Carla).*

In italiano, invece, i verbi come *dire* e *dare* ammettono un'unica struttura. Di conseguenza è possibile avere un'unica trasformazione passiva, in cui il soggetto è l'oggetto diretto della frase attiva.

Carla	*ha dato*	*il libro*	*a Mario.*
sogg.	vb.tr.	ogg.dir.	ogg.indir.

Il libro	*è stato dato*	*a Mario*	*(da Carla).*
sogg.	vb.passivo	ogg ind.	agente[16]

* * *

---

[15] La grammatica trasformazionale chiama questa trasformazione *double object transformation*.

[16] Cioè in italiano non si potrà **MAI** dire:
*Mario è stato dato il libro (da Carla). come traduzione di
Mario was given the book.

Abbiamo visto che i verbi possono essere considerati dal punto di vista della **funzione sintattica (transitiva, intransitiva o copulativa)** e dal punto di vista della **costruzione (attiva o passiva)** o della **forma (riflessiva)**.

Ecco ora uno schema riassuntivo:

funzione	costruzione o forma	esempi
transitiva	attiva	*La mamma **punisce** Maria.*
Ø	passiva	*Maria **è punita** dalla mamma.*
transitiva	riflessiva	*Mi **sono lavata** le mani.*
intransitiva	Ø	*Vado a Roma.*
intransitiva	riflessiva	*Mi **affaccio** alla finestra.*
copulativa	Ø	*Roma **è** una città antica.*

I Gruppo nominale

1 MORFOLOGIA DEL NOME E DELL'AGGETTIVO

Conosco un	*ragazzo italiano.*	(m. sg.)
Conosco una	*ragazza italiana.*	(f. sg.)
Conosco tre	*ragazzi italiani.*	(m. pl.)
Conosco tre	*ragazze italiane.*	(f. pl.)

Di solito nomi e aggettivi sono composti di due parti:

a) una parte generalmente **invariabile** (*ragazz-, italian-*) che ci dà il
    significato della parola: chiameremo **radice** questa parte della parola.
    Indicheremo la radice, facendola seguire da un trattino: *ragazz-*.

b) una parte **variabile** (*-o, -a, -i, -e*) che chiameremo **finale** e che
    indicheremo facendola precedere da un trattino. Questa indica il **genere** e
    il **numero** del nome. Il genere può essere **maschile** (*ragazzo italiano*) o
    femminile (*ragazza italiana*). Il numero può essere **singolare** (*ragazzo,
    ragazza*) o **plurale** (*ragazzi, ragazze*).

Sul vocabolario i nomi sia maschili che femminili sono indicati al singolare.
Anche gli aggettivi sono elencati al singolare, ma solo nella forma maschile.

La variabilità delle finali dei nomi e degli aggettivi si chiama inflessione.

2 L'ARTICOLO DETERMINATIVO E INDETERMINATIVO

La grammatica e *il vocabolario* sono *gli strumenti necessari*
f. sing.   m. sing.   m. pl.

per imparare le lingue.
               f. pl.

L'articolo concorda in genere e numero con il nome che accompagna (cfr. Introduzione, 2) ed è il primo elemento di un gruppo nominale.[1]

Vorrei **la** *matita verde.* (quella lì, sul tavolo)

Vorrei **una** *matita verde.* (una qualsiasi)

In italiano ci sono due gruppi di articoli:

a)   quelli **determinativi** *(il, lo, la, l', i, gli, le)* che indicano una cosa o persona precise.

b)   quelli **indeterminativi** *(uno, un, una, un')* che indicano in generale una cosa o persona qualsiasi.

La forma dell'articolo in italiano è condizionata non solo morfologicamente, cioè dal genere e dal numero del nome che accompagna, ma anche fonologicamente, cioè dal suono iniziale del nome.

---

[1]   **Eccezione:**
L'aggettivo *tutto* precede sia il nome che l'articolo del gruppo nominale di cui fa parte.
    Tutte le matite *stanno in quel cassetto.*

Ecco delle tavole schematiche delle forme dell'articolo:

ARTICOLI DETERMINATIVI					
	sg.	pl.	davanti a nomi o aggettivi che comincino con:		
MASCHILI	lo	gli	s + consonante: z i + vocale: ps-, pn- gn- x-	lo sbaglio, lo zio, lo iugoslavo, lo psicologo, lo pneumatico, lo gnocco, lo xilofono,	gli sbagli gli zii gli iugoslavi gli psicologi gli pneumatici gli gnocchi[2] gli xilofoni
	l'	gli	vocale:	l'orologio, l'elenco,	gli orologi gli elenchi
	il	i	qualsiasi consonante:	il tavolo, il professore, il clima,	i tavoli i professori i climi
FEMMINILI	la	le	una consonante: i + vocale:	la strada, la tavola, la provincia, la psicologa, la iugoslava,	le strade le tavole le province le psicologhe le iugoslave
	l'	le[3]	altre vocali o gruppi di vocali:	l'oca, l'aiuola,	le oche le aiuole[4]

---

[2] Oggigiorno le forme *il gnocco/i gnocchi, il pneumatico/i pneumatici* prevalgono su quelle *lo gnocco/gli gnocchi, lo pneumatico/gli pneumatici.*

[3] L'apostrofo è d'uso solo nelle forme indicate del singolare: non si usa **mai** nell'articolo plurale.

[4] Fare attenzione alla scelta dell'articolo:

lo studente	ma	*il bravo studente*
gli studenti	ma	*i bravi studenti*
l'articolo	ma	*il seguente articolo*
gli articoli	ma	*i seguenti articoli*
i libri	ma	*gli altri libri*
la zia	ma	*l'ottima zia di Lucia*
le zie	e	*le ottime zie di Lucia.*

I, 2

ARTICOLI INDETERMINATIVI					
	sg.	pl.	davanti a nomi o aggettivi che cominciano con:		
MASCHILI	uno[5]	degli	s + consonante: z i + vocale: ps-, pn- gn- x-	uno sbaglio, uno zio, uno iugoslavo, uno psicologo, uno pneumatico, uno gnocco, uno xilofono,	degli sciocchi degli zii degli iugoslavi degli psicologi degli pneumatici degli gnocchi[6] degli xilofoni
	un[7]	degli	vocale:	un orologio, un elenco,	degli orologi degli elenchi
	un	dei	qualsiasi consonante:	un tavolo, un professore, un clima,	dei tavoli dei professori dei climi
FEMMINILI	una	delle[8]	una consonante: i + vocale:	una strada, una tavola, una iugoslava,	delle strade delle tavole delle iugoslave
	un'	delle	altre vocali o gruppi di vocali:	un'oca, un'aiuola,	delle oche delle aiuole

*   *   *

[5] Le forme dell'articolo indeterminativo singolare in italiano coincidono con quelle del numerale *uno*.

Do you have a book?
Do you have one book? ⎦ *Hai **un** libro?*

[6] Oggigiorno le forme *un gnocco/dei gnocchi, un pneumatico/dei pneumatici* prevalgono su quelle *uno gnocco/degli gnocchi, uno pneumatico/degli pneumatici*.

[7] Notare che l'articolo indeterminativo maschile singolare davanti a vocale è *un* **senza** apostrofo, perciò la frase.... *E' un insegnante.* si riferisce a un uomo, mentre la frase *E' un'insegnante.* si riferisce a una donna.

[8] Cfr. nota numero 3 alla pagina precedente.

I, 2

lo champagne	*lo yoga*
lo shock	*lo yogurt*
lo sport	*lo Yukon*
il jazz	*l'hotel (/l'otel/)*
il juke-box	*il walzer (/il valzer/)*
il jet	

La scelta degli articoli davanti a parole straniere segue le regole sopra esposte: l'articolo si sceglie in base al suono iniziale delle parole, senza considerare la loro ortografia. *Champagne* ha un suono iniziale come *sciocco* e perciò si dirà *lo champagne*, **uno** *champagne*.

Gli italiani talvolta esitano nella scelta degli articoli davanti a nomi stranieri:

l'whisky (/l'uiski/)	*l'hamburger (/l'amburgher/)*
il whisky (/il uisky/)	*lo hamburger (/lo amburgher/)*
lo whisky (/lo uiski/)	*l'hot dog (/l'ot-dog/)*

* * *

Notare l'uso irregolare dell'articolo davanti al plurale di *dio*:

*il dio - **gli** dei.*

3 NOMI E AGGETTIVI MASCHILI IN -O

Questo libro è aperto.
Questi libri sono aperti.

Quasi tutti i nomi in -o sono maschili.[9]

Nomi e aggettivi in -o formano il plurale in -i.[10]

---

[9]   Per i nomi femminili in -o cfr. I, 19 (nomi invariabili).

[10]   L'italiano spesso dà all'aggettivo la funzione di nome, facendolo precedere dall'articolo:

l'uomo vecchio	-->	*il vecchio*
la donna giovane	-->	*la giovane*
la persona sciocca	-->	*lo sciocco*
la bellezza	-->	*il bello*
la verità	-->	*il vero*

Eccezioni:

*Mio cugino è un **uomo** straordinario.*
*Quegli ingegneri sono **uomini** straordinari.*

*A Cori c'è un **tempio** romano.*
*Ad Agrigento ci sono dei **templi** greci.*

Alcuni nomi presentano dei plurali irregolari:

> *il dio – gli dei*
> *il tempio – i templi*
> *l'uomo – gli uomini*[11]

* * *

il desiderio – i desideri	*l'addio – gli addii*
l'esempio – gli esempi	*il leggio – i leggii*
l'occhio – gli occhi	*il mormorio – i mormorii*
lo stadio – gli stadi	*il pendio – i pendii*
doppio – doppi	*lo scintillio – gli scintillii*
serio – seri	*lo zio – gli zii*

I nomi e gli aggettivi in **-io** con la "i" non accentata formano il plurale in **-i**. Se invece la "i" è accentata, formano il plurale in **-ii**.

* * *

il figlio – i figli	*l'uscio – gli usci*
l'ufficio – gli uffici	*il viaggio – i viaggi*

I nomi e gli aggettivi in **-cio, -gio, -scio, -glio** formano il plurale regolarmente in **-ci, -gi, -sci, -gli** (cfr. Premessa, 1).

* * *

---

[11]   Il nome *zoo* è maschile e invariabile: *lo zoo – gli zoo.*

il banco – i banchi	bianco – bianchi
il bosco – i boschi	dantesco – danteschi
l'elenco – gli elenchi	poco – pochi
il parco – i parchi	stanco – stanchi

I nomi e gli aggettivi in **-co** di norma formano il plurale regolarmente in **-chi** (cfr. Premessa, 1).

N.B.

amico – amici
artistico – artistici
caratteristico – caratteristici
chimico – chimici
classico – classici
comico – comici
elettrico – elettrici
fisico – fisici
manico – manici
medico – medici
romantico – romantici
simpatico – simpatici
tecnico – tecnici
tipico – tipici
umoristico – umoristici

austriaco – austriaci
cardiaco – cardiaci
demoniaco – demoniaci
maniaco – maniaci

equivoco – equivoci
greco – greci
intrinseco – intrinseci
monaco – monaci
parroco – parroci
porco – porci
sindaco – sindaci
stomaco – stomaci

Quasi tutti i nomi e gli aggettivi in **-ico**, tutti gli aggettivi in **-iaco** e alcuni altri nomi e aggettivi formano il maschile plurale in **-ici**.[12]

I nomi e gli aggettivi seguenti, sebbene finiscano in **-ico**, al plurale terminano regolarmente in **-chi**:

antico – antichi	pizzico – pizzichi
carico – carichi	plico – plichi
fico – fichi	valico – valichi
incarico – incarichi	

*   *   *

---

[12] E` stata ignorata la distinzione che convenzionalmente si fa per i nomi in -ico, sdruccioli o no, in quanto è di poca utilità pratica ai fini dell'insegnamento a questo livello. Si è preferito offrire allo studente una guida esemplificativa.

l'albergo - gli alberghi	il castigo - i castighi
il catalogo - i cataloghi	l'impiego - gli impieghi
il dialogo - i dialoghi	il luogo - i luoghi
il lago - i laghi	il mago - i maghi
il sugo - i sughi	il monologo - i monologhi
il tango - i tanghi	il parafango - i parafanghi

I nomi e gli aggettivi in **-go** formano di norma il plurale in **-ghi**. (cfr. Premessa, 1).

Eccezioni:

a)   i nomi in **-ologo** che designano professioni formano il plurale in **-ologi**.

l'archeologo - gli archeologi
l'astrologo - gli astrologi
il cardiologo - i cardiologi
l'ecologo - gli ecologi
l'enologo - gli enologi
il filologo - i filologi
il geologo - i geologi
il ginecologo - i ginecologi
il patologo - i patologi
lo psicologo - gli psicologi
il radiologo - i radiologi
il teologo - i teologi

b)

l'antropofago - gli antropofagi
l'asparago - gli asparagi

4 NOMI E AGGETTIVI FEMMINILI IN -A

> *Questa ragazza è italiana.*   *Queste ragazze sono italiane.*
> *Quella casa è moderna.*   *Quelle case sono moderne.*

La maggioranza dei nomi in **-a** è femminile.[13] I nomi e gli aggettivi in **-a** formano il plurale in **-e**.

Eccezioni:

> *La spada è una tipica **arma** romana.*
> *Le spade sono tipiche **armi** romane.*
>
> *Quell'uccello ha un'**ala** spezzata.*
> *Quell'uccello ha le **ali** spezzate.*

Alcuni nomi presentano dei plurali irregolari:

```
l'arma - le armi
l'ala - le ali
```

* * *

> *E' un ragazzo italiano.*   *Sono dei ragazzi italiani.*
> *E' una ragazza italiana.*   *Sono delle ragazze italiane.*

Tutti gli **aggettivi** maschili in **-o**, hanno i corrispondenti femminili in **-a**.
Essi sono aggettivi con quattro forme: *italiano, italiana, italiani, italiane.*

* * *

l'amica - le amiche	*austriaca - austriache*
l'archeologa - le archeologhe	*classica - classiche*
la banca - le banche	*profuga - profughe*
la manica - le maniche	*simpatica - simpatiche*

Tutti i nomi e aggettivi femminili in **-ca** e **-ga** formano il plurale regolarmente in **-che** e **-ghe** (cfr. Premessa, 1).

* * *

---

[13]   Per i nomi maschili in -a cfr. I, 17.

```
la fascia - le fasce          la provincia - le province
la figlia - le figlie         la rinuncia - le rinunce
la pioggia - le piogge        liscia - lisce
```

I nomi e gli aggettivi in **-glia, -cia, -scia** e **-gia** formano il plurale regolarmente in **-glie, -ce, -sce** e **-ge** (cfr. Premessa, 1).

Il nome *camicia* ha tradizionalmente il plurale in *camicie*, per non creare confusione con *il camice*.

* * *

```
la farmacia - le farmacie     la scia - le scie
la galleria - le gallerie     la zia - le zie
la magia - le magie
```

I nomi e gli aggettivi **-ia, -cia, -scia, -gia**, con la "i" accentata formano il plurale **-ie, -cie, -scie, -gie**.

* * *

```
l'assemblea - le assemblee    ebrea - ebree
la dea - le dee               rosea - rosee
l'idea - le idee              spontanea - spontanee
la marea - le maree           subitanea - subitanee
```

I nomi e gli aggettivi femminili in **-ea** formano il plurale in **-ee**, sia che la "e" del singolare sia accentata o no.

5 NOMI E AGGETTIVI MASCHILI E FEMMINILI IN -E

Questo ragazzo è francese.   *Questi ragazzi sono francesi.*
Questa ragazza è francese.   *Queste ragazze sono francesi.*
Questo cantante è celebre.   *Questi cantanti sono celebri.*
Questa cantante è celebre.   *Queste cantanti sono celebri.*

I nomi e gli aggettivi in -e possono essere sia maschili che femminili.

52

Nomi e aggettivi in **-e** formano il plurale in **-i** (sia per il maschile che per il femminile).[14]

Eccezione:

> *Quel **bue** è molto grasso.*
> *Quei **buoi** sono molto grassi.*

Un solo nome di questo tipo ha il plurale irregolare:

> il bue - i buoi

*   *   *

E` difficile distinguere i nomi in **-e** maschili da quelli femminili. La maggioranza dei nomi in **-e** sono maschili.

Sono **femminili** tutti i nomi in **-zione, -sione, -gione, -udine, -ite**[15], **-igine**, che in genere sono nomi astratti, e i nomi in **-ice**, che per lo più si riferiscono a donne:

l'ambizione	la comprensione	l'abitudine	la caligine
l'azione	la conclusione	l'altitudine	l'origine
la contrazione	la discussione	l'attitudine	la vertigine
la creazione	la fusione	la consuetudine	
l'eruzione	la professione	la moltitudine	la cicatrice
la fissazione	l'uccisione	la similitudine	la cornice
l'imbarcazione			l'incubatrice
l'integrazione	la carnagione	la bronchite	la pittrice
la petizione	la piantagione	la colite	la scrittrice
la soluzione	la regione	la lite	la traduttrice
la traduzione	la stagione	la polmonite	la vincitrice

---

[14] Nomi machili in -e che indicano titoli o professioni perdono la -e davanti a nomi propri o cognomi:
Signor Carlo, come sta?   *Ha telefonato il ragionier Tondi.*
Signor Rossi, come va?   *Cavalier Zorzi, benvenuto!*
Buon giorno, ingegner Terzi!   *Buona sera, professor De Vecchi!*

[15] Sono però maschili *il cacciavite* e *il limite*.

Inoltre anche i seguenti nomi in -e sono femminili:

l'automobile	la fame	la nave	la salute
la base	la febbre	la neve	la sede
la canzone	la fede	la notte	la sete
la carne	la foce	l'opinione	la siepe
le cattedrale	la frase	la pace	la sorgente
la cenere	la fune	la parete	la sorte
la centrale	la gente	la parte	la succursale
la chiave	l'immagine	la patente	la torre
la classe	l'indagine	la pelle	la tosse
la consonante	la legge	la percentuale	la valle
la corrente	la lente	la piramide	la vocale
la corte	la luce	la polvere	la voce
la croce	la mente	la prole	l'unione
la dote	la mole	la rete	
l'estate	la morte	la ruggine	

* * *

Sono **maschili** quasi tutti i nomi in -ore, -ere, -ame, -ale, -ile, -consonante + -one, :

l'allenatore	il banchiere	l'animale	l'acquazzone
il calore	il cameriere	il bracciale	l'aquilone
il colore	il giardiniere	il cannocchiale	il balcone
il conoscitore	il gioielliere	il carnevale	il barone
il difensore	il paniere	il davanzale	il bastone
il dottore	il pompiere	il messale	il bottone
il motore		il piazzale	il cannone
il muratore		lo stivale	il carbone
l'odore			il cotone
il pittore	il fogliame		il moscone
il professore	il legname	il canile	il portone
il sapore	il letame	il fienile	il testimone
il vincitore	lo sciame	il porcile	il trombone

Inoltre i seguenti nomi in -e sono maschili:

54

l'argine	il fiore	il margine	il pepe
il campione	il fiume	il mese	il ponte
il cane	il giornale	il milione	il sale
il concime	l'incidente	il monte	lo scialle
il dente	il lampione	il parere	lo zabaione
il diabete	il latte	il padre	
l'embrione	il mare	il pane	

Tutti gli **infiniti** usati come nome sono maschili:

> *Il mangiare troppo danneggia la salute.*
> *L'aspettare è sempre noioso.*

* * *

Tutti gli aggettivi in -e sono ambigeneri, cioè le forme del maschile e del femminile coincidono:

> *Questo è un libro canadese.*   *Questi sono libri canadesi.*
> *Questa è una banca canadese.*   *Queste sono banche canadesi.*

Gli aggettivi la cui radice termina in **-ant-, -ent-, -abil-, -ibil-, -ubil-,** richiedono la finale **-e.**

abbondante	astringente	affabile	accessibile
aiutante	coerente	desiderabile	comprensibile
calmante	discendente	immutabile	impossibile
croccante	efficiente	inseparabile	leggibile
galante	furente	intollerabile	terribile
lussureggiante	incandescente	mirabile	visibile
pesante	negligente	responsabile	
snervante	piangente	tascabile	insolubile
tollerante	scadente	vulnerabile	volubile

Notiamo che gli **aggettivi si possono usare come nomi maschili** e in questo caso richiedono l'articolo.

> *Alcuni pittori cercano di rappresentare il vero.*
> *Lo strano è che lui non sospetta nulla.*
> *Il brutto era che non c'era molto da mangiare.*
> *Spesso si mira all'utile dimenticando l'onesto.*
> *Gli italiani sono geniali.*

I, 5

Riassumiamo: nomi ed aggettivi in -o, -a, -e.

	nomi				aggettivi	
	sg.	pl.			sg.	pl.
m.	-o	-i		m.	-o	-i
f.	-a	-e		f.	-a	-e
m. + f.	-e	-i		m. + f.	-e	-i

6   USO DELL'ARTICOLO DETERMINATIVO

In italiano l'articolo determinativo si usa davanti a:

a) nomi che indicano una persona o una cosa precisa:

> *Hai portato i documenti che ti avevo chiesto?*
> *Per piacere, passami il libro di storia.*

b) titoli:

> *Il signor Rossi conosce il ragionier Renzi.*
> *La professoressa Ciampi sposa l'ingegner Bardi.*[16]

c) nomi astratti (di discipline, di materie, di colore, ...) o indicanti qualità:

> *La libertà è indispensabile agli uomini.*
> *La primavera e l'autunno sono le mie stagioni preferite.*
> *La farina e lo zucchero sono lì.*
> *Lo studio dell'italiano non è facile.*
> *La matematica e la letteratura mi piacciono molto.*
> *Il rosso è un colore comune nelle bandiere.*

---

[16]   Non vogliono però l'articolo i seguenti titoli:
Don Luigi, Donna Beatrice, fra' Cristoforo, Papa Giovanni XXIII, Sant'Antonio, Suor Celeste.

d) aggettivi possessivi: (cfr. I, 10)

> *Il mio libro è sul tuo tavolo.*

e) nomi che indicano categorie o tipi di cose:

> *Tu preferisci i cani o i gatti?*
> *Ai bambini piacciono i dolci.*
> *Il ferro è duro.*
> *La carne contiene molte proteine.*

f) nomi geografici:

> *Il Reno passa per la Germania.*
> *Il Tirreno bagna la Toscana.*
> *Il Monte Bianco è il più alto delle Alpi.*
> *Vengo dall'Italia.*
> *La Sicilia è un'isola stupenda.*[17]

g) espressioni di tempo:

> *Sono nato nel 1946, e precisamente il 15 marzo, alle tre e ventuno!*

h) cognomi di personaggi famosi: (quest'uso è obbligatorio solo se il personaggio è una donna)

> *Abbiamo studiato il Foscolo e il Leopardi.*
> *La Ginzburg è un'autrice contemporanea.*

N.B. In una lista di nomi l'articolo deve precedere ogni nome o deve sempre mancare:

> *I quadri, le sculture e gli oggetti di quel museo sono stupendi.*
> *Quadri, sculture e oggetti di quel museo sono stupendi.*

---

[17] Notiamo però queste espressioni **senza** articolo:
  Abito in Italia. Va in Francia.
  Roma è la capitale d'Italia.
  L'Italia è il giardino d'Europa.
  La regione dove c'è Roma si chiama Lazio.
Non vogliono l'articolo nomi di isole piccole e di città, se non sono accompagnate da aggettivi o altre espressioni:
  Ischia e Capri sono stupende.
  Vado prima a Roma e poi a Milano.
ma: *Voglio conoscere meglio la Roma barocca e la Milano rinascimentale.*

7 LE PREPOSIZIONI ARTICOLATE

Esco *con* Lucia.   *Scrivo a Gino.*
Esco **con** un amico.   *Scrivo a un amico.*

Esco **con** la signorina Rossi.   *Scrivo* ⌐alla⌐ *signorina Rossi.*
Esco **con** quel ragazzo.   *Scrivo* ⌐al⌐ *ragazzo di Paola.*

Le preposizioni *di, a, in, da, su* se sono seguite da un articolo determinativo
si fondono con questo, dando luogo alle **preposizioni articolate**.

	di	a	in	da	su	
il	*del*	*al*	*nel*	*dal*	*sul*	*tavolo / ponte*
lo	*dello*	*allo*	*nello*	*dallo*	*sullo*	*scaffale / scompartimento*
l'	*dell'*	*all'*	*nell'*	*dall'*	*sull'*	*albero / armadio*
i	*dei*	*ai*	*nei*	*dai*	*sui*	*libri / ponti*
gli	*degli*	*agli*	*negli*	*dagli*	*sugli*	*scaffali / alberi*
la	*della*	*alla*	*nella*	*dalla*	*sulla*	*valigia / borsa*
l'	*dell'*	*all'*	*nell'*	*dall'*	*sull'*	*autostrada / officina*
le	*delle*	*alle*	*nelle*	*dalle*	*sulle*	*valige / autostrade*[18]

Notare il raddoppiamento della "l" nel caso in cui l'articolo comincia per
"l".

* * *

Qualche volta abbiamo una preposizione accompagnata da altri elementi in
un'unica **espressione prepositiva**:

---

[18] L'uso delle preposizioni articolate "*con* + articolo" e "*per* + articolo" è
ormai antiquato, eccetto "*con + il*" --> *col*.

vicino a	*Il negozio è **vicino a** casa mia.*
riguardo a	***Riguardo** a quest'argomento non so che cosa dire.*
fino a	*Ho vacanza **fino al** quattro settembre.*
insieme a	*Vado **insieme a** Sandro.*
davanti a	***Davanti alla** casa c'è un bellissimo albero.*
attorno a	***Attorno all**'albero ci sono dei fiori.*
in confronto a	***In confronto ai** tuoi crucci ce ne sono altri più gravi.*
accanto a	*La libreria sta **accanto alla** banca.*
in mezzo a	*L'ho visto **in mezzo alla** piazza.*
prima di	*Lia entra sempre **prima di** me.*
invece di	*Vuoi il tè **invece del** caffè?*
a proposito di	***A proposito di** matrimoni, sai che Rina si è sposata?*
lontano da	*L'università sta **lontano dalla** stazione.*
fuori da	*I miei cugini stanno in campagna, **fuori dall**'abitato.*

La presenza di un pronome personale (*me, te, lui, lei, noi, voi, loro*) dopo la preposizione richiede l'inserzione di un *di*:

*Puoi contare **sugli** amici*	*Puoi contare **su di** me.*
*Come faccio **senza** soldi?*	*Come faccio **senza di** lui?*
*Questo è un segreto **tra** i ragazzi.*	*Questo è un segreto **tra di** noi.*
***Su** Antonio non ci sono dubbi.*	***Su di** lui non ci sono dubbi.*
*Chi abita **presso** quella famiglia?*	*Chi abita **presso di** voi?*
***Dentro** quel cassetto c'è molto disordine.*	*Sembravo tranquilla, ma **dentro di** me ero nervosa.*

Per l'uso delle preposizioni, cfr. Introduzione, 9 - 14.

8 L'ARTICOLO PARTITIVO

*Hai **un po' di** pane?*	*Hai **del** pane?*
*E' necessario **un po' di** miele.*	*E' necessario **del** miele.*
*Hanno **alcuni** quadri stupendi.*	*Hanno **dei** quadri stupendi.*
	*Hanno **qualche** quadro stupendo.*
*Ho **alcune** cravatte blu.*	*Ho **delle** cravatte blu.*
	*Ho **qualche** cravatta blu.*
*Esco con **alcuni** compagni.*	*Esco con **dei** compagni.*
	*Esco con **qualche** compagno.*

                    C'è *un **certo** numero di*   *Ci sono **degli** errori gravi.*
                        errori gravi.   *C'è **qualche** errore grave.*

Gli **articoli partitivi**[19], che, come si vede, hanno esattamente la stessa forma
delle preposizioni articolate, si usano per indicare quantità imprecisate,
approssimative.

L'articolo partitivo si usa davanti al **singolare di nomi "non numerabili"** (*del
miele, del caffè, del burro, dell'acqua, del latte,* ecc.) e davanti **al plurale
di nomi "numerabili"** (*dei libri, delle ragazze, degli studenti...*).[20]

L'aggettivo *qualche* ha il significato di "*pochi, alcuni*" ma si usa solo al
singolare.

N.B. Come abbiamo visto nell'Introduzione, al capitolo 4, il gruppo nominale
       che ha la funzione di **soggetto** o di complemento **oggetto diretto** non è mai
       preceduto da preposizione. Facciamo però attenzione all'**articolo
       partitivo**:

            Le bambine gridano.   ***Delle bambine** gridano.*
            Manca il burro.   *Manca **del burro**.*

            Vorrei lo zucchero.   *Vorrei **dello zucchero**.*
            Renzo legge i giornali.   *Renzo legge **dei giornali**.*

Nelle frasi di destra gli elementi *delle, del, dello,* non sono
preposizioni articolate, ma funzionano da articoli partitivi. Quindi le
frasi di destra hanno rispettivamente questi significati:

            Alcune bambine gridano.
            *Manca un **po'** di burro.*

            *Vorrei un **po'** di zucchero.*
            Renzo legge alcuni giornali.

Ecco dunque che le espressioni *delle bambine, del burro* hanno la funzione
di soggetto e le espressioni *dello zucchero, dei giornali* hanno la
funzione di complemento oggetto diretto.

---

[19]   Traducono l'inglese *some.*

[20]   In genere nelle frasi negative non si usa l'articolo partitivo:
           Non ho caffè.   *I don't have any coffee.*
           Non ho cravatte blu.   *I don't have any blue ties.*
       L'inglese *any* non si traduce in italiano.

9 I DIMOSTRATIVI

a) Gli aggettivi dimostrativi

> *Vorrei* **questo** *libro e* **quelle** *riviste.*

Gli aggettivi **questo**, e **quello** indicano se ciò di cui si parla è vicino (*questo*) o lontano (*quello*) da chi parla dal punto di vista spaziale, psicologico o cronologico.

L'aggettivo **codesto** è poco usato ed è sostituibile con **quello**.

Tutti questi aggettivi precedono il nome, difatti hanno la stessa funzione sintattica dell'articolo.

*   *   *

In particolare l'aggettivo *quello* davanti a nomi ed aggettivi si comporta dal punto di vista morfologico come l'articolo determinativo:[21]

il	*libro*		*quel*	*libro*		*i*	*libri*		*quei*	*libri*
lo	*studente*		*quello*	*studente*		*gli*	*studenti*		*quegli*	*studenti*
l'	*armadio*		*quell'*	*armadio*		*gli*	*armadi*		*quegli*	*armadi*
la	*ragazza*		*quella*	*ragazza*		*le*	*ragazze*		*quelle*	*ragazze*
l'	*amica*		*quell'*	*amica*		*le*	*amiche*		*quelle*	*amiche*

Dunque l'aggettivo *questo* ha quattro forme (*questo, questa, questi, queste*), mentre l'aggettivo *quello* ha sette forme (*quel, quello, quell', quella, quei, quegli, quelle*).

Bisogna notare che *quello* è sempre e solo aggettivo davanti a *altro* e davanti ai numerali.

> *Voglio questi libri e anche* **quegli** *altri.*
> **Quei** *tre sono molto allegri!*

---

[21] Attenzione! (cfr. I, 2)
> *quello studente*   ma   *quel bravo studente*
> *quegli studenti*   ma   *quei bravi studenti*
> *quel libro*   ma   *quell'altro libro*
> *quell'amica*   ma   *quella tua amica, ecc.*

I, 9

b) I pronomi dimostrativi

Agli aggettivi dimostrativi corrispondono i **pronomi dimostrativi**:

> *Questo mi piace, ma **quello** no.*
> *Quali vuole? **Queste** o **quelle**?*[22]

*   *   *

> *Ti piace **quel** cappotto?*
> *Ti piace **quello** scaffale?*   ]   *Sì, infatti compro proprio **quello**!*
> *Ti piace **quell**'anello?*

> *Ti piace **quella** borsa?*
> *Ti piace **quell**'antologia?*   ]   *Sì, infatti compro proprio **quella**!*

> *Ti piacciono **quei** guanti?*
> *Ti piacciono **quegli** occhiali?*]   *Sì, infatti compro proprio **quelli**!*

> *Ti piacciono **quelle** mele?*
> *Ti piacciono **quelle** arance?*   ]   *Sì, infatti compro proprio **quelle**!*

A sinistra riconosciamo le sette forme dell'aggettivo *quello* e a destra le quattro forme corrispondenti del pronome *quello*.

N.B. Osserviamo la differenza fra l'uso dell'aggettivo e quello del pronome nelle seguenti coppie di frasi.

> *Mi piace* **quel** **francese**.   *(= uomo/ ragazzo francese)*
>   agg.   nome

> *Mi piace* **quello** **francese**.   *(= uomo/ vino/ profumo...)*
>   pron.   agg.

> *Mi piacciono* **quegli** **italiani**.   *(= uomini/ uomini e donne/ ...)*
>   agg.   nome.

> *Mi piacciono* **quelli** **italiani**.   *(= vini/ salami/ stivali...)*
>   pron.   agg.

---

[22]   Il pronome *costui* è antiquato e non lo studiamo in questa sede. Di uso raro sono anche i pronomi *colui, colei* e *ciò*: per lo più sono usati insieme al pronome relativo *che* (cfr. IX, 10 d).

10 I POSSESSIVI

a) Gli aggettivi possessivi

*Ecco il **mio** libro e la **mia** matita.*
*Ecco i **miei** libri e le **mie** matite.* ⎤ = my

*Ecco il **tuo** libro e la **tua** matita.*
*Ecco i **tuoi** libri e le **tue** matite.* ⎤ = your

*Ecco il libro e la matita **di Aldo/ di Teresa**..*
*Ecco il **suo** libro e la **sua** matita.*
*Ecco i **suoi** libri e le **sue** matite.* ⎤ = his/ her

*Ecco il **nostro** libro e la **nostra** matita.*
*Ecco i **nostri** libri e le **nostre** matite.* ⎤ = our

*Ecco il **vostro** libro e la **vostra** matita.*
*Ecco i **vostri** libri e le **vostre** matite.* ⎤ = your

*Ecco il libro e la matita **dei bambini/ delle bambine**.*
*Ecco il **loro** libro e la **loro** matita.*
*Ecco i **loro** libri e le **loro** matite.* ⎤ = their

Gli aggettivi possessivi indicano la persona che "possiede" (prima, seconda, terza singolare o plurale), ma **concordano in genere e numero col nome a cui si riferiscono:**

		MASCHILE		FEMMINILE	
		sg.	pl.	sg.	pl.
sg.	I	mio	miei	mia	mie
	II	tuo	tuoi	tua	tue
	III	suo	suoi	sua	sue
pl.	I	nostro	nostri	nostra	nostre
	II	vostro	vostri	vostra	vostre
	III	loro [23]		loro	

*   *   *

---

[23] *Loro* è una forma invariabile.

"*Luigi, dov'è la tua cartella?*"

"*Avete visto la sua cartella?*"

"*Lina, dov'è la tua cartella?*"

"*Avete visto la sua cartella?*"

Gli aggettivi inglesi *his, her* si traducono in italiano con l'unico aggettivo *suo*, che **non distingue** il sesso del possessore:

la *sua* cartella =
- la cartella *di Luigi*
- oppure
- la cartella *di Lina*

Come tutti gli aggettivi italiani, anche l'aggettivo *suo* deve concordare in genere e numero col nome a cui si riferisce:

il suo libro, la sua matita, il suo studente, la sua frase
i suoi libri, le sue matite, i suoi studenti, le sue frasi

In caso sia necessario specificare il sesso della persona si dice **di lui, di lei**.

Gli sposi sono entrambi di buona famiglia:
il padre di lui è avvocato e il padre di lei è dottore.

* * *

"*Professore, dov'è la Sua cartella?*"
"*Signora, dov'è il Suo cappotto?*"

"*Signorina, dove sono i Suoi guanti?*"
"*Dottore, dove sono le Sue sigarette?*"

= *your*

Nella forma di cortesia, cioè con le persone a cui si dà del *Lei*, si usa, logicamente, il possessivo di terza persona, singolare.

"*Signori, dove sono i vostri cappotti?*"
"*Signori, dove sono i Loro cappotti?*"

Nel plurale sono possibili due forme: una, più corrente, con l'aggettivo *vostro* e una, più formale, usata in genere solo da camerieri, con l'aggettivo *Loro*. Quest'ultima forma sta cadendo rapidamente in disuso.

* * *

I, 10

*Sono contenta **del vostro** impegno.*
*Ho preso **la tua** borsa.*
***Il mio** cane è di razza.*
*I **suoi** fratelli sono all'università.*
*Sono americane **le sue** sigarette?*
***La loro** educazione è minima!*
*Signori, posso prendere **le loro** valige?*

Gli aggettivi possessivi in italiano precedono sempre il nome e di regola richiedono l'articolo.[24]

* * *

*Tuo **cognato** è ingegnere?*
*Sua **suocera** viaggia molto.*
***Nostro padre** è severo.*
*Mandate **vostra figlia** in collegio?*

Gli aggettivi possessivi *mio, tuo, suo, nostro, vostro* rifiutano l'articolo determinativo quando precedono un nome di parentela (come *marito, moglie, padre, madre, fratello, sorella, genero, nuora, cognato/a, figlio/a, cugino/a, zio/a, nipote, suocero/a*), quando questi nomi sono:

a)   al singolare
b)   senza modificazioni della parola (*fratellino, fratellastro, ziona, figliuolo....*)
c)   senza aggettivi

Perciò si dice:

mio fratello	ma	*il loro fratello*
		un mio fratello
		i miei fratelli
		il mio fratellino
		il mio fratello maggiore

---

[24]   Eccezioni:
Gli aggettivi possessivi seguono il nome e rifiutano l'articolo;
  a)   in frasi idiomatiche come: *a casa mia, è colpa sua, è merito tuo, piacere mio!*
  b)   nel complemento vocativo, cioè l'espressione che indica la persona a cui ci si rivolge per parlare:
    Ma, bambina mia, stai attenta!
    Mamma mia, che fattaccio!
    Dio mio, che cosa faccio ora?
    Padre nostro, che sei nei cieli....

Quindi seguono la regola generale espressioni come:

> *Non conosco la **loro** cognata.*
> *Un mio cugino vive a Toronto.*
> *I tuoi fratelli vanno d'accordo?*
> *La mia sorellina si chiama Elena.*
> *La tua matrigna è generosa.*
> *Cosa fa il tuo fratellastro?*
> *Io ricordo bene la mia bis-nonna!*
> *Passo le vacanze con il mio pro-zio.*
> *La sua ex-moglie è ancora molto carina.*
> *Salutami la tua cara mamma.*
> *Oggi arriva il mio fidanzato.*
> *Come sta la vostra bambina?*   ] non sono "nomi di parentela"
> *La nostra famiglia è molto unita.*

Quando i nomi di parentela sono: *papà, mamma, nonno, nonna* l'uso dell'articolo è più che altro una scelta di stile personale. Generalmente i settentrionali tendono a mettere l'articolo, mentre i meridionali tendono ad eliminarlo.

> *Conosci (il) mio papà?*
> *(La) sua mamma insegna.*
> *(Il) nostro nonno fa collezione di francobolli.*

*   *   *

N.B.   *Luigi fa il ˄ compito.*   *Luigi writes **his** homework.*
        Lo metti in ˄ tasca?   *Do you put it in **your** pocket?*
        Faccio ˄ colazione alle sette.   *I have **my** breakfast at seven.*
        Mettete qui le ˄ valige!   *Put here **your** suitcases!*

Al contrario dell'inglese che specifica sempre il possessivo, l'italiano lo evita quando l'appartenenza dell'oggetto è ovvia.

N.B.   *Ciascuno ama i **propri** figli. (= suoi)*
        *Ognuno tira l'acqua al **proprio** mulino. (= suo)*
        *Tutti tengono alla **propria** reputazione. (= loro)*
        *La gente deve occuparsi dei fatti **propri**. (= suoi)*
        *I viaggiatori devono consegnare il **proprio** bagaglio. (= loro)*
        *Si deve essere responsabili delle **proprie** azioni.*
        *Non **si** devono trascurare i **propri** interessi.*

L'aggettivo *proprio* è **sempre** accompagnato dall'articolo. Tale aggettivo può sostituire i possessivi di terza persona singolare e plurale (*suo* e *loro*) se si riferiscono al soggetto della frase e tale soggetto è costituito da espressioni "generiche" (come *ciascuno, ognuno, tutti, la gente* e il pronome impersonale *si* - cfr. IX, 11) o da categorie di persone (*i viaggiatori, gli studenti....)*[25]

* * *

> *Si comporta così per dei motivi **suoi propri**.*
> *Devi farcela con le **tue proprie** forze.*
> *L'ho fatto con le **mie proprie** mani.*

L'aggettivo *proprio* accompagnato a un aggettivo possessivo rinforza il significato di tale aggettivo. Questo uso è da evitare perché appesantisce la frase.

a) I pronomi possessivi

> *Che belle le tue piante! **Le mie** sono così brutte!*
> *I miei bambini sono buoni, ma **i vostri** sono buonissimi.*
> *La mia penna si è rotta, puoi prestarmi **la tua**?*
> *"Mio padre è un avvocato!" "Anche **il mio**!"*

Le forme del pronome possessivo sono identiche a quelle dell'aggettivo possessivo. Il pronome possessivo è sempre accompagnato dall'articolo e concorda in genere e numero col nome che sostituisce.

L'unica eccezione si può avere in frasi con verbi copulativi, dove possiamo trovare sia la forma dell'aggettivo che quella del pronome in funzione di predicato nominale:

> *"Di chi è questa penna?"*   *"E' mia."* (= aggettivo)
>   *"E' **la mia**."* (= pronome)

---

[25]
> *Non desiderare la donna **altrui**.*
> *Tutti devono rispettare la roba **altrui**.*
> *Non mettere il naso nei fatti **altrui**.*

L'aggettivo *altrui* è invariabile in genere e numero e generalmente segue il nome a cui si riferisce. Indica che il possessore è una persona diversa dal soggetto della frase. E' sempre sostituibile con l'espressione *degli altri*.

I, 10

11 GLI INTERROGATIVI[26]

a) Gli aggettivi interrogativi

Gli interrogativi servono per formulare delle domande:

Che ora è?	*Con che amici vai?*
Quale libro cerchi?	*A quale libro si riferisce?*
Quali novelle leggi?	*Con quali scarpe esci?*
Quante pagine devi studiare?	*Di quanti fogli hai bisogno?*

Che?, quale?, quanto? sono gli **aggettivi interrogativi**: *che* è invariabile, *quale* e *quanto* invece hanno le forme regolari degli aggettivi in -e e in -o e si accordano in genere e numero col nome che accompagnano. Tutti si possono riferire sia a persone che a cose.

b) I pronomi interrogativi

Chi viene?	*A chi hai parlato?*
Cosa succede?	*A cosa serve?*
(Che) cosa fai?	*Con (che) cosa lo fai?*
Quale vuoi?	*A quali pensa?*
Quanti sono?	*Per quanti devo cucinare?*

Chi?, che cosa?, quale?, quanto? sono i **pronomi interrogativi**. *Chi?* si riferisce solo a persone ed è soltanto di numero singolare. *Che?* e *che cosa?* si riferiscono solo a cose e sono soltanto di numero singolare.[27] *Quale?* e *quanto?* si riferiscono sia a persone che a cose e hanno le forme di genere maschile e femminile e di numero singolare e plurale.

N.B.   *Qual è il tuo cappotto?*
             Qual è la capitale d'Italia?

Di fronte alla forma è il pronome *quale* si tronca, cioè perde la -e finale, che **non** viene sostituita dall'apostrofo.

---

[26]   *Per gli avverbi cfr. VIII.*

[27]   I pronomi interrogativi *Che cosa? Cosa?* sono in un certo senso di genere "neutro", per cui gli aggettivi e i participi passati che devono concordare con essi sono al maschile singolare:
        Che cosa è successo?
        Cosa è sbagliato?

12 GLI INDEFINITI

a) Gli aggettivi indefiniti

> *Voglio **poca** carne e **molta** insalata.*
> *In primavera ci sono stati **troppi** acquazzoni.*
> *Io ho **alcuni** libri di grammatica, **molti** libri di storia e **pochi** libri di geografia.*
> *In questa stanza c'è **troppa** confusione!*
> *Parlava con una **tale** arroganza, che sono uscita dalla stanza.*

Gli aggettivi *poco, molto, alquanto, parecchio, tanto, troppo, altro, tale, certo*[28] ecc. sono chiamati **indefiniti** perché esprimono una quantità imprecisata, approssimativa.

Gli indefiniti rifiutano, generalmente, l'articolo e si accordano in genere e numero col nome che accompagnano.[29]

Gli aggettivi indefiniti appena elencati sono regolari.

N.B. L'aggettivo *alcuno* si usa solo al plurale.[30]

*   *   *

---

[28] Bisogna stare attenti a non confondere questi aggettivi con le forme degli avverbi corrispondenti: infatti gli **aggettivi modificano un nome e si accordano con esso** in genere e numero, mentre gli **avverbi modificano verbi, aggettivi e altri avverbi e sono invariabili.** (cfr. VIII, 1)
> *Ho **molti** libri.*
>   agg. nome
> *Ho dei libri **poco** interessanti.*
>   nome avv. agg.
> *Ho **molti** libri **poco** interessanti.*
>   agg. nome avv. agg.

[29] Sono però usate, come in inglese, espressioni come:
> *I troppi acquazzoni della primavera scorsa hanno sciupato le piante.*
> cioè: *Tutti gli acquazzoni della primavera scorsa, che sono stati troppi....*

[30] L'uso di *alcuno* al singolare è limitato a forme negative in espressioni idiomatiche come:
> *Non ho **alcun** dubbio.*
> *Non ho **alcun** timore.*

I, 12

Qualunque vestito addosso a lei sta bene.
Dammi una matita qualunque.
Dammi una matita qualsiasi.
Qualsiasi ragazzo di intelligenza media saprebbe rispondere.
Dammi qualche foglio.
Scrivi una frase su ogni scheda.
Non desiderare la roba altrui.
Non ascoltare i discorsi altrui.

Qualunque, qualsiasi, ogni, qualche sono aggettivi indefiniti **invariabili**, che si usano unicamente al **singolare**, anche se hanno un significato di pluralità.

Altrui é un aggettivo invariabile de si usa sia al singolare che al plurale (cfr. I, 10).

* * *

Non ho nessun dubbio.
Non c'era nessuno studente.
Non c'era nessun altro.
Non voglio sentire nessun'altra scusa.
Lo dico senza nessuna riserva.
Dai un libro a ciascun bambino.

Gli aggettivi **nessuno, ciascuno** si usano *solo* al singolare e morfologicamente si comportano come l'articolo indeterminativo. Per la formazione delle frasi negative (cfr. II,7).

* * *

Qui ci sono alcuni vestiti.   *Qui c'è qualche vestito.*

Qui ci sono delle studentesse.   *Qui c'è qualche studentessa.*
Qui ci sono alcune studentesse.

Notiamo che l'aggettivo *alcuno* al plurale è di significato simile all'aggettivo *qualche*, che però si usa solo al singolare (= *un certo numero di...)*

b) I pronomi indefiniti

Io ho tanti libri: alcuni di grammatica, molti di storia e pochi di
        geografia.
"Quanti dischi hai?"   "Parecchi!"
Nessuno può entrare.

Ognuno deve avere una matita di riserva.
Queste non sono cose da dire a **chiunque**!
E` venuto un **tale** a cercarti.

*Nessuno, uno, alcuni/e, ciascuno, ognuno, tale, alquanto, poco, molto,
parecchio, tanto, troppo, qualcuno, qualcosa, chiunque* sono pronomi
indefiniti. Come si vede alcuni pronomi indefiniti corrispondono a degli
aggettivi indefiniti di forma simile.

Non ho visto **niente/ nulla**.
Non c'è **nessuno**.

Nessuno, niente, nulla sono pronomi indefiniti negativi che si riferiscono a
concetti, a cose o a persone e si usano solo al singolare. (cfr. II, 7)

13 I NUMERALI

a) I numeri cardinali

Ho **una** bambina.
Ho **tre** figli.
C'erano **mille** persone.
Sono in debito di **diecimila** lire.

I **numeri cardinali** indicano una **quantità precisa**. Essi sono invariabili
(eccetto *un, uno, una, un'*) e rifiutano l'articolo.

uno	undici	ventuno	trentuno	centouno
due	dodici	ventidue	trentadue	centootto
tre	tredici	ventitrè	trentatrè	duecento
quattro	quattordici	ventiquattro	quaranta	trecento
cinque	quindici	venticinque	cinquanta	mille
sei	sedici	ventisei	sessanta	duemila
sette	diciassette	ventisette	settanta	tremila
otto	diciotto	ventotto	ottanta	diecimila
nove	diciannove	ventinove	novanta	centomila
dieci	venti	trenta	cento	un milione

Notiamo che

i) i numeri in italiano **si scrivono in un'unica parola.**

ii) le forme **ventuno, ventotto, trentuno, trentotto** ecc. risultano dalla
caduta della vocale finale di *venti, trenta,* ecc. Notiamo anche che *cento*
non richiede il troncamento.

iii) il plurale di *mille* è **mila**: *duemila, tremila.*

iv) *tre* si scrive senza accento, ma *ventitrè, quarantatrè* ecc. si scrivono
con l'accento.

I numeri cardinali si usano

i) per esprimere **le ore,** e in questo caso sono preceduti dall'articolo
determinativo femminile, dato che resta sottintesa la parola *ora, ore.*

> *Sono **le quattro** meno **cinque.***
> *Sono **le dodici** e venti.*
> *E` mezzogiorno. (E` mezzanotte.) Sono **le dodici.***
> *E` **l'una.***

ii) per esprimere **le date,** eccetto che per il primo del mese:

> *Sono nata **il quindici** aprile millenovecentosessantadue.*
> *In Italia la festa del lavoro è **il primo maggio.***

iii) nelle **operazioni aritmetiche:**

> *Tre **più** quattro **fa** sette.*
> *Sette **meno** quattro **fa** tre.*
> *Quattro **per** due **fa** otto.*
> *Otto **diviso** due **fa** quattro.*

b) I numeri ordinali

> *Dammi il **secondo** esercizio.*
> *Antonio è il tuo **primo** figlio?*
> *Ero stanco e alla **settima** pagina mi sono fermato.*
> *Vittorio Emanuele II fu il **primo** re d'Italia.*

I numeri ordinali indicano l'ordine di successione. Questi aggettivi hanno
tutti quattro finali, come tutti gli altri aggettivi in -o.

primo	undicęsimo	ventunesimo	trentunesimo
secondo	dodicęsimo	ventiduesimo	trentaduesimo
terzo	tredicęsimo	ventitreęsimo	trentatreęsimo
quarto	quattordicesimo	ventiquattresimo	quarantesimo
quinto	quindicesimo	venticinquesimo	cinquantesimo
sesto	sedicęsimo	ventiseiesimo	sessantesimo
settimo	diciassettesimo	ventisettesimo	settantesimo
ottavo	diciottesimo	ventottesimo	ottantesimo
nono	diciannovesimo	ventinovesimo	novantesimo
dęcimo	ventesimo	trentesimo	centesimo
			millęsimo

I numeri ordinali si usano

i) per indicare il **numero di successione di monarchi, papi** ecc.:

> Pio **VI (sesto)** era un papa lombardo.
> Umberto **II (secondo)** fu l'ultimo re d'Italia.

ii) per esprimere il **denominatore di frazioni:**

> 1/3 = un **terzo**
> 5/7 = cinque **settimi**

* * *

Molti numerali fanno parte di **espressioni idiomatiche** comuni, come:

> **Tutti e due** i suoi genitori lavorano.
> Una cosetta così costerà **sulle mille lire.**
> E` un uomo **sui sessanta.**
> Non essere pignolo, non **dividere il capello in quattro!**
> Andiamo a **fare due passi?**
> Quando sono arrivata in classe non c'era circa nessuno, **c'erano solo quattro gatti.**

* * *

Altre espressioni numeriche includono nomi ed aggettivi:

> **Entrambi** i suoi genitori lavorano.   (= tutti e due)
> Le ho viste **entrambe** a scuola.   (= tutte e due)
> "Qual è il **doppio** di due?"   "Quattro."
> Vorrei mangiare **metà** mela, vuoi l'altra **metà?**

I, 13

*Mi piacciono molto i **quartetti** di Beethoven.*
*A Venezia tengono una mostra **biennale** d'arte moderna.*
*Oggi si usa fare dei piani di sviluppo **quinquennali**.*

14 AGGETTIVI QUALIFICATIVI

Gli aggettivi sono spesso suddivisi dalle grammatiche in varie categorie, a
seconda dei loro significati fondamentali. La categoria più ricca è quella
degli **aggettivi qualificativi**.

*Quello è un **maestoso** palazzo **cinquecentesco**.*
*La mia amica **italiana** è molto **simpatica**.*
*Mi piace il pane **fresco** e **croccante**.*

Gli aggettivi qualificativi indicano una "qualità" o una caratteristica del
nome a cui si riferiscono.

a) Accordo dell'aggettivo con il nome

Mentre ogni nome, in italiano, ha un suo proprio genere (infatti i nomi sono
identificati sul vocabolario come nomi maschili o femminili), l'aggettivo non
ha un suo genere, infatti è "flessibile", cioè assume il genere del nome che
accompagna.

Abbiamo visto che in italiano ci sono due tipi di aggettivi:

i) gli aggettivi che compaiono sul vocabolario con la **finale -o** ammettono in
    effetti quattro finali: **-o** (m.sg.), **-i** (m.pl.), **-a** (f.sg.), **-e** (f.pl.)

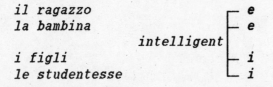

ii) gli aggettivi che compaiono sul vocabolario con la **finale -e** ammettono in
    effetti due finali: **-e** (m. e f. sg.), **-i** (m. e f. pl.)

           il ragazzo   ┌─ *e*
           la bambina   ├─ *e*
                     intelligent│
           i figli   ├─ *i*
           le studentesse   └─ *i*

* * *

Roma è <u>una magnifica città antica</u> con <u>tanti problemi moderni,</u>
      GN f. sg.   GN m. pl.

<u>Mario</u>   é <u>una persona simpaticissima.</u>
GN m. sg.   GN f. sg.

<u>Quella ragazza</u> é <u>un tipo strano.</u>
GN f. sg.   GN m. sg.

Nell'Introduzione, al capitolo due, abbiamo già detto che gli aggettivi si accordano in genere e numero con il nome a cui si riferiscono.

La frutta e la verdura sono buone quando sono fresche.

Le fragole e le banane sono ottime mescolate.

Il sale e il pepe sono ottimi per condire.

I libri e i vocabolari sono indispensabili allo studio.

Se l'aggettivo si riferisce a **più nomi dello stesso genere**, l'aggettivo ha la finale **plurale di quel genere**.

I garofani e le rose del tuo giardino sono profumatissimi.

L'ananasso e la banana sono ottimi nella macedonia di frutta.

L'acqua e il vino sono necessari per ogni pasto all'italiana.

I maschi e le femmine sono ugualmente bravi nel nuoto.

Se l'aggettivo si riferisce a **più nomi di generi diversi**, l'aggettivo ha la finale **plurale maschile**.

N.B. In frasi impersonali di significato generico i nomi e gli aggettivi vanno messi al plurale:

Bisogna essere comprensivi nei riguardi degli altri.
Quando si é studenti bisogna studiare molto.
Quando si é depressi, si é spesso stanchi. (cfr. IX, 11 a iv)

b) Posizione dell'aggettivo

Un libro
Il libro di storia
Quel libro   *è caduto.*
Il mio libro
Qualche libro

Dei libri
Alcuni libri   *sono caduti.*
Tre libri

Quali libri sono caduti?

I **determinanti** (cioè gli articoli determinativi, indeterminativi e partitivi, gli aggettivi dimostrativi, possessivi, interrogativi e indefiniti e i numerali) precedono il nome a cui si riferiscono.

* * *

*Quello è un **palazzo rinascimentale**.*
*Milano è una **città industriale**.*
*I **nomi femminili** hanno il plurale in -e o in -i.*
*I **sarti francesi** sono molto famosi.*
*La **rete tranviaria** di Bologna è molto efficiente.*
*Vorrei una **camicetta bianca**.*
*Mi piace molto la **poesia lirica**.*
*Il **partito democristiano** è il partito più numeroso in Italia.*
*Gli **uffici governativi** di solito sono nelle capitali.*

Gli **aggettivi qualificativi** che hanno un **significato** specifico (indicano tipo, categoria, epoca, nazione, ideologia, colore) **si collocano dopo il nome** a cui si riferiscono.

Se un nome è accompagnato da più aggettivi di questa specie, l'aggettivo di significato più restrittivo è quello che sta più vicino al nome.

*L'**industria siderurgica italiana** è molto recente.*
*Berlino è una **grande capitale europea moderna** ed **elegante**.*

* * *

C'è però un gruppo di aggettivi di alta frequenza e di significato "generico" che possono essere collocati prima o dopo il nome.

*E' un **ragazzo povero**.*   *E' un **povero ragazzo**.*
(= di modeste condizioni)   *(= un disgraziato)*

E` una **macchina nuova**.   Ha comprato una **nuova macchina**.
(= nuova di zecca)   (= nuova per lui)

E` una **donna buona**.   **Figlio di buona donna**!
(= di carattere)   (= una prostituta)

E` una **città grande**.              E` una **grande città**.
(= di grandi dimensioni)   (= bella, artistica, piena di
                                     vita)

Questo è uno **sbaglio grave**!   E` un **grave sbaglio** pensare
(= concreto, in un compito)   che.... (= giudizio morale)

Alcuni aggettivi (come: *bello, brutto, grande, piccolo, grosso, buono, cattivo, bravo, diverso, vecchio, santo, semplice, nuovo, leggero, caro*) assumono un significato diverso a seconda della posizione che hanno rispetto al nome: mantengono il significato proprio se sono posti dopo il nome ed assumono un significato traslato (esprimono cioè connotazioni emotive e valutative del parlante) se sono posti prima del nome.

*   *   *

Abitava in una **casa molto grande**.
E` una **scultura tanto bella**!
Ho un **compito estremamente difficile**.

Gli **aggettivi qualificativi** usati con molta frequenza, **che hanno un significato generico**, quando sono accompagnati da un intensificatore (*molto, tanto, estremamente, assai...*) seguono il nome.

c) Aggettivi particolari

Alcuni degli aggettivi che possono precedere il nome (come: *bello, buono, santo, grande*) hanno delle forme troncate o irregolari.

i)   Il **vestito bello** lo tengo solo   Che **bel vestito**!
            per la domenica.

        Quei **bambini** così **belli** sono   Che **bei bambini**!
            i miei cuginetti.

        La **casa bella** è dell'avvocato   Che **bella casa**!
            Rossi.

L'aggettivo **bello** quando precede un nome o un aggettivo si comporta **come** l'articolo determinativo (cfr. *quello* I, 9)

il	*libro*	i	*libri*	il	bel	*libro*	i	bei	*libri*
lo	*scherzo*	gli	*scherzi*	il	bello	*scherzo*	i	begli	*scherzi*
l'	*armadio*	gli	*armadi*	il	bell'	*armadio*	i	begli	*armadi*
la	*ragazza*	le	*ragazze*	la	bella	*ragazza*	le	belle	*ragazze*
l'	*arancia*	le	*arance*	la	bell'	*arancia*	le	belle	*arance*

quel	bel	*libro*	quei	bei	*libri*
quel	bello	*scaffale*	quei	begli	*scaffali*
quel	bell'	*armadio*	quei	begli	*armadi*
quella	bella	*ragazza*	quelle	belle	*ragazze*
quella	bell'	*arancia*	quelle	belle	*arance*

ii)   *Che **buon** bambino!*
        *Questa è una **buona** ricetta.*
        *E` un **buon** uomo!*

L'aggettivo *buono* quando precede un aggettivo o un nome si comporta **come** l'articolo indeterminativo **al singolare**, al plurale invece è regolare.

un	*libro*	un	buon	*libro*	*dei buoni libri*
un	*ombrello*	un	buon	*ombrello*	*dei buoni ombrelli*
uno	*studente*	un	buono	*studente*	*dei buoni studenti*
una	*ragazza*	una	buona	*ragazza*	*delle buone ragazze*
un'	*arancia*	una	buon'	*arancia*	*delle buone arance*

iii)   a) **Sant'**Antonio   b) **Santa** Susanna   c) **Santo** Stefano   d) **San** Giovanni
         Sant'Elena   **Santa** Caterina   **Santo** Spirito   **San** Francesco
         Sant'Ivo   **Santa** Rita   **San** Stanislao   **San** Luigi
         Sant'Ubaldo   **Santa** Cecilia   **San** Zeno   **San** Giuseppe

L'aggettivo *santo*:

a)   richiede l'apostrofo davanti a nomi sia maschili che femminili comincianti per vocale,

b)   ha le forme regolari davanti a nomi femminili che iniziano con una qualsiasi consonante,

I, 14

c)   ha un comportamento irregolare davanti a nomi maschili che iniziano per **s + consonante** o **z-**,

d)   si tronca davanti agli altri nomi maschili che cominciano per consonante.

iv)   *Ho fatto un **gran** lavoro!*
         *E' una **gran** donna!*
         *I Rossi hanno fatto dei **gran** lavori in casa.*

L'aggettivo **grande** si può troncare davanti a un nome cominciante per consonante. Questa forma appartiene soprattutto alla lingua parlata ed è molto espressiva.

15   NOMI E AGGETTIVI ALTERATI

a) Nomi alterati

In italiano i nomi possono essere alterati tramite dei **suffissi** che **aggiungono al loro significato delle sfumature particolari.**

Questi suffissi sono molti e solo alcuni di essi si possono aggiungere alle varie radici: solo la pratica costante della lingua insegna quali accostamenti sono effettivamente in uso.

i)   alcuni suffissi descrivono il nome come *piccolo* o *carino* e quindi si chiamano **diminutivi** o **vezzeggiativi**, come -ino, -etto, -ello, -ellino:

il ragazzo	*il ragazzino, il ragazzetto*
la ragazza	*la ragazzina, la ragazzetta*
il carro	*il carretto, il carrettino*
la casa	*la casetta, la casina*
l'albero	*l'alberello, l'alberetto*
la rosa	*la rosellina, la rosetta*
il cuore	*il cuoricino*
il libro	*il libricino*
il prato	*il praticello*
la testa	*la testolina*
il pesce	*il pesciolino*
la bestia	*la bestiola, la bestiolina*

ii) alcuni suffissi descrivono il nome come *brutto* o *cattivo* e quindi si chiamano **peggiorativi** o **spregiativi**, come, -accio, -astro, -attolo, -ucolo, -upolo.

   il ragazzo/ la ragazza *il ragazzaccio/ la ragazzaccia*
   il poeta *il poetastro*
   l'uomo *l'omiciattolo*
   il maestro *il maestrucolo*
   la casa *la casaccia, la casupola*

iii) il suffisso **-one** descrive il nome come *grande* o *grosso* e quindi si chiama **accrescitivo**:

   il ragazzo/la ragazza *il ragazzone/ la ragazzona*
   la finestra *il finestrone*
   la donna *la donnona, il donnone*

N.B. Il suffisso **-one** spesso rende il nome di genere maschile.

N.B. Bisogna stare attenti a non confondere questi suffissi con la finale di altri nomi, che hanno significati del tutto diversi.

   *Mi si è rotto il **tacco** della scarpa!* *Per Natale mangiamo un **tacchino**.*
   *Non ragiona, è **matto**!* *La casa è fatta di **mattoni**.*
   *Quella **botte** è piena di vino.* *Ho perso un **bottone** del cappotto.*
   *I ladri sono scappati con tutto il **bottino**.*

b) Aggettivi alterati

Gli stessi suffissi ed altri si possono usare anche con aggettivi qualificativi:

   bello *bellino, belloccio*
   noioso *noiosone, noiosetto*
   vecchio *vecchietto, vecchierello*
   pigro *pigrone, pigraccio*
   grasso *grassotto, grassoccio*
   cattivo *cattivello, cattivaccio*
   giallo *giallastro, giallino*
   bianco *bianchiccio, biancastro*
   verde *verdino, verdognolo*

N.B. Si noti che, a seconda dei suffissi, qualche volta aggettivi in -o cambiano la finale in -e e viceversa.

16 IL COMPARATIVO

a) Grado comparativo di uguaglianza (*tanto... quanto, così... come*)

> *Aldo è (tanto) diligente **quanto** Elena.*
> *Aldo è (così) diligente **come** Elena.*
> *Aldo è **tanto** comprensivo **quanto** generoso.*
> *Aldo non mangia **tanto** velocemente **quanto** voracemente.*
> *Aldo mangia **tanto** quanto **dorme**.*
> *Aldo mangia **tanto quanto** Luigi.*
> *Aldo mangia **tanto quanto** te.*
> *Aldo mangia **tante** caramelle **quanti** cioccolatini.*
> *Studiare è **tanto** difficile quanto **lavorare**.*
> *E' difficile **tanto** studiare **quanto** lavorare.*

In queste frasi si fanno dei paragoni, stabilendo la uguale misura o intensità
fra aggettivi, nomi o avverbi, facendo uso delle espressioni *(tanto)...
quanto, (così)... come.*

b) Grado comparativo di maggioranza e di minoranza (*più/meno... di/che*)

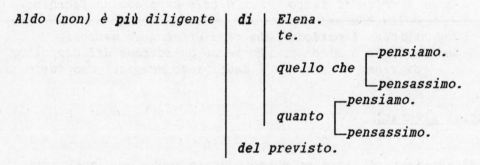

> *Aldo (non) è **più** diligente* | **di** | Elena.
> | | te.
> | | quello che ┌ pensiamo.
> | | └ pensassimo.
> | | quanto ┌ pensiamo.
> | | └ pensassimo.
> | **del** previsto.

*Aldo (non) ha fatto **più** carriera **di** Maria.*
*Una volta si studiava **più** seriamente **di** oggi.*
*Le macchine mi piacciono **più dei** cavalli.*
*La pittura mi piace **più della** scultura.*
*Aldo mangia **più di** te.*

*Aldo è **più** <u>comprensivo</u> **che** <u>generoso</u>.*

*Aldo ha **più** <u>libri</u> **che** <u>quaderni</u>.*

*Aldo vuole **più** <u>divertirsi</u> **che** <u>studiare</u>.*

*Mangia **più** <u>velocemente</u> **che** <u>ingordamente</u>.*

*Per Mario è **più** piacevole <u>leggere</u> **che** <u>giocare</u>.*

> *E' più bene che male.*
>
> *Meglio tardi che mai.*
>
> *Imparo più col leggere che col viaggiare.*
>
> *Aldo assomiglia più al padre che alla madre.*

In queste frasi abbiamo dei paragoni per cui si stabilisce la diversa misura o intensità di qualità, quantità o modi di fare. Per semplicità gli esempi sopra riportati sono tutti di comparativo di maggioranza (*più...*), ma le stesse costruzioni si possono avere per fare dei comparativi di minoranza (*meno...*).

> *Aldo è* **meno** *diligente* **del** *previsto.*
> *Le macchine mi piacciono* **meno dei** *cavalli.*
> *Aldo ha* **meno** *libri* **che** *quaderni.*
> *Aldo assomiglia* **meno** *al padre* **che** *alla madre.*

La grossa difficoltà di questa costruzione è la scelta fra l'uso di *di* e quello di *che*. Come guida per lo studente possiamo indicare che *che* è usato fra due parole dello stesso tipo (due nomi, due aggettivi, due avverbi, due verbi, due complementi con la stessa preposizione). La particella *di* si usa quando non c'è una tale simmetria, cioè quando la frase che contiene il comparativo di maggioranza o di minoranza è originata da due frasi con soggetti diversi.

> **Aldo** *è diligente.*
> **Mario** *è diligente.*
> ---->   *Mario è* **più** *diligente di* **Aldo.**
>
> **Venezia** *ha molti ponti.*
> **Firenze** *ha pochi ponti.*
> ---->   *Firenze ha* **meno** *ponti* **di** *Venezia.*

ma: **Maria** *ha gonne.*
> **Maria** *ha pantaloni.*
> ---->   *Maria ha* **meno** *gonne* **che** *pantaloni.*
>
> *A Venezia ci sono* **ponti.**
> *A Firenze ci sono* **ponti.**
> ---->   *A Venezia ci sono* **più** *ponti* **che** *a Firenze.*

c) Grado superlativo relativo (*il più/meno... di/fra*)

> *Aldo è **il più svelto di** questi ragazzi.*
> *Aldo è **il meno svelto fra** questi ragazzi.*
> *Lucia è **la più brava della** classe.*
> *Lucia è **la studentessa più brava della** classe.*[31]
> *Lucia è **la più brava studentessa della** classe.*
> *Questo libro è **il più bello** (fra questi).*
> *Quella è **la pinacoteca più grande di** Firenze.*

In queste frasi abbiamo dei paragoni fra un nome e un gruppo (*ragazzi, classe*)
o un complesso (*Firenze*). L'aggettivo è preceduto dall'espressione *più* o *meno*
e il gruppo nominale a cui l'aggettivo appartiene (*il più svelto, il meno
svelto, la più brave, la studentessa più brava...*) è introdotto dall'articolo
determinativo. Il gruppo o complesso rispetto a cui si fa il paragone è
preceduto dalla preposizione *di*. Questa particella può essere sostituita dalla
particella *tra/fra* se il gruppo nominale che introduce è un plurale.

d) Grado superlativo assoluto

> *Vittorio è **bravissimo**.*
> *Questo libro è **molto interessante**.*
> *Questo libro è **interessantissimo**.*
> *La Toscana è una regione **assai varia**.*
> *La bambina stava lì **buona buona**.*

In queste frasi si esprime una qualità nella sua massima intensità, senza fare
paragoni con altri elementi (*assoluto = sciolto da legami, da paragoni*). In
questo caso si sostituisce alla finale dell'aggettivo qualificativo la finale
-issimo/a/i/e:

> *alt-o*   *alt-**issimo/a/i/e***
> *buon-o*   *buon-**issimo/a/i/e***
> *veloc-e*   *veloc-**issimo/a/i/e***

Notiamo che gli aggettivi in -e in un certo senso "cambiano natura" perché il
suffisso "-issimo" li trasforma in regolari aggettivi in -o (cfr. I, 3).

---

[31] **N.B.** La costruzione italiana è diversa da quella francese:
        Annette est l'étudiante la   plus intelligente de la classe.

        Anna è la studentessa $\boxed{\emptyset}$ *più intelligente della classe.*

In italiano **non** si ripete l'articolo determinativo.

Inoltre facciamo attenzione agli aggettivi che hanno il maschile plurale irregolare (cfr. I, 3 e 4): tale irregolarità resta anche nella formazione del superlativo assoluto:

bianc-o	*bianchi*	*bianchissimo, bianchissima*
		bianchissimi, bianchissime
antic-o	*antichi*	*antichissimo, antichissima*
		antichissimi, antichissime
simpatic-o	*simpatici*	*simpaticissimo, simpaticissima*
		simpaticissimi, simpaticissime

Il superlativo assoluto si può ottenere anche preponendo all'aggettivo avverbi come *molto, tanto, estremamente, assai, ecc.* Se l'aggettivo è breve si ha spesso la ripetizione dell'aggettivo stesso.

* * *

*Antonio è sempre **arci**contento.*
*Il signor Castaldi è **stra**ricco.*
*Il parmigiano **stra**vecchio è carissimo.*
*I Cucchi hanno una casa **ultra**moderna.*

Nel linguaggio corrente il superlativo assoluto degli aggettivi qualificativi può essere formato con i prefissi *stra-, ultra-, arci-*. Non tutti gli aggettivi, però, accettano tale modifica.

* * *

N.B. Alcuni aggettivi hanno forme di comparativo e di superlativo che sono irregolari. Ecco uno specchietto:

	grado comparativo	grado superlativo relativo	grado superlativo assoluto
buono	*più buono* *migliore*	*il più buono* *il migliore*	*buonissimo* *ottimo*
cattivo	*più cattivo* *peggiore*	*il più cattivo* *il peggiore*	*cattivissimo* *pessimo*
piccolo	*più piccolo* *minore*	*il più piccolo* *il minore*	*piccolissimo* *minimo*
grande	*più grande* *maggiore*	*il più grande* *il maggiore*	*grandissimo* *massimo*
basso	*più basso* *inferiore*	*il più basso* *l' inferiore*	*bassissimo* *infimo*
alto	*più alto* *superiore*	*il più alto* *il superiore*	*altissimo* *supremo / sommo*

Come si vede, agli aggettivi elencati nella prima colonna corrispondono coppie di aggettivi di grado comparativo e di grado superlativo. Gli aggettivi di tali coppie hanno significati ed usi diversi, si consiglia perciò di consultare con attenzione un buon dizionario per accertarsi delle varie accezioni dei termini.

17 NOMI MASCHILI IN -A

*Non so risolvere **questo problema** di matematica.*
*Non so risolvere **questi problemi** di matematica.*
*Alle sette c'è un bel **programma** televisivo.*
*Questa sera ci sono **dei bei programmi** alla televisione.*
*Da Cortina si gode un magnifico **panorama** delle Dolomiti.*
*Ho conseguito **il diploma** di maturità classica nel 1967.*

Un numero limitato di nomi in -**a** è di genere maschile: essi formano il plurale in -**i**.

a)   Molti nomi maschili in -a sono **di origine greca**. Questi finiscono in
     -amma, -emma, -ama, -ema, -oma, -sma, -eta, ecc., come:

l'aereogramma	*l'aroma*	*l'anatema*	*il clima*
l'anagramma	*l'automa*	*il diadema*	*il dęspota*
il cablogramma	*il diploma*	*l'eczema*	*l'enigma*
il cardiogramma	*l'idioma*	*l'emblema*	*l'eremita*
il diaframma		*l'enfisema*	*l'eresiarca*
il diagramma	*il cataclisma*	*il fonema*	*il gerarca*
il dramma	*lo fantasma*	*il patema*	*il monarca*
l'epigramma	*il prisma*	*il poema*	*il pachiderma*
il melodramma	*il protoplasma*	*il problema*	*il patriarca*
il programma	*il scisma*	*lo schema*	*lo stratęga*
il telegramma	*il sisma*	*il sistema*	*il trauma*
		il tema	
	l'esteta	*il teorema*	
	il pianeta		
il dilemma	*il poeta*	*il panorama*	
lo stemma	*il profeta*	*il proclama*	

b)   Altri nomi maschili in -a sono:

il camerata	*il gesuita*	*il papa*	*il pigiama*
il duca	*il granduca*	*il paradigma*	

18   NOMI E AGGETTIVI AMBIGENERI IN -A

*Quel **giornalista** è molto serio.*	(m. sg.)
*Quella **giornalista** è molto seria.*	(f. sg.)
*Quei **giornalisti** sono molto seri.*	(m. pl.)
*Quelle **giornaliste** sono molto serie.*	(f. pl.)

Molti nomi ed aggettivi in -a hanno forme identiche per il singolare maschile
e femminile, cioè sono **ambigeneri**.

Per il plurale ⎡ nomi e aggettivi maschili hanno la finale **-i**,
             ⎣ nomi e aggettivi femminili hanno la finale **-e**.

I, 18

Tutte queste parole si riferiscono a persone, a attività e a professioni.

a) Appartengono a questa categoria tutte le parole in **-ista, -cida, -iatra**.

alpinista	*giornalista*	*fratricida*
altruista	*macchinista*	*matricida*
antagonista	*marxista*	*omicida*
artista	*musicista*	*parricida*
autista	*ottimista*	*suicida*
barista	*pessimista*	*uxorocida*[32]
borsista	*pianista*	
brigatista	*protagonista*	
capitalista	*razzista*	
ciclista	*regista*	
comunista	*riformista*	
conformista	*solista*	*odontoiatra*
dentista	*statista*	*otorinolaringoiatra*
egoista	*telefonista*	*pediatra*
elettricista	*terrorista*	*psichiatra*
farmacista	*violinista*	

b) Altri nomi ed aggettivi di questo tipo sono:

acrobata	*cineasta*	*ginnasta*	*parassita*
analfabeta	*collega*	*idiota*	*patriota*
astronauta	*cosmopolita*	*ipocrita*	*pilota*
atleta	*entusiasta*	*israelita*	*poliglotta*
blasfema	*geometra*	*levita*	*semita*[33]

---

[32] *Insetticida* come nome é solo di genere maschile.

[33] L'aggettivo *belga* ha le seguenti forme: *il belga, la belga,*
  i belgi, le belghe.

19 NOMI E AGGETTIVI INVARIABILI AL PLURALE

Illustriamo qui di seguito i nomi e gli aggettivi **invariablili al plurale**, cioè che hanno la stessa finale sia al singolare che al plurale.

a) Nomi in -i e -ie

> *Questa **ipotesi** è molto azzardata.*
> *Queste **ipotesi** sono molto azzardate.*
> *Qui ci vuole una **parentesi** tonda.*
> *Qui ci vogliono delle **parentesi** tonde.*

In italiano alcuni nomi finiscono in **-i** e altri finiscono in **-ie**. Tali nomi sono quasi tutti di genere femminile, come:

l'analisi	la diocesi	la metamorfosi	la prognosi
l'apoteosi	l'eclissi	la metropoli	la protesi
l'arteriosclerosi	l'ellissi	la narcosi	la sintassi
la bici	l'enfasi	la necropoli	la tesi
(=bicicletta)	l'estasi	l'oasi	la tisi
la crisi	l'ipnosi	la paralisi	
la diagnosi	l'ipotesi	la parentesi	
la barbarie	la canizie	la congerie	la serie
la calvizie	la carie	la progenie	la specie

Eccezioni:

> la superficie - le superfici
> la specie - le specie e anche *le speci*

Oggigiorno queste parole tendono a seguire la regola generale dei nomi in -e.

> l'alibi (m.) - gli alibi
> il bisturi - i bisturi
> il brindisi - i brindisi

Le parole *alibi*, *brindisi* e *bisturi* sono di genere maschile.

N.B. Il nome *moglie* é regolare: *la moglie - le mogli.*

b) Nomi in vocale accentata

*L'**università** di Padova fu fondata nell 1222.*
*Le **università** italiane sono spesso molto antiche.*
*Che buon **caffè**!*
*Ieri ho bevuto sei **caffè**!*

In italiano ci sono parecchi nomi che finiscono in vocale accentata: la maggioranza è di genere femminile e per lo più sono nomi astratti, come:

la città	*la necessità*	*l'università*
la cordialità	*la servitù*	*la velocità*
la gioventù	*la tribù*	*la virtù*
la libertà	*l'unità*	

Sono di genere maschile nomi come:

il bambù	*il lunedì*	*il ragù*
il caffè	*il martedì*	*il tabù*
il colibrì	*il mercoledì*	*il tè*
il falò	*il giovedì*	*il venerdì*

c) Nomi in consonante

*Quale **sport** pratichi?*
*Pratico soprattutto gli **sport** invernali: sci e hockey.*
*Quel **film** non mi è piaciuto!*
*A me veramente non piacciono i **film** di quel regista!*

Tutti i nomi che finiscono in consonante, che sono tutti di origine straniera, sono di genere maschile, come:

l'album	*il club*	*il tennis*
l'alcool	*il film*	*il tram*
l'autobus	*il gas*	
il bar	*lo sport*	

Eccezione:

Il nome *vamp* è di genere femminile: *la vamp – le vamp.*

I, 19

d) Nomi monosillabici

I re europei sono tutti imparentati fra loro.
I tè indiani sono molto famosi.

I nomi monosillabici, cioè formati da una sola sillaba, in italiano sono pochi:

il re	*il tè*	*la gru*
lo sci	*il dì*	

e) Alcuni nomi maschili in -a

Devo andare alla posta per spedire dei vaglia.
Il cobra è un serpente velenoso.
I cobra attaccano le persone all'improvviso.

Alcuni nomi maschili in -a sono invariabili (alcuni sono abbreviazioni di nomi più lunghi), come:

il boa	*il coma*	*il mitra*
il boia	*il cruciverba*	*(= fucile*
il cinema	*il gorilla*	*mitragliatore)*
(= cinematografo)	*il lama*	*il sosia*
il cobra	*il messia*	*il vaglia*[34]

f) Nomi femminili in -o

La tua biro scrive molto bene.
Io perdo sempre tutte le mie biro.
Che bella radio!
La mia nonna ha due radio molto vecchie.

In italiano ci sono pochi nomi in -o di genere femminile (e alcuni sono abbreviazioni di nomi più lunghi), come:

---

[34]   Per altri nomi maschili in -a, cfr. I, 17.

```
l'auto              la foto            la moto
  (= automobile)      (= fotografia)     (= motocicletta)
la biro             la lampo           la radio
la dinamo             (= chiusura)       (= radioricevente)
```

Eccezioni:

```
la mano - le mani
```

Il nome *mano* è di genere femminile e forma il plurale *mani: la mano - le mani.*

> *Quella ragazza ha delle **mani** piccole, ma belle.*

g) Cognomi

> ***Agnelli** è un grosso industriale.*
> *Questa sera vengono a cena i signori **Branca** (i **Branca**).*
> *Gli **Agnelli** sono dei grossi industriali.*

Tutti i cognomi, in italiano, sono invariabili.

h) Gli aggettivi invariabili

> *A mia nonna piacciono molto i vestiti **lilla**.*
> *Ho un paio di scarpe **avana**.*
> *Le giacche **blu** sono pratiche ed eleganti.*
> *Quel tuo golfino **rosa** è molto carino.*
> *Tre è un numero **dispari**.*
> *Due è un numero **pari**.*

In italiano gli aggettivi qualificativi invariabili sono pochi:

avana	rosa	dispari
blu	viola	impari
lilla	altrui	pari

20 NOMI USATI SOLO AL SINGOLARE

> *Ho una gran **fame**!*
> *Ha perso molto **sangue** durante l'operazione?*
> *Manca lo **zucchero**!*

Ci sono dei nomi che, dato il loro significato, si usano soltanto al singolare, come: *la fame, la sete, lo zucchero, il caffè, il latte, il riso, la farina, il miele, il carovita, ecc.*

Alcuni di questi nomi possono avere il plurale, ma col significato di *i vari tipi di...* o con un significato traslato:

> *Le **acque** minerali hanno virtù medicinali.*
> *I **risi** indiani sono famosi in tutto il mondo.*
> *I **caffè** di Via Veneto a Roma sono molto rinomati.*

Ci sono dei nomi di numero singolare che indicano un complesso di cose, come *la frutta (= frutti pronti per essere mangiati), la legna (= legno secco da ardere), la verdura (= vegetali da mangiare come contorno).* Questi nomi si chiamano **collettivi**.

> *Maria, per piacere porta la **frutta** in tavola!*
> *Bisogna mettere più **legna** vicino al caminetto.*
> *La **gente** oggi nom sa più divertirsi come una volta.*

N.B. Gli infiniti si possono usare come nomi maschili e in questo caso possono richiedere l'articolo. (cfr. I, 5)

> *Mi piace **viaggiare**.*
> *Si sentiva **un suonare** di campane.*
> *Ha finito con **il perdere** tutti i soldi.* (cfr. XIII, 2)

21 NOMI USATI SOLO AL PLURALE

> *Dove sono i miei **occhiali**?*
> *Puoi darmi le **forbici**?*
> *Bisogna lavare quei **pantaloni**.*
> *Le **nozze** avrano luogo in autunno.*
> *Il gatto era contento e faceva le **fusa**.*

Certi nomi si usano solo al plurale: la maggior parte di essi indicano paia o coppie di oggetti uguali, che servono solo se appaiati:

i calzoni	gli occhiali	i dintorni	le interiora
le cesoie	i pantaloni	le esequie	le nozze
le forbici	le pinze	le ferie	i pressi
le manette	le redini	le fronde	gli spiccioli
le molle	le tenaglie	le fusa	le tenebre
le mutande		le intemperie	le vicinanze

22 NOMI CHE CAMBIANO GENERE AL PLURALE

Vorrei un **uovo** sod**o**.   Vorrei due **uova** sod**e**.
Hai un **paio** di guanti?   Hai due **paia** di guanti?
Mi serve un **centinaio** di   Mi servono alcune **centinaia** di
      dollari.   dollari.

Alcuni nomi sono di genere maschile al singolare, ma diventano di genere femminile al plurale. Molti di questi nomi hanno il plurale in **-a**.

il carcere - le carceri	il centinaio - le centinaia
il paio - le paia	il migliaio - le migliaia
il riso - le risa	il miglio - le miglia
l'uovo - le uova	

Il nome *eco* è maschile o femminile al singolare, ma è solo maschile al plurale:

Nel battistero di Pisa c'è ⎡ **un** eco stupend**o**.
                              ⎣ **un'**eco stupend**a**.

Il gioco **degli** **echi** è straordinario.

23 NOMI CON DUE PLURALI

Alcuni nomi maschili hanno due plurali: uno regolare di genere maschile e uno irregolare di genere femminile, con la finale -a.

a) Nomi con due plurali di significato o uso diversi

Questo dito mi fa male.	*Queste dita mi fanno male.*
	Ho i diti mignoli storti! (raro)
Alza il braccio destro!	*Alza le braccia!*
Un braccio della croce è	*I bracci del lampadario sono di*
rotto.	*ottone.*
E' un gesto di disperazione.	*Sono gesti allusivi.*
	L'Iliade narra le gesta degli
	eroi greci.
Mi serve del filo rosso.	*Ho perso le fila del discorso.*
	I fili della corrente elettrica
	si sono rotti.

I due plurali generalmente hanno significati diversi: cioè uno conserva il significato fondamentale proprio del nome, mentre l'altro assume un significato traslato o è usato in espressioni idiomatiche.

Nomi di questo tipo sono:

il braccio	*- i bracci*	(di un lampadario, di una croce)
	- le braccia	(del corpo umano)
il budello	*- i budelli*	(strade, corridoi lunghi e stretti)
	- le budella	(gli intestini)
il calcagno	*- i calcagni*	(parte posteriore del piede)
	- le calcagna	(*mi sta sempre alle calcagna*)
il cervello	*- i cervelli*	(materia cerebrale, intelligenza)
	- le cervella	(*si è fatto saltare le cervella*)
il ciglio	*- i cigli*	(di strade, di fossi, di letti)
	- le ciglia	(degli occhi)
il corno	*- i corni*	(strumenti a fiato)
	- le corna	(degli animali)
il cuoio	*- i cuoi*	(tipi di cuoio)
	- le cuoia	(*tirare le cuoia* = morire)
il dito	*- i diti*	(se si specifica il nome di ognuno)
	- le dita	(della mano)

il filo	- i fili	(della corrente, dell'erba; di cotone)
	- le fila	(di un discorso, di un intreccio)
il fondamento	- i fondamenti	(di una disciplina, della costituzione)
	- le fondamenta	(di una casa)
il fuso	- i fusi	(orari; per filare)
	- le fusa	(del gatto)
il gesto	- i gesti	(movimenti delle braccia; segni)
	- le gesta	(azioni eroiche)
il labbro	- i labbri	(di una ferita; orlo, bordo)
	- le labbra	(della bocca)
il lenzuolo	- i lenzuoli	(in senso generale)
	- le lenzuola	(il paio per un letto)
il membro	- i membri	(della famiglia, di un club)
	- le membra	(del corpo umano)
il muro	- i muri	(delle case)
	- le mura	(delle città; *star fra quattro mura*)
l'osso	- gli ossi	(per il cane)
	- le ossa	(di un sistema scheletrico)

b) Nomi con due plurali di significato simile

   Se non fai il bravo ti tiro le orecchie/gli orecchi!
   Emetteva degli urli/delle urla strazianti.

Certi nomi mentengono in entrambi i plurali il loro significato fondamentale.

Tali nomi sono:

il ginocchio	- i ginocchi / le ginocchia
il grido	- i gridi / le grida
l'orecchio	- gli orecchi / le orecchie
l'urlo	- gli urli / le urla

24 NOMI E AGGETTIVI COMPOSTI

a) Nomi composti

Alcuni nomi risultano dall'unione di due parole e si chiamano nomi composti.

La formazione del plurale di tali nomi è complessa e, anche se spesso è possibile individuare delle regole, ci sono tuttavia moltissime eccezioni. Infatti molte persone che hanno l'italiano come madre lingua spesso ricorrono al vocabolario per accertarsi delle forme corrette del plurale dei nomi composti.

Qui cerchiamo di individuare delle regole che possono servire allo studente come direttive generali:

i) **solo il secondo elemento varia al plurale:**

A) nome + nome, come:

l'acquasantiera	la cassapanca
l'acquavite	la ferrovia
l'arcobaleno	il luogotenente
la banconota	il manoscritto

B) aggettivo + nome, come:

il bassorilievo	il galantuomo
il francobollo	il gentiluomo

C) nome + aggettivo, come:

il palcoscenico	il pomodoro
il pianterreno	il terrapieno

D) verbo + nome singolare, come:

l'asciugamano	il parafulmine
il battibecco	il passatempo
il girasole	il portafoglio
il parafango	il rompicapo

E)   preposizione + nome, come:

```
il sopracciglio³⁵      il sottoscritto
il soprannome          il sottosegretario
la soprastruttura
```

ii)   **entrambi gli elementi restano invariati al plurale:**

A)   verbo + nome singolare, come:

```
il cacciavite          il prendisole
il cavalcavia          il salvagente
il passamontagna       lo spazzaneve
il portacenere
```

B)   verbo + nome plurale:

```
l'affittacamere        il paraurti
l'apriscatole          il portamonete
l'attaccapanni         il portaombrelli
il cavatappi           il rompiscatole
il fermacarte          lo schiaccianoci
la lavapiatti          il tagliacarte
```

C)   verbo + verbo:

```
l'andirivieni          il saliscendi
il dormiveglia         il toccasana
il parapiglia          il viavai
```

D)   quando i due nomi sono semplicemente accostati con un trattino, solo
il primo elemento varia al plurale:

```
il divano-letto        il vagone-letto
il pesce-spada
```

---

³⁵   **N.B.** Il nome *il sopracciglio* ha due plurali: *i sopraccigli*
                                                     le sopracciglia.

iii) **i nomi composti con la parola "capo"** si comportano in vari modi:

A) "*capo* + nome" indicante un gruppo di individui: **solo il primo elemento varia al plurale:**

il capoclasse	*il caposquadra*
il capofabbrica	*il capostazione*
il capofamiglia	*il capotreno*
il capogruppo	*il capoturno*
il caporeparto	*il capoufficio*

B) **solo il secondo elemento varia al plurale** in parole come:

il capocomico	*il capoluogo*
il capocuoco	*il capostipite*
il capogiro	*il capoverso*
il capolavoro	

b) Aggettivi composti

Ci sono anche degli aggettivi "composti":

i) **solo il seconde elemento varia al plurale:**

euro-asiatico	*agrodolce*
franco-canadese	*dattiloscritto*
giudaico-cristiano	*neolaureato*
indo-europeo	*neonato*
italo-canadese	*variopinto*
	verosimile

ii) **sono invariabili:**

giallo pallido	*dabbene*
verde-bottiglia	*dappoco*
verde scuro	*perbene*

25 IL GENERE DEI NOMI

Il genere grammaticale dei nomi in italiano è arbitrario: non c'è nessuna ragione per cui *il banco* è di genere maschile e *la sedia* è di genere femminile.

Vi sono però alcuni gruppi di nomi che sembrano avere una certa regolarità nel comportamento del genere.

a) Sono di **genere maschile** i nomi che indicano:

Eccezioni:

i) persone o animali di sesso maschile:

il padre, l'uomo, lo zio,
il pittore, il conte,
il leone, il gallo
ecc.

la comparsa, la guardia,
la guida, la recluta,
la sentinella, la spia,
la vedetta

ii) alberi e arbusti:

il melo, il pero, il susino,
l'arancio, il noce,
l'acero, il pino,
il biancospino, il rosaio,
ecc.

la palma, la quercia,
la vite, la betulla

iii) monti, fiumi, laghi, mari, oceani:

gli Appennini, il Cervino,
il Monte Bianco, il Vesuvio,
il Tevere, il Po, l'Arno,
il Garda, il Trasimeno,
il Pacifico, l'Atlantico,
il Tirreno, il Mediterraneo,
ecc.

le Alpi, le Ande,
le Dolomiti,
le Montagne Rocciose,
la Dora, la Loira,
la Senna

iv) mesi, giorni

gennaio, settembre,
il mercoledì, il sabato,
ecc.

la domenica

v)   metalli:

   il ferro, l'argento, l'oro,
   il rame, il mercurio,
   il carbone,
   l'alluminio, ecc.

vi)   punti cardinali:

   il nord, il settentrione
   il sud, il meridione, il mezzogiorno
   l'est, l'oriente, il levante
   l'ovest, l'occidente, il ponente

vii)   lingue:

   l'italiano, l'ungherese, il francese,
   il tedesco, lo svedese, lo spagnolo,
   ecc.

viii)   colori:

   il verde, il rosso, il giallo

b)   Sono di **genere femminile** i nomi che indicano:

   i)   persone o animali di sesso femminile:

   la madre, la donna, la zia,
   la pittrice, la contessa,
   la leonessa, la gallina, ecc.

   ii)   frutti:

   la mela, la pera, la susina,
   l'arancia, la noce,
   la fragola, la mora,
   l'uva, la ciliegia, ecc.

Eccezioni:

il contralto, il soprano,
il mezzo-soprano

l'ananasso, il cocomero,
il dattero, il fico,
il lampone, il limone,
il mandarino, il melone,
il mirtillo, il pistacchio,
il pompelmo

iii) isole:

       la Sicilia, la Sardegna,
       l'Elba, le Tremiti
       le Canarie,
       Capri, Ischia[36]*, ecc.*

iv) nazioni:

       l'Italia, la Francia,
       la Germania, l'Inghilterra,
       l'India, la Russia,
       la Svezia, la Svizzera,
       l'Ungheria, ecc.

v) regioni:

       la Lombardia, la Calabria,
       l'Emilia, la Campania,
       la Venezia Giulia,
       la Toscana, la Versilia,
       l'Umbria, la Lucania,
       ecc.

vi) città

       Roma, Milano, Venezia,
       Firenze, Bari, Palermo,
       Toronto, Ottawa, New York,
       Berlino, ecc.

vii) continenti:

       l'Europa, l'Asia, l'Africa
       l'America, l'Australia,
       l'Antartide

Eccezioni:

> *il Borneo, il Madagascar*

> *il Belgio, il Brasile,*
> *il Canada, il Cile,*
> *l'Egitto, il Messico,*
> *il Giappone, Israele*[37]*,*
> *il Perù, il Portogallo,*
> *l'Uruguai, il Venezuela,*
> *gli Stati Uniti*

> *l'Abruzzo, il Lazio,*
> *il Piemonte, il Trentino,*
> *il Veneto, il Molise,*
> *il Friuli, il Cadore*

> *Il Cairo*
> *(ma: Il Cairo è bella.)*

---

[36] *Capri, Ischia* non vogliono mai l'articolo.

[37] *Israele* non vuole mai l'articolo.

viii) molti nomi astratti, di scienze
o indicanti qualità:

la bellezza, la logica,
la libertà, la bontà,
la virtù,
la letteratura, la metematica,
la grammatica, la chimica,
ecc.

Eccezioni:

l'amore, il coraggio,
l'altruismo,
l'egoismo

26 IL GENERE DEI NOMI E IL SESSO

a) Nomi maschili in -o con corrispondenti nomi femminili in -a

Quel **commesso** è molto gentile.
Quella **commessa** è molto gentile.
Gli **zii** di Luigi abitano a Padova.
Le mie **zie** mi aiutano tanto.

Un buon numero di nomi maschili in -o indica esseri di sesso maschile e corrisponde a nomi femminili in -a che indicano esseri di sesso femminile.

Nomi di questo tipo sono:

l'amico - l'amica	il nonno - la nonna
il bambino - la bambina	l'operaio - l'operaia
il cognato - la cognata	il ragazzo - la ragazza
il commesso - la commessa	il segretario - la segretaria
il cugino - la cugina	lo sposo - la sposa
il cuoco - la cuoca	il suocero - la suocera
il fidanzato - la fidanzata	lo zio - la zia
il figlio - la figlia	
l'impiegato - l'impiegata	il cavallo - la cavalla
il maestro - la maestra	il gatto - la gatta
il monaco - la monaca	il lupo - la lupa

N.B.

il dio - la dea
gli dei - le dee

Nomi maschili in -o che indicano alberi corrispondono a una forma femminile in -a indicante il frutto corrispondente, come:

l'albicocco - l'albicocca	il melo - la mela
l'arancio - l'arancia	il nocciolo - la nocciola
il banano - la banana	il pesco - la pesca
il ciliegio - la ciliegia	il susino - la susina

b) Nomi maschili in -e con corrispondenti nomi femminili in -a

Un buon numero di nomi maschili in -e che indica esseri maschili, corrisponde a nomi femminili in -a, che indicano esseri femminili, come:

il cameriere - la cameriera	il marchese - la marchesa
il cassiere - la cassiera	il padrone - la padrona
il giardiniere - la giardiniera	il portiere - la portiera
l'infermiere - l'infermiera	il signore - la signora

c) Nomi ambigeneri in -e

Mio nipote si chiama Carlo e *mia nipote* si chiama Teresa.
Carlo e Sandra sono *miei nipoti*.
Teresa e Lucia sono *mie nipoti*.

Nomi come *nipote* sono ambigeneri, cioè hanno forme identiche sia per il singolare che per il plurale dei due generi, che coincidono con il sesso delle persone o degli animali di cui si parla.

il/la cantante	il/la mittente
il/la consorte	il/la nipote
il/la complice	l'/l' ospite
il/la custode	il/la parente
l'/l' erede	il/la tigre
l'/l' insegnante	

d) Nomi ambigeneri in -a (cfr. I, 18)

e) Nomi maschili in -o, -a, -e con corrispondenti nomi femminili in -essa

Alcuni nomi femminili derivano dalla radice del corrispondente nome maschile, seguita dall'infisso -ess-[38] e dalla finale -a, come:

```
l'avvocato - l'avvocatessa
il campione - la campionessa
il conte - la contessa
l'elefante - l'elefantessa
il gigante - la gigantessa
il leone - la leonessa
l'oste - l'ostessa
il poeta - la poetessa
il presidente - la presidentessa
il principe - la principessa
il professore - la professoressa
il profeta - la profetessa
il sacerdote - la sacerdotessa
lo studente - la studentessa
```

f) Nomi maschili in -tore con corrispondenti nomi femminili in -trice

Alcuni nomi hanno la stessa radice, ma suffissi diversi a seconda del genere a cui si riferiscono: per il maschile -tor-e, per il femminile -tric-e:

```
l'albergatore - l'albergatrice
l'attore - l'attrice
l'autore - l'autrice
il direttore - la direttrice
il genitore - la genitrice
l'imperatore - l'imperatrice
il pittore - la pittrice
il redattore - la redattrice
lo scrittore - la scrittrice
il traduttore - la traduttrice
l'uditore - l'uditrice
il venditore - la venditrice
il vincitore - la vincitrice
```

---

[38] Si chiama *infisso* un inserto posto tra la radice e la finale di una parola.

N.B.

> *il dottore – la dottoressa*
> *il fattore – la fattoressa*

g) Nomi maschili e femminili di significato analogo, ma di radice diversa

*Suo **padre** è avvocato e sua **madre** insegna.*

*Il **maschio** e la **femmina** del porco si chiamano rispettivamente **maiale** (o **porco**) e **scrofa** (o **troia**).*

Alcuni nomi maschili e femminili derivano da radici del tutto diverse, come:

> *il maschio – la femmina*
> *l'uomo – la donna*
> *il marito – la moglie*
> *il padre – la madre*
> *il babbo / il papà – la mamma*
> *il fratello – la sorella*   *il re – la regina*
> *il genero – la nuora*   *l'eroe – l'eroina*
> *il cavaliere – la dama*
> *il gentiluomo – la gentildonna*
> *lo scapolo – la zitella*
> *il celibe – la nubile*
> *l'abate – la badessa*
> *il frate – la suora*
> *il compare – la comare*
> *il padrino – la madrina*
> *il toro – la vacca / la mucca*
> *l'ariete / il montone – la pecora*
> *il caprone / il becco – la capra*
> *il cane – la cagna*
> *il porco / il maiale – la scrofa / la troia*
> *il gallo – la gallina*

h) Nomi che indicano animali

I nomi che indicano le varie specie di animali in genere seguono le regole generali studiate sopra per la formazione del maschile e del femminile, ma spesso sono solo di genere maschile o solo di genere femminile senza riferimento al sesso dell'animale. Per esempio:

i)   **sono di genere maschile:**

il castoro	*il leopardo*	*il serpente*
il corvo	*il pesce*	*il sorcio*
il delfino	*il piccione*	*il tonno*
il gorilla	*il rinoceronte*	*il topo*
l'ippopotamo	*il salmone*	*l'uccello*

ii) **sono di genere femminile:**

l'aquila	*la pantera*	*la vespa*
la balena	*la puzzola*	*la vipera*
la giraffa	*la rondine*	*la scimmia*
la formica	*la scimmia*	
la lontra	*la tartaruga*	
la lucertola	*la rondine*	

Per indicare il sesso di tali animali si usano espressioni come:

Il maschio del castoro, la femmina del castoro, oppure:
Il castoro maschio, il castoro femmina

Il maschio dell'aquila, la femmina dell'aquila, oppure:
L'aquila maschio, l'aquila femmina.

*   *   *

N.B. Ci sono poi dei nomi che hanno radici che sono uguali fra loro e finali anche uguali, o diverse. Spesso tali parole hanno genere diverso e anche i loro significati sono diversi:

Ho investito tutto il **capitale** in titoli.	capitale	Parigi è la **capitale** della Francia.
Dov'è **il mio cappello?**	cappello/a	In quella **cappella** c'è un bell'altare.
Il **caso** gioca degli scherzi curiosi.	caso/a	Quella **casa** è molto grande.
Il **finale** dell'opera è stupendo.	finale	La **finale** dei nomi indica genere e numero.
Il **fine** giustifica i mezzi.	fine	Non si arriva mai alla **fine!**
Il **fonte** battesimale è di marmo.	fonte	La **fonte** delle notizie è segreta.
Il **fronte** della battaglia si è spostato.	fronte	Antonio ha la **fronte** alta.
Nella minestra metti un **gambo** di sedano.	gambo/a	Mi fa male la **gamba** destra.
Coraggio, tenete alto il **morale!**	morale	La **morale** della favola è molto ovvia.
E' brutto come un **mostro.**	mostro/a	Sono andata a una **mostra** di ceramiche.
La **salute** è una cosa molto importante.	salute/o	Ti porto un **saluto** da Nicola.

II Modo indicativo:
tempo presente

1 MORFOLOGIA DEL VERBO: LE TRE CONIUGAZIONI

Voglio	*parlare.*	(infinito, I coniugazione)
Devo	*scrivere.*	(infinito, II coniugazione)
Posso	*dormire.*	(infinito, III coniugazione)

Le finali **-are, -ere, -ire** degli esempi sopra riportati identificano il **modo infinito** rispettivamente della prima, della seconda e della terza coniugazione dei verbi italiani.[1]

Il modo infinito è invariabile (cioè non ha caratteristiche di tempo, numero e persona) (cfr. XIII).

I verbi italiani sono così suddivisi fra le tre coniugazioni:

a) circa il 65% appartiene alla prima coniugazione e sono tutti regolari, meno tre

b) circa il 25% appartiene alla seconda coniugazione e quasi tutti hanno qualche irregolarità

c) circa il 10% appartiene alla terza coniugazione e alcuni sono irregolari

I verbi sono composti di due parti:

a) **radice**, generalmente invariabile (*parl-*, *scriv-*, *dorm-*) che ci dà il **significato** del verbo,

---

[1] Si noti che gli infiniti dei verbi della prima e della terza coniugazione hanno sempre l'accento sulla finale: "-are", "-ire", mentre per i verbi della seconda coniugazione è possibile che l'accento cada sulla sillaba precedente: *vedere, prendere.*

b)   **finale**, variabile, che identifica con precisione il **modo**,[2] il **tempo**, la
     persona, il **numero** e in qualche caso anche il **genere** della forma verbale
     (cfr. Introduzione, 3).

La variabilità delle finali dei verbi si chiama **coniugazione**.

Sul vocabolario i verbi sono elencati nella forma dell'infinito.

2   IL PRESENTE INDICATIVO

Parlo	*bene l'italiano.*
Scrivo	*volentieri delle lettere.*
Dormo	*poco di notte.*
Parlate	*bene l'italiano?*
Scrivete	*volentieri delle lettere?*
Dormite	*poco di notte?*

Le forme verbali inquadrate sopra appartengono tutte al presente indicativo.
Vediamo subito che le finali delle prime tre forme (che indicano la prima
persona singolare) sono tutte in -o, ma le finali delle tre forme seguenti
(che indicano la seconda persona plurale) sono diverse, cioè, -ate, -ete,
-ite. Le differenze sono dovute al fatto che questi tre verbi appartengono a
tre coniugazioni diverse.

Il tempo presente è un tempo semplice, cioè le sue forme verbali sono
costituite da una sola parola.

Esaminiamo con cura le finali dei verbi regolari delle tre coniugazioni:

---

[2]   Il modo di un verbo indica lo stato l'animo del parlante rispetto a
     quello che dice.

		I, -are (parl-are)	II, -ere (cred-ere)	III, -ire (sent-ire)	(cap-ire)
sg.	I	parl-o	cred-o	sent-o	cap-isc-o
	II	parl-i	cred-i	sent-i	cap-isc-i
	II	parl-a	cred-e	sent-e	cap-isc-e
pl.	I	parl-iamo	cred-iamo	sent-iamo	cap-iamo
	II	parl-ate	cred-ete	sent-ite	cap-ite
	III	parl-ano	cred-ono	sent-ono[3]	cap-isc-ono[4]

---

[3] Le finali delle tre coniugazioni spesso coincidono:

		I	II	III
sg.	I	-o		
	II	-i		
	III	-a	-e	

		I	II	III
pl.	I	-iamo		
	II	-ate	-ete	-ite
	III	-ano	-ono	

Notare lo spotamento dell'accento nella coniugazione del presente indicativo.

[4] Nei verbi come *capire* notare l'inserto **-isc-** nelle tre persone del singolare e nella terza persona plurale. Notare anche la differenza di suono di tale inserto davanti alle vocali finali.

II, 2

N.B. I verbi riflessivi seguono le forme riportate sopra:

		I, -arsi *(lav-**arsi**)*	II, -ersi *(ved-**ersi**)*	III, -irsi	
				*(copr-**irsi**)*	*(trasfer-**irsi**)*
sg.	I II III	*mi lạv-o* *ti lạv-i* *si lạv-a*	*mi vẹd-o* *ti vẹd-i* *si vẹd-e*	*mi cọpr-o* *ti cọpr-i* *si cọpr-e*	*mi trasfer-ịsc-o* *ti trasfer-ịsc-i* *si trasfer-ịsc-e*
pl.	I II III	*ci lav-iạmo* *vi lav-ạte* *si lạv-ano*	*ci ved-iạmo* *vi ved-ẹte* *si vẹd-ono*	*ci copr-iạmo* *vi copr-ịte* *si cọpr-ono*	*ci trasfer-iạmo* *vi trasfer-ịte* *si trasfer-ịsc-ono*[5]

*   *   *

a)   Notiamo che la terza coniugazione ha due gruppi di verbi:

i)   verbi che seguono la coniugazione di **sentire**, come:

acconsentire	*eseguire*	*riaprire*	*servire*
aprire	*fuggire*	*ribollire*	*sfuggire*
assorbire	*inghiottire*	*ricoprire*	*soffrire*
avvertire	*inseguire*	*riempire*	*sovvertire*
bollire	*invertire*	*rifuggire*	*susseguirsi*
conseguire	*investire*	*ripartire*	*svestire*
convertire	*nutrire*	*risentire*	*travestire*
coprire	*offrire*	*rivestire*	*vestire*
cucire	*partire*	*scoprire*	
divertire	*pentirsi*	*seguire*	
dormire	*proseguire*	*sentire*	

---

[5]   *Deve pettinarsi.*   *Si deve pettinare.*
              Posso rassegnarmi.   *Mi posso rassegnare.*
              Volete cambiarvi?   *Vi volete cambiare?*
Se il verbo modale è seguito dall'infinito di un verbo riflessivo, è anche possibile che il pronome riflessivo venga prima del verbo modale.

ii) verbi che seguono la coniugazione di *capire*, come:

abbellire	demolire	ingerire	riunire
abbrustolire	digerire	inghiottire	ruggire
abolire	dimagrire	ingiallire	sbalordire
accanirsi	diminuire	ingrandire	sbigottire
aderire	distribuire	inserire	scalfire
agire	esaurire	intuire	scolpire
aggredire	esibire	irrobustire	seppellire
ammonire	fallire	istituire	smarrire
appesantire	favorire	istruire	smentire
arricchire	ferire	obbedire	sostituire
arrossire	finire	partire	sparire
arrostire	fiorire	preferire	spartire
attribuire	fornire	proibire	spedire
avvilire	garantire	pulire	stabilire
capire	gradire	punire	starnutire
chiarire	guarire	rapire	stupire
colpire	imbottire	reagire	subire
compatire	impadronirsi	restituire	suggerire
concepire	impallidire	ricostruire	svanire
condire	impartire	riferire	tossire
conferire	impaurire	rimbecillire	tradire[6]
contribuire	impazzire	ringiovanire	trasferire
costituire	impedire	ripartire	ubbidire
costruire	indebolire	(= dividere)	unire
custodire	infittire	ripulire	usufruire
definire	influire	ristabilire	

N.B. Ci sono alcuni verbi come *applaudire, eseguire, mentire* che ammettono indifferentemente le due forme, con o senza l'infisso -isc- (*applaudo* o *applaudisco*).

* * *

b) Osserviamo alcune **particolarità ortografiche dei verbi regolari:**

   i)   Nei verbi in **-ciare, -giare, -sciare,** e **-gliare** la "i" ha solo un valore ortografico e non fa parte della radice (cfr. Premessa, 1). Appare nella coniugazione solo quando è necessario per mantenere invariato il suono della consonante precedente.

---

[6]   *Tradire*, come si vede, é un verbo regolare in -isc- e non é un composto di *dire*.

	cominc-i-are	viagg-i-are	lasc-i-are	sbagl-i-are
sg. I	cominc-i-o	viagg-i-o	lasc-i-o	sbagl-i-o
II	cominc-i	viagg-i	lasc-i	sbagl-i
III	cominc-i-a	viagg-i-a	lasc-i-a	sbagl-i-a
pl. I	cominc-iamo	viagg-iamo	lasc-iamo	sbagl-iamo
II	cominc-i-ate	viagg-i-ate	lasc-i-ate	sbagl-i-ate
III	cominc-i-ano	viagg-i-ano	lasc-i-ano	sbagl-i-ano

ii) Nei verbi in **-iare** la "i" fa parte della radice del verbo: se, nella coniugazione, questa "i" è accentata si conserva, ma se non è accentata si incorpora con la "i" della finale.

	cambi-are	avvi-are
sg. I	cambi-o	avvi-o
II	cambi	avvi-i
III	cambi-a	avvi-a
pl. I	cambiamo	avviamo
II	cambi-ate	avvi-ate
III	cambi-ano	avvi-ano

I verbi seguenti si coniugano come *avviare*:

avviare	rinviare
espiare	sciare
inviare	spiare

iii) Nei verbi in **-care, -gare** bisogna inserire una "h" tra la radice e
   la "i" della finale per mantenere invariato il suono della
   consonante (cfr. Premessa, 1):

		cerc-are	*pag-are*
sg.	I	*cẹrc-o*	*pạg-o*
	II	*cẹrc-h-i*	*pạg-h-i*
	III	*cẹrc-a*	*pạg-a*
pl.	I	*cerc-h-iạmo*	*pag-h-iạmo*
	II	*cerc-ạte*	*pag-ạte*
	III	*cẹrc-ano*	*pạg-ano*

*   *   *

N.B. Nella coniugazione dei verbi in **-cere, -gere, -scere,** di *fuggire* e
dei suoi composti, l'ultimo suono consonantico della radice del
verbo cambia a seconda della prima vocale della finale.[7]

		conọsc-ere	*vịnc-ere*	*lẹgg-ere*	*fụgg-ịre*
sg.	I	*conọsc-o*	*vịnc-o*	*lẹgg-o*	*fụgg-o*
	II	*conọsc-i*	*vịnc-i*	*lẹgg-i*	*fụgg-i*
	III	*conọsc-e*	*vịnc-e*	*lẹgg-e*	*fụgg-e*
pl.	I	*conosc-iạmo*	*vinc-iạmo*	*legg-iạmo*	*fugg-iạmo*
	II	*conosc-ẹte*	*vinc-ẹte*	*legg-ẹte*	*fugg-ịte*
	III	*conọsc-ono*	*vịnc-ono*	*lẹgg-ono*	*fụgg-ono*[8]

Consideriamo a parte due verbi irregolari particolari, **essere** e **avere**. Come
vedremo in seguito sono molto importanti anche perché funzionano come verbi
ausiliari.

---

[7] Per altre particolarità di verbi della prima e seconda coniugazione e per
    quelli della terza si veda più avanti.

[8] Eccezioni:
    cuoc-ere: *cuoc-i-o cuoc-i, cuoc-e, cuoc-iamo, cuoc-ete, cuoc-i-ono*
    cuc-ire: *cuc-i-o, cuc-i, cuc-e, cuc-iamo, cuc-ite, cuc-i-ono*

II, 2

		essere	*avere*
sg.	I	sono	ho
	II	sei	hai
	III	è	ha
pl.	I	siamo	abbiamo
	II	siete	avete
	III	sono	hanno[9]

Presente indicativo dei verbi irregolari[10]

a)   *and-are*   *vado, vai, va, andiamo, andate, vanno*

            d-are   *do, dai, dà, diamo, date, danno*

            disf-are   *disfaccio/disfo, disfai/disfi, disfà/disfa,*
                          disfacciamo/disfiamo, disfate, disfanno/disfano

            f-are[11]   *faccio, fai, fa, facciamo, fate, fanno*

            soddisf-are   *soddisfaccio/soddisfo, soddisfai/soddisfi,*
                          soddisfà/soddisfa, soddisfacciamo/ soddisfiamo,
                          soddisfate, soddisfanno/soddisfano

            st-are[12]   *sto, stai, sta, stiamo, state, stanno*[13]

---

[9]   Le forme *ho, hai, ha, hanno* sono le uniche parole italiane che si scrivono con la "h" iniziale.

[10]   Tutti i verbi che hanno le stesse irregolarità dei verbi qui riportati come modello sono elencati nel paradigma completo dei verbi irregolari e nell'indice alla fine del manuale.

[11]   Notiamo che il verbo *fare* (che origina dalla forma latina *facere*) in realtà appartiene alla seconda coniugazione, anche se per ragioni di praticità è stato elencato fra i verbi della prima coniugazione per alcuni tempi.

[12]   Il verbo *restare* è regolare.

[13]   a)   Il verbo *stare*, usato col significato di *trovarsi, essere,* è una variante regionale centro-meridionale.
                  *Le penne **stanno** in quel cassetto. (= sono, si trovano)*
                  *Qui non ci **sta** nessuno. (= c'è)*
       b)   Per le costruzioni di *stare* (*sto per uscire, sto uscendo*) cfr. II, 4.

b)	dov-ere	devo (debbo), devi, deve, dobbiamo, dovete, devono (debbono)
	pot-ere	posso, puoi, può, possiamo, potete, possono
	sap-ere	so, sai, sa, sappiamo, sapete, sanno
	vol-ere	voglio, vuoi, vuole, vogliamo, volete, vogliono
c)	b-ere[14]	bevo, bevi, beve, beviamo, bevete, bevono
	par-ere	paio, (pari), pare, (paiamo), (parete), paiono
	piac-ere[15]	piaccio, piaci, piace, piacciamo, piacete, piacciono
	possed-ere	possiedo, possiedi, possiede, possediamo, possedete, possiedono
d)	nuoc-ere	nuoccio, nuoci, nuoce, nuociamo, nuocete, nuocciono
	riman-ere	rimango, rimani, rimane, rimaniamo, rimanete, rimangono
	scegli-ere	scelgo, scegli, sceglie, scegliamo, scegliete, scelgono
	sciogli-ere	sciolgo, sciogli, scioglie, sciogliamo, sciogliete, sciolgono
	spegn-ere	spengo, spegni, spegne, spegniamo, spegnete, spengono
	ten-ere	tengo, tieni, tiene, teniamo, tenete, tengono
	togli-ere	tolgo, togli, toglie, togliamo, togliete, tolgono
	val-ere	valgo, vali, vale, valiamo, valete, valgono
	volg-ere	volgo, volgi, volge, volgiamo, volgete, volgono
e)	porre	pongo, poni, pone, poniamo, ponete, pongono
	tradurre	traduco, traduci, traduce, traduciamo, traducete, traducono
	trarre	traggo, trai, trae, traiamo, traete, traggono
f)	appar-ire	appaio, appari, appare, (appariamo), apparite, appaiono
	d-ire	dico, dici, dice, diciamo, dite, dicono
	mor-ire	muoio, muori, muore, moriamo, morite, muoiono
	riemp-ire	riempio, riempi, riempie, riempiamo, riempite, riempiono
	sal-ire	salgo, sali, sale, saliamo, salite, salgono
	usc-ire	esco, esci, esce, usciamo, uscite, escono
	ud-ire	odo, odi, ode, udiamo, udite, odono
	ven-ire	vengo, vieni, viene, veniamo, venite, vengono

[14] Il verbo *bere* deriva la sua intera coniugazione dalla radice **bev-** a cui si aggiungono regolarmente le finali dei vari tempi. L'infinito *bere* è una forma contratta.

[15] Per la costruzione di *piacere* cfr. Introduzione, 10.

3   VERBI RIFLESSIVI E VERBI RECIPROCI

Verbi riflessivi

sogg.	ogg.	vb. trans.
Mio padre	*mi*	*difende.*
Io	*ti*	*difendo.*
Loro	*lo/la*	*difendono.*
Tu	*ci*	*difendi.*
Noi	*vi*	*difendiamo.*
L'avvocato	*li/le*	*difende.*

sogg.	vb. riflessivo
Io	*mi difendo.*
Tu	*ti difendi.*
Lui/lei	*si difende.*
Noi	*ci difendiamo.*
Voi	*vi difendete.*
Loro	*si difendono.*

Nelle frasi a sinistra è facile riconoscere frasi già studiate. Osserviamo che in queste frasi il pronome oggetto non è della stessa persona del verbo (e quindi del soggetto).

Mio padre	*mi*	*difende.*
III sg.	I sg.	III sg.

Io	*ti*	*difendo.*
I sg.	II sg.	I sg. eccetera...

Nelle frasi di destra invece abbiamo delle costruzioni differenti, in cui il **pronome atono** (*mi, ti, si, ci, vi, si*) è della **stessa persona del verbo** (e quindi del soggetto): tale pronome si chiama **pronome riflessivo**.

Io	*mi*	*difendo.*
I sg.	I sg.	I sg.

Tu	*ti*	*difendi.*
II sg.	II sg.	II sg.

Lui/Lei	*si*	*difende.*
III sg.	III sg.	III sg.

Noi	*ci*	*difendiamo.*
I pl.	I pl.	I pl. eccetera...

* * *

| *Non difendere gli altri,* | *difendi te (stesso/a).* |
| *Prima servo gli altri, poi* | *servo me (stesso/a).* |

Talora, in casi di forte enfasi o contrasto, è possibile sostituire il pronome riflessivo atono con il corrispondente pronome tonico: tali forme del pronome riflessivo sono spesso accompagnate dall'aggettivo **stesso**:

	singolare	plurale
I	*me (me stesso/a)*	*noi (noi stessi/e)*
II	*te (te stesso/a)*	*voi (voi stessi/e)*
III	*sé (se stesso/a)*	*sé (se stessi/e)*

I pronomi riflessivi atoni sono di uso molto più frequente di quelli tonici.

* * *

Per **verbo riflessivo** o uso riflessivo del verbo si intende, dunque, un verbo accompagnato dal pronome riflessivo: questo è parte integrante del verbo, per cui l'infinito dei verbi riflessivi si dà sul vocabolario col pronome riflessivo **si**, che sostituisce la -e della finale del verbo:

vb. trans.	vb. rifl.
pettin-are	*pettin-arsi*
difend-ere	*defend-ersi*
copr-ire	*copr-irsi*

* * *

Si possono distinguere vari tipi di verbi riflessivi:

a)   *Le tue parole mi offendono!*   *Se parli così **mi offendo!***
     Il ragazzo guarda la ragazza.   *La ragazza **si guarda** allo specchio.*

     Il cameriere ci serve bene.   *Noi **ci serviamo** da soli.*
        *Anche tu **ti servi** da solo?*
        *E loro **si servono** da soli?*

In tutte queste frasi osserviamo che i verbi usati riflessivamente indicano azioni il cui effetto ricade, in un modo o nell'altro, sul soggetto stesso che compie l'azione. Questi verbi riflessivi italiani sono spesso equivalenti alle costruzioni riflessive inglesi con il -self:

>| *Mi* uccido. | = I kill **myself**. |
>| *Si* guarda. | = She looks at **herself**. |
>| *Ti* lavi. | = You wash **yourself**. |
>| *Ci* serviamo. | = We serve **ourselves**. |

Però non tutte le costruzioni riflessive in italiano sono di questo tipo. Inoltre non tutti i verbi riflessivi italiani corrispondono a verbi riflessivi inglesi.

Vediamo altri tipi frequenti di verbi riflessivi italiani:

b)

sogg.	ogg. ind.	vt.tr.	ogg. dir.		sogg.	vb. rifl.	ogg. dir.
Clara	*mi*	*compra*	*un golf.*		*Io*	*mi compro*	*un golf.*
La nonna	*ti*	*prepara*	*la cena.*		*Tu*	*ti prepari*	*la cena.*
Il sarto	*gli*	*fa*	*un abito.*		*Lui*	*si fa*	*un abito.*
Sandra	*le*	*cambia*	*la maglia.*		*Lei*	*si cambia*	*la maglia.*
Voi	*ci*	*pulite*	*le scarpe.*		*Noi*	*ci puliamo*	*le scarpe.*
La mamma	*vi*	*lava*	*i denti.*		*Voi*	*vi lavate*	*i denti.*
La zia	*gli*	*mette*	*i guanti.*		*Loro*	*si mettono*	*i guanti.*

In queste costruzioni i verbi riflessivi sono seguiti da un complemento oggetto (*un golf, la cena, ecc.*), cioè sono usati transitivamente. E' ovvio che in questo caso il pronome riflessivo ha valore di oggetto indiretto, cioè vuol dire *a/per me stesso, a/per te stesso*, ecc.

c)

Mangio la pizza.	***Mi mangio** la pizza.*
Prendo un caffè.	***Mi prendo** un caffè.*
Bevo una birra.	***Mi bevo** una birra.*
Sogno sempre un treno...	***Mi sogno** sempre un treno...*

Qui le frasi di sinistra e quelle di destra hanno fondamentalmente lo stesso significato. Infatti la costruzione riflessiva è, in questi casi, ridondante: è una variante stilistica, cioè di livello colloquiale, proprio della lingua parlata.

d)
Alzo il coperchio.	*Mi alzo alle sette.*
Muovi il tavolo?	*Ti muovi da lì?*
Gino sposta sempre i mobili!	*Si sposta un momento, per favore?*
Chiniamo la testa!	*Ci chiniamo per nasconderci.*
Ø	*Vi sedete al bar?*
Ø	*Perchè si arrampicano sugli alberi?*

Questi verbi riflessivi indicano in genere movimenti del corpo. In inglese si tradurrebbero spesso con dei verbi intransitivi seguiti da un avverbio (*to lean over, to climb up, to sit down, ecc.*)

Alcuni di questi verbi, come si nota dalle frasi, possono avere sia la costruzione transitiva che quella riflessiva; altri possono avere solo la costruzione riflessiva, come:

accucciarsi	*arrampicarsi*	*sdraiarsi*
affacciarsi	*coricarsi*	*sedersi*
affrettarsi	*inchinarsi*	*slanciarsi*
aggrapparsi	*inginocchiarsi*	

e)
Rita addormenta il bambino.	*Il bambino si addormenta.*
Il rumore sveglia Giorgio.	*Giorgio si sveglia.*
La predica annoia i ragazzi.	*I ragazzi si annoiano.*
Il film diverte i ragazzi.	*I ragazzi si divertono.*
Le sue parole mi offendono.	*Io mi offendo.*
Gino ci confonde le idee.	*Noi ci confondiamo facilmente.*
Ø	*Mi pento delle mie parole.*
Ø	*Ti vergogni della tua scortesia?*
Ø	*Lucia si arrabbia per poco.*

Tutti questi verbi riflessivi indicano in genere dei processi fisiologici o psicologici. In inglese si traducono con la costruzione *to get* o *to become* seguite da un aggettivo. Alcuni di questi verbi, come si nota dagli esempi, possono avere sia la costruzione transitiva che quella riflessiva[16]; altri possono avere solo quella riflessiva, come:

---

[16] Rientrano in questa categoria anche i verbi *ricordare/ricordarsi* e *dimenticare/dimenticarsi*. Bisogna però notare che se sono usati riflessivamente si costruiscono con la preposizione *di* seguita dal gruppo nominale (cfr. Introduzione, 11 b)

Ricordo la nonna.	*Mi ricordo della nonna.*
Non dimenticare il gatto!	*Non dimenticarti del gatto!*

accanirsi	*arrendersi*	*pentirsi*
accomodarsi	*congratularsi*	*rassegnarsi*
affezionarsi	*fidarsi*	*ribellarsi*
ammalarsi	*indignarsi*	*sgomentarsi*
arrabbiarsi	*ostinarsi*	*vergognarsi*

f)

Il capostazione ferma il treno.	*Il treno si ferma.*
La bambina rompe la bambola.	*La bambola si rompe!*
Il gatto rovescia il latte.	*Il latte si rovescia!*
Gino spegne il fuoco.	*Il fuoco si spegne!*
Il vento apre la porta.	*La porta si apre.*
La pioggia bagna i fiori.	*I fiori si bagnano.*
Il sole asciuga il bucato.	*Il bucato si asciuga al sole.*
Il sudore sporca i vestiti.	*I vestiti si sporcano.*
Il calore scioglie il ghiaccio.	*Il ghiaccio si scioglie col calore.*

Notiamo che i soggetti di tutti questi verbi riflessivi sono nomi che indicano cose o oggetti inanimati: dunque il verbo riflessivo indica processi o cambiamenti fisici che accadono nell'ambito di questi oggetti, senza che ne venga specificato l'agente o il responsabile.[17]

Verbi riflessivi con valore reciproco

Ci conosciamo molto bene, noi due!
Purtroppo Giuseppe e Lidia non si capiscono più.
Vi vedete tutti i giorni?

Ci conosciamo in questo caso vuol dire *uno conosce l'altro*, cioè l'azione espressa dal verbo è reciproca. Ovviamente tali pronomi reciproci possono avere solo le forme plurali, che coincidono con quelle del pronome riflessivo (*ci, vi, si*). In inglese questa costruzione si rende con l'espressione *each other*.

---

[17] **N.B. Non** sono **riflessivi**, contrariamente all'uso di molti dialetti, verbi come:

arrossire	*imparare*	*morire*
dimagrire	*ingiallire*	*ringiovanire*
guarire	*ingrassare*	
impallidire	*invecchiare*	

Si guardano = uno guarda l'altro
Si amano = uno ama l'altra

Si baciano = uno bacia l'altra
Si odiano = uno odia l'altro

⎤ *Si* = oggetto diretto

Si scrivono = uno scrive all'altro

Si parlano = uno parla all'altro

⎤ *Si* = oggetto indiretto

4 VARI USI DEL TEMPO PRESENTE INDICATIVO

Il tempo presente:

a)   esprime la contemporaneità all'atto del parlare (**presente attuale**):

> *"Che cosa **fai**, Sandro?"   "**Guardo** la TV."*
> *"Dove **vai**?"   "**Vado** in camera mia."*
> *Ma perché **studi**, mentre fuori fa così bel tempo?*

N.B. Rientrano in questa categoria di "presente attuale" due costruzioni del verbo **stare**:

i)   "**stare** + **per** + infinito" che corrisponde all'inglese *to be about to...*

> *Sto per uscire.*   *"I am about to go out."*
> *Stai per cambiarti?*   *"Are you about to change?"*

ii)   "**stare** + **gerundio**" che corrisponde all'inglese *to be ... -ing* (cfr. Appendice 1, b)

> *Sto leggendo questo libro.*   *I am reading this book.*
> *Sto annoiandomi.*   *I am getting bored.*
>   */Mi sto annoiando.*

Il gerundio (cfr. XIV) si forma aggiungendo alla radice del verbo una finale invariabile:

I, -are (parl-are)	II, -ere (cred-ere)	III, -ire (cap-ire)
parl-ando *lav-andosi*	*cred-endo* *sed-endosi*	*cap-endo* *trasfer-endosi*

II, 4

Tali costruzioni sono possibili soltanto con i tempi presente, imperfetto e futuro del verbo *stare*.[18]

b) esprime un'azione, un processo o uno stato che si verificano in un arco di tempo che comprende l'atto del parlare, ma si estende anche al passato e al futuro: questo è dunque un presente "descrittivo", "d'abitidine", "assoluto". Infatti si usa molto in proverbi, sentenze, verità di ordine generale (**presente assoluto**):

> *Di solito **mi alzo** alle sette e **vado** a letto alle undici.*
> *Giorgio **è** alto.*
> *Chi **va** con lo zoppo **impara** a zoppicare.*
> *La terra **è rotonda**.*
> *Dante **è** un grande poeta.*
> *Chi **è** Michelangelo?*
> *Fiammetta **è** un personaggio del Decamerone di Boccaccio.*
> *Gli uccelli **emigrano** in autunno.*
> *Le lezioni **durano** cinquanta minuti.*
> ***Prendo** l'autobus tutti i giorni.*
> *Il pomeriggio **dorme** sempre (per) tre ore.*

*   *   *

N.B. *"Da quanto tempo studi l'italiano?"*
"Lo studio da due anni."

Notiamo il contrasto fra questa costruzione con il presente indicativo e l'inglese *I have been studying Italian for four years.* L'inglese rende con **have been ...-ing** lo stesso concetto che l'italiano esprime con il tempo presente accompagnato da un complemento di tempo introdotto dalla preposizione *da*.

c) esprime un'azione futura programmata (**futuro programmato**):

> *Questa sera **esco** con Gino.*
> *Domani c'**è** un film interessante alla TV.*
> *Forse fra due anni **mi trasferisco** in Italia.*
> *Tra trent'anni **vado** in pensione!*

---

[18] La costruzione "*andare* + gerundio" é antiquata.
  ***Andava** cantando per i boschi.*

d) costituisce una variante stilistica scrivendo fatti del passato, come avvenimenti storici e letterari: dunque è usato in libri di testo, saggi accademici, ecc. E` spesso usato anche nella narrazione orale di favole, leggende, film, romanzi ecc. (**presente storico**):

> *Il Risorgimento è il movimento politico dell'unificazione d'Italia.*
> *Nel 1870 Roma **diventa** capitale d'Italia.*
> *Dante **muore** a Ravenna nel 1321.*
> *Cappuccetto Rosso **va** dalla nonna...*

5 IL PRESENTE INDICATIVO NELLE FRASI COMPLESSE

Se rappresentiamo il passare del tempo con una linea con direzione da sinistra a destra e su questa linea segnamo arbitrariamente un settore che indichi il momento contemporaneo all'attività del parlare, dividiamo tale linea in tre parti: passato, presente e futuro.

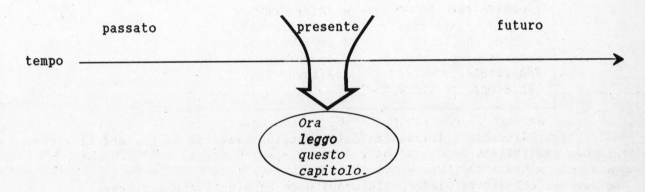

Quando la frase principale di una frase complessa ha il predicato al presente, ogni altra frase il cui verbo esprima una contemporaneità alla frase principale, avrà anch'essa il verbo al presente.

> *Sono sicuro che in questo momento Luigi **legge**.*
> *Fa bel tempo, quindi **esco**.*
> *Mentre tu **lavi** la macchina, io **pulisco** il garage.*
> *Dato che **non capisci**, te lo **rispiego**.*
> *Se mi **presti** un golf, me lo **metto**.*

Verbi ed espressioni verbali che richiedono l'indicativo.

I verbi della lista seguente servono ad introdurre una frase dipendente, che si riferisce ad un fatto reale, sicuro, accettato, conosciuto o riferito da altri. L'atteggiamento del parlante nell'enunciare tutta la frase è quello di sicurezza e certezza riguardo a quello che dice.

mi accorgo che...	*significa che...*
mi assicuro che...	*so che...*
concludo che...	*sostengo che...*
mi consta che...	*spiego che...*
constato che...	*vedo che...*
dico che...	*si vede che...*
dimostro che...	
garantisco che...	*sono certo che...*
giuro che...	*sono convinto che...*
intuisco che...	*sono sicuro che...*
leggo che...	
noto che...	*è certo che...*
prometto che...	*è chiaro che...*
mi rendo conto che...	*è evidente che...*
ricordo che...	*è indiscutibile che...*
scommetto che...	*è ovvio che...*
scopro che...	*è sicuro che...*
sento che...	

Nelle frasi dipendenti introdotte dalla congiunzione *che* si troverà il verbo al modo indicativo.

Le espressioni che richiedono l'uso del modo congiuntivo nelle frasi dipendenti sono trattate nell'unità XI, 1.

6 FRASI INTERROGATIVE

Il treno è arrivato.	*Il treno è arrivato?*
E' arrivato il treno.	*E' arrivato il treno?*

In italiano, per lo più, la **forma interrogativa** della frase si ottiene dando una particolare inflessione alla voce, cioè un'intonazione interrogativa. Sappiamo che in italiano, a differenza dell'inglese, non c'è un ordine fisso soggetto - gruppo verbale (cfr. Introduzione, 3, 4). Nelle frasi interrogative è frequente che il soggetto segua il gruppo verbale: tale sequenza è necessaria, però, quando la frase interrogativa è introdotta da espressioni come *come?*, *quando?*, *dove?*:

> *Come nuota Gino?*
> *Quando viene tua madre?*
> *Dov'è Roma?*

Le frasi interrogative sono di due tipi:

a) le frasi in cui solo l'intonazione dà il senso della domanda e a cui generalmente si risponde solo *sì* o *no*:

> *Hai bisogno di aiuto?*
> *Porti la macchina in garage?*
> *Devo fare il pieno?*
> *Hai finito di pulire la barca?*

b) le frasi introdotte da interrogativi - aggettivi, pronomi (cfr. I, 11) e avverbi (cfr. VIII):

> *Che ora è?*
> *Quale libro cerchi?*
>
> *Quanto pane vuoi?*
> *A quale libro si riferisce?*   aggettivi interrogativi

> *Chi viene?*
> *(Che) cosa succede?*
>
> *Per quanti devo cucinare?*
> *A quali pensi?*   pronomi interrogativi

> *Come puoi capirlo?*
> *Quando vai?*
> *Dove vai?*
>
> *Da dove vieni?*
> *Quanto mangia?*
> *Perché se ne è andato?*   avverbi interrogativi.

Una frase semplice che formula una domanda si chiama **frase interrogativa diretta**. Tutte le frasi considerate in questo capitolo sono di questo tipo e sono contrassegnate, nello scritto, dal punto interrogativo.

7 LE FRASI NEGATIVE

> *Mario **non** è venuto.*
> ***Non** ho visto Mario.*
> ***Non** mi sento bene.*
> ***Non** l'ho ascoltato.*

In italiano l'avverbio **non** prima del gruppo verbale rende la frase negativa.

> ***Non** è venuto **nessuno**.*
> ***Non** l'ho **mai** visto.*
> ***Non** ho visto **niente**.*
> ***Non** ho visto **nessun** ragazzo.*
> ***Nemmeno** io ho visto **nessuno**.*

Quando nella frase c'è un aggettivo o un pronome indefinito negativo (*nessuno, niente, nulla*) o ci sono avverbi come *mai, più* il gruppo verbale deve essere preceduto dall'avverbio **non** (o da un'altra negazione, come *nemmeno, neanche....*)

> ***Non** c'è **più nessuno** in quella stanza.*
> ***Non** ho **mai** visto **nessuno** in quella stanza.*
> ***Non** mi hanno **mai** regalato **niente**.*
> ***Non** ho **più niente** da leggere.*
> ***Neanch'io** ho **più niente** da leggere.*
> ***Nemmeno** io ho **mai** visto **nessuno** in quella stanza.*
> ***Non** ci è andato **nessuno**, **non** ci sono andata **neanch'io**.*

In italiano, come si vede, si possono avere anche tre negazioni in una frase, ma **una negazione, e una sola, deve precedere il verbo**.[19]

---

[19] Se il gruppo verbale è formato da una forma verbale composta, le negazioni *più, mai, neanche* stanno fra il verbo ausiliare e il participio passato.

frasi positive	frasi negative
Ha fame.	*Non ha fame.*
Ha ⎡ *fame e sete.* ⎢ *o il sigaro o la pipa.* ⎣ *sia la biro che la matita.*	*Non ha* ⎡ *né fame né sete.* ⎢ *né il sigaro, né la pipa.* ⎣ *né la biro, né la matita.*
Ride ⎡ *sempre.* ⎢ *spesso.* ⎣ *qualche volta.*	*Non ride mai.*
Ci sono sempre tutti.	*Non c'è mai nessuno.*
Capisco sempre tutto.	*Non capisco mai niente.*
La gente *Della gente* ⎤ *ha parlato.* *Qualcuno* ⎦	*Non ha parlato nessuno.*
Tutti ⎤ *hanno parlato.* *Degli amici* ⎦	
Ho comprato ⎡ *tutto.* ⎣ *qualcosa.*	*Non ho comprato niente*

Ha ancora paura.	*Non ha più paura.*
Lo vedrò ancora.	*Non lo vedrò (mai) più.*
Abbiamo già cenato.	*Non abbiamo ancora cenato.*
Ha preso almeno il dolce?	*Non ha preso neanche il dolce.*
	Non ha preso nemmeno il dolce.[20]

La frase interrogativo-negativa, dato quanto abbiamo detto precedentemente (cfr. II, 6), consisterà in una certa intonazione interrogativa della voce data alla frase negativa:

---

[20] Notianio che *ancora, neanche, nemmeno* precedono l'elemento a cui si riferiscono.

Mario non è venuto?
Non è venuto nessuno?
Non c'è più nessuno in quella stanza?
Non ha fame?
Non ha parlato nessuno?
Non ha più paura?

8 L'USO DEL VERBO NEL DISCORSO DIRETTO: IL *TU* E IL *LEI*

La forma d'amicizia

La forma di amicizia è espressa attraverso l'uso della seconda persona
singolare (se parliamo a una sola persona) o plurale (se parliamo a più
persone).

Il *tu* e il *voi* si usano tra amici, parenti, studenti, colleghi di lavoro con
cui si ha una certa familiarità.

> *(tu) Hai un momento di tempo?*
> *(voi) Uscite così presto?*
> *(tu) Sai scrivere molto bene in italiano!*

Il *voi* rivolto a **una** persona nella forma di cortesia è di uso dialettale, ma
non fa parte della lingua *standard*.

La forma di cortesia

La forma di cortesia si usa con persone che non si conoscono bene o a cui si
deve rispetto. Questa forma in italiano è espressa attraverso la terza
"persona" singolare o plurale del verbo. Come pronome singolare si usa *Lei*,
sia per il maschile che per il femminile, e *Loro* per il plurale.

> *Professore, **Lei** viene all'università domani?*
> ***Lei** fuma troppo, signora!*
> *Signorine, **Loro** insegnano in quella scuola?*
> ***Loro**, signori, bevono un caffè?*[19]

---

[19] Le forme *Lei, Loro* oggi è molto comune scriverle con la iniziale
minuscola: *lei, loro.*

Capufficio:	*Signora Bianchi, Le presento la sua nuova collega, la signorina Rizzi.*
Signora Bianchi:	*Molto piacere, io sono Teresa, come sta?*
Signorina Rizzi:	*Bene, grazie, e Lei? Io sono Rosa.*
(Capufficio esce)	
Signora Bianchi:	*Diamoci del tu.*

La forma di cortesia si può usare anche con nomi propri di persona, se questa persona è più giovane e dipendente da noi o è qualcuno che lavora per noi e non è un'amicizia. Così posso dire:

a una studentessa:	***Maria**, ha fatto il compito?*
alla segretaria:	***Paola**, può battere a macchina quest'esame?*
alla parrucchiera:	*Signora **Rina**, Lei taglia molto bene i capelli.*
alla domestica:	***Elena**, quando stira quella biancheria?*

La forma plurale di cortesia *Loro* è molto formale, in genere è usata con persone anziane o da impiegati o camerieri con i loro clienti:

*Signori, **Loro** desiderano una camera verso l'interno?*
***Loro**, signorine, desiderano altro?*
*Signori, **Loro** sono molto ben organizzati!*

Molto più frequentemente, parlando a più di una persona, si usa *voi*, anche se si tratta di persone più anziane, o che non si conoscono bene, a cui, insomma, si dovrebbe dare del *lei* individualmente. Il sistema pronominale di cortesia è, dunque, asimmetrico.

rivolgendosi a A: *"Signora, **lei** di dov'è?"*
rivolgendosi a B: *"Dottore, **lei** di dov'è?"*
rivolgendosi a A e B insieme: *"**Voi** di dove siete?"*

III Modo indicativo:
tempo futuro semplice

1 FUTURO SEMPLICE INDICATIVO

Quando vai in Italia?

Ci **vado** l'estate prossima.   Forse ci **andrò** l'estate promissa.

Correggi oggi quei compiti?

Li **correggo** domani.   Li **correggerò** domani.

Quando finisci quel lavoro?

Lo **finisco** questa sera.   Lo **finirò** questa sera.

Le risposte di sinistra e quelle di destra si riferiscono a delle azioni che non sono ancora avvenute, ma che succederanno nel futuro, cioè dopo l'atto del parlare.

Abbiamo già visto al paragrafo II, 4 che il presente indicativo può esprimere un futuro programmato, come nelle frasi riportate sopra a sinistra (*vado l'estate prossima, correggo domani, finisco questa sera*). Le stesse azioni però possono essere espresse con forme verbali come *andrò, correggerò, finirò*. C'è solo una sfumatura diversa di significato: c'è un'intenzione meno decisa, meno sicura. Questo tempo *futuro* si chiama **futuro semplice**.

Esaminiamo con cura le finali dei verbi regolari delle tre coniugazioni:

		I, -are (parl-are)	II, -ere (cred-ere)	III, -ire (sent-ire)	III, -ire (cap-ire)
sg.	I	parl-er-ò	cred-er-ò	sent-ir-ò	cap-ir-ò
	II	parl-er-ai	cred-er-ai	sent-ir-ai	cap-ir-ai
	III	parl-er-à	cred-er-à	sent-ir-à	cap-ir-à
pl.	I	parl-er-emo	cred-er-emo	sent-ir-emo	cap-ir-emo
	II	parl-er-ete	cred-er-ete	sent-ir-ete	cap-ir-ete
	III	parl-er-anno	cred-er-anno	sent-ir-anno	cap-ir-anno[1]

---

[1] Notare che la consonante caratteristica del futuro semplice indicativo è "r" e che i verbi in -are ed -ere hanno un infisso indentico -er-, mentre i verbi in -ire hanno l'infisso -ir-. Le finali delle tre coniugazioni coincidono:

		I e II	III
sg.	I	-er-ò	-ir-ò
	II	-er-ai	-ir-ai
	III	-er-à	-ir-à
pl.	I	-er-emo	-ir-emo
	II	-er-ete	-ir-ete
	III	-er-anno	-ir-anno

L'accento cade sempre sulla prima vocale della finale.

N.B. Molti dialetti settentrionali per la prima coniugazione hanno l'infisso -ar-: ricordare che questo non avviene nella lingua *standard*.

N.B. I verbi in -**care** e -**gare** inseriscono una "h" davanti all'infisso (cfr. Premessa, 1).

III, 1

N.B. I verbi riflessivi seguono le forme sopra riportate:

		I, -are (lav-arsi)	II, -ere (mett-ersi)	III, - ire (copr-irsi)	(trasfer-irsi)
sg.	I	mi lav-er-ò	mi mett-er-ò	mi copr-ir-ò	mi trasfer-ir-ò
	II	ti lav-er-ai	ti mett-er-ai	ti copr-ir-ai	ti trasfer-ir-ai
	III	si lav-er-à	si mett-er-à	si copr-ir-à	si trasfer-ir-à
pl.	I	ci lav-er-emo	ci mett-er-emo	ci copr-ir-emo	ci trasfer-ir-emo
	II	vi lav-er-ete	vi mett-er-ete	vi copr-ir-ete	vi trasfer-ir-ete
	III	si lav-er-anno	si mett-er-anno	si copr-ir-anno	si trasfer-ir-anno

Consideriamo a parte i verbi *essere* e *avere*:

		essere	avere
sg.	I	sarò	avrò
	II	sarai	avrai
	III	sarà	avrà
pl.	I	saremo	avremo
	II	sarete	avrete
	III	saranno	avranno

Futuro semplice indicativo dei verbi irregolari[2]

Notiamo che il future semplice di *avere* è *av-r-ò*, invece della forma regolare *av-er-ò*,[3] cioè manca la -e- del gruppo caratteristico: questa irregolarità è molto comune e si chiama **futuro contratto**.

---

[2] Tutti i verbi che hanno le stesse irregolaritá dei verbi qui riportati come modello sono elencati nel nel paradigma completo dei verbi e nell'indice alla fine del libro.

[3] L'asterisco (*) è un simbolo che contrassegna un'espressione sbagliata e quindi inaccettabile.

III, 1

133

a)   Hanno il futuro **contratto** i seguenti verbi:

i)	*and-are*	*andrò, andrai, andrà, andremo, andrete, andranno*
ii)	*cad-ere*	*cadrò, cadrai, cadrà, cadremo, cadrete, cadranno*
	dov-ere	*dovrò, dovrai, dovrà, dovremo, dovrete, dovranno*
	god-ere	*godrò, godrai, godrà, godremo, godrete, godranno*
	par-ere	*parrò, parrai, parrà, parremo, parrete, parranno*
	pot-ere	*potrò, potrai, potrà, potremo, potrete, potranno*
	sap-ere	*saprò, saprai, saprà, sapremo, saprete, sapranno*
	ved-ere	*vedrò, vedrai, vedrà, vedremo, vedrete, vedranno*
	viv-ere	*vivrò, vivrai, vivrà, vivremo, vivrete, vivranno*
iii)	*mor-ire*	*morrò, morrai, morrà, morremo, morrete, morranno*
		morirò, morirai, morirà, moriremo, morirete, moriranno
	ud-ire	*udrò, udrai, udrà, udremo, udrete, udranno*
		udirò, udirai, udirà, udiremo, udirete, udiranno

b)   Hanno il futuro semplice **irregolare** i seguenti verbi:

i)	*d-are*	*darò, darai, darà, daremo, darete, daranno*
	st-are	*starò, starai, starà, staremo, starete, staranno*
ii)	*bere*	*berrò, berrai, berrà, berremo, berrete, berranno*
	dire	*dirò, dirai, dirà, diremo, direte, diranno*
	fare	*farò, farai, farà, faremo, farete, faranno*
	porre	*porrò, porrai, porrà, porremo, porrete, porranno*
	riman-ere	*rimarrò, rimarrai, rimarrà, rimarremo, rimarrete, rimarranno*
	ten-ere	*terrò, terrai, terrà, terremo, terrete, terranno*
	tradurre	*tradurrò, tradurrai, tradurrà, tradurremo, tradurrete, tradurranno*
	trarre	*trarrò, trarrai, trarrà, trarremo, trarrete, trarranno*
	val-ere	*varrò, varrai, varrà, varremo, varrete, varranno*
	vol-ere	*vorrò, vorrai, vorrà, vorremo, vorrete, vorranno*
iii)	*ven-ire*	*verrò, verrai, verrà, verremo, verrete, verranno*

III, 1

2 VARI USI DEL FUTURO SEMPLICE INDICATIVO

Il futuro semplice esprime un fatto o un'azione che, come dice il suo nome, si prevede o si desidera che avvenga in un tempo posteriore all'atto del parlare, cioè nel futuro.

In italiano il tempo futuro non è usato così frequentemente come in inglese, in quanto in italiano, come abbiamo già visto (cfr. II, 4), il futuro "programmato" si può esprimere anche col presente indicativo.

> *I'll go tomorrow.* Ci **vado** domani.
> Ci **andrò** domani.

> *We'll get married next year.* Ci **sposiamo** l'anno venturo.
> Ci **sposeremo** l'anno venturo.

E' molto difficile fare un taglio netto fra l'uso del futuro semplice e quello del presente indicativo riferito al futuro; spesso si tratta di una scelta personale.

*   *   *

Il tempo futuro semplice si usa:

a) per indicare **fatti che programmiamo** o sappiamo che si avvereranno nel futuro o per esprimere delle promesse:

> *Questo fine settimana **andrò** in campagna.*
> *Quando **verrà** gli **dirò** tutto.*
> *Mio fratello **vedrà** tua madre perché **andrà** a Roma.*
> ***Potrai** finire di leggere questo libro per domani?*
> *Gianni **studierà** chimica.*
> *Non lo **farò** mai più.*
> *Ti **scriverò** appena possibile.*

> *"Quando **cambierete** casa?"*
> *"**Trasloccheremo** alla fine di luglio. **Vedrai**, **arrederò** la casa semplicemente, ma con molto gusto."*

> **N.B.** La costruzione "*stare* + gerundio" al futuro semplice indica l'azione che sarà in atto in un certo momento del futuro (cfr. II, 4 e Appendici 1, b).

> *Quando tu sarai nostro ospite, io **starò preparando** gli esami.*

III, 2

b)   per dare un **annuncio in forma ufficiale:**

> *Domani alle quattro il professor Angeli **parlerà** sul tema "Economia*
> *ed inquinamento."*
> *Il prossimo giovedì **faremo** un compito in classe di un'ora.*
> *Nel mese di luglio il primo ministro **si recherà** nella Germania*
> *Occidentale.*

c)   per indicare un tempo presente con il significato di dubbio o incertezza;
per esprimere una supposizione o un giudizio di cui non siamo, però,
certi (**futuro di probabilità**):

> *Quanti anni ha?*   ***Probabilmente** ne ha una cinquantina!*
>   *Mah! Ne **avrà** una cinquantina!*
>
> *Dov'è Sandro?*   ***Probabilmente** a quest'ora è in*
>   *laboratorio.*
>   *A quest'ora **sarà** in laboratorio.*
>
> *Quante sedie ci sono qui?*   ***Probabilmente** ce ne **sono** 35.*
>   *Ce ne **saranno** 35.*
>
> *Perché non risponde?*   ***Probabilmente** è sordo.*
>   ***Sarà** sordo.*

In questo caso il futuro semplice italiano corrisponde all'espressione
inglese "must..." (*He **must** be about fifty.*).

d)   per dare un **comando**, per esprimere un **ordine** o un'**esortazione**; quest'uso
è un po' particolare ed è tipico dello stile biblico.

> ***Ti guadagnerai** il pane col sudore della tua fronte e **avrai** figli nel*
> *dolore.*
>
> ***Amerai** il prossimo tuo come te stesso.*
>
> *Per domani **studierete** bene questo capitolo e **farete** gli esercizi.*
>
> *Questa sera non **farai** storie con la nonna e **andrai** a letto buono*
> *buono.*

3 IL FUTURO SEMPLICE NELLA FRASE COMPLESSA

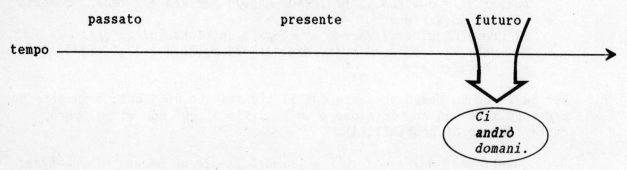

Osserviamo ora l'alternarsi del futuro semplice con il presente:

> Siccome **so** che **farà** molto caldo, **porterò** solo vestiti leggeri.
> Se **vinceranno** la coppa Stanley, **saranno** contenti!
> **Roma è** una bellissima città e **sogno** da tanto tempo di visitar-
> la. Finalmente **realizzerò** il mio sogno questa estate,
> quando ci **andrò** per studiare...

N.B. In italiano si può usare il futuro anche in frasi introdotte della congiunzione **quando**.

> **Quando andrai** in Italia, va' a far visita ai miei.
> Lo finirò **quando potrò**.

IV Modo indicativo:
tempo passato prossimo

1 PASSATO PROSSIMO INDICATIVO

*Non **mangi**?*   *No, **ho mangiato** prima.*
*Non **telefoni**?*   *No, **ho telefonato** ieri.*
*Ci **vai**?*   *Ci **sono andata** questa mattina.*

In queste frasi abbiamo un contrasto di tempo fra il presente (*mangi, telefoni, vai*), che come sappiamo è contemporaneo all'atto del parlare, e il passato (*ho mangiato, ho telefonato, sono andata*) che invece è precedente all'atto del parlare.

Ora osserviamo qui una differenza: le forme verbali del presente sono constituite da una sola parola (cioè dalla radice del verbo più le finali tipiche del tempo presente): un tempo così costruito si chiama **tempo semplice**.

Invece il passato prossimo è un **tempo composto**, cioè è costituito da due parole: la prima è una forma coniugata del verbo ***essere*** o ***avere*** (che funzionano dunque da **verbi ausiliari**) e la seconda è la forma del **participio passato** del verbo considerato.[1]

---

[1]   La scelta del verbo ausiliare appropriato per ogni forma verbale è spesso difficile. Nei prossimi paragrafi cercheremo di chiarire come si sceglie il verbo ausiliare per la formazione del passato prossimo indicativo. Tale scelta sarà poi valida per qualsiasi altro tempo composto.

2 IL PARTICIPIO PASSATO

Il professore ha	**parlato**	molto chiaramente.
Perché voi non avete	**creduto**	alle sue parole?
I miei genitori non hanno	**sentito**	il giornale-radio?
Non ho ancora	**capito**	il problema.

Il professore è	**ritornato**	dalla conferenza.
Le studentesse sono	**andate**	in laboratorio.
La matita è	**caduta**	dal tavolino.
I ragazzi sono	**partiti**	per l'Italia.

Il participio passato (*parlato, creduto, sentito, capito, ecc.*) è una forma verbale. E' essenziale nella costruzione dei tempi composti dei verbi.

a) Se è preceduto dal verbo ausiliare **avere** resta invariato, cioè con la finale -ato, -uto, -ito.

b) Se è preceduto dal verbo ausiliare **essere** si accorda in genere e numero col soggetto.[2]

Esaminiamo le forme dei verbi regolari delle tre coniugazioni:

I, -are (parl-are)	II, -ere (cred-ere)	III, -ire (sent-ire)	(cap-ire)
parl-ato[3]	cred-uto	sent-ito	cap-ito

Hanno il participio passato irregolare i seguenti verbi (cfr. Appendici 2):

---

[2] Il participio passato può essere usato anche come aggettivo con le finali -o/-a, -i/-e (cfr. XV, 2 a):
*Non lasciare la porta **aperta**!*
*I passaporti sono **scaduti**.*
*Questo bicchiere è **rotto**.*

[3] Tutti i verbi della prima coniugazione formano regolarmente il participio passato, anche *andare* --> **andato**, *dare* --> **dato**, *stare* --> **stato**.

i) Verbi della seconda coniugazione:

infinito	participio passato	infinito	participio passato
A) verbi in: -(vocale)dere, -ndere (participio passato: -so)			
chiudere	chiuso	persuadere	persuaso
decidere	deciso	prendere	preso
esplodere	esploso	rodere	roso
invadere	invaso		
B) verbi in: -edere, -ettere, -imere (participio passato: -esso)			
annettere	annesso	mettere	messo
concedere	concesso	riflettere	riflesso/
esprimere	espresso		riflettuto
C) verbi in -uovere, -uotere (participio passato: -osso)			
muovere	mosso	scuotere	scosso
D) verbi in -rdere, -rgere, -rrere, -rere (participio passato: -rso)			
ardere	arso	parere	parso
correre	corso	perdere	perso
emergere	emerso	spargere	sparso
mordere	morso		
E) verbi in -rcere, -rgere (participio passato: -rto)			
torcere	torto	sporgere	sporto
F) verbi in -ncere, -ngere, -gnere, -mere, -nguere (participio passato: -nto)			
assumere	assunto	spegnere	spento
distinguere	distinto	spingere	spinto
giungere	giunto	vincere	vinto
piangere	pianto		

infinito	participio passato	infinito	participio passato

G) verbi in -lgere, -gliere, -lvere (participio passato: -lto)

risolvere	*risolto*	*sciogliere*	*sciolto*
togliere	*tolto*	*volgere*	*volto*
scegliere	*scelto*		

H) verbi in -ggere, -mpere, -vere e i composti di *fare* e *trarre* (participio passato: -tto)

disfare	*disfatto*	*rompere*	*rotto*
distruggere	*distrutto*	*scrivere*	*scritto*
fare	*fatto*	*soddisfare*	*soddisfatto*
friggere	*fritto*	*trarre*	*tratto*
leggere	*letto*		

I) irregolarità di vario tipo:

affiggere	*affisso*	*porre*	*posto*
bere	*bevuto*	*redimere*	*redento*
chiedere	*chiesto*	*resistere*	*resistito*
cuocere	*cotto*	*rifulgere*	*rifulso*
dire	*detto*	*rimanere*	*rimasto*
dirigere	*diretto*	*rispondere*	*risposto*
discutere	*discusso*	*scindere*	*scisso*
espellere	*espulso*	*stringere*	*stretto*
essere	*stato*	*valere*	*valso*
fondere	*fuso*	*vedere*	*visto/ veduto*
nascere	*nato*	*vivere*	*vissuto*

ii) Verbi della terza coniugazione:

apparire	*apparso*	*offrire*	*offerto*
aprire	*aperto*	*seppellire*	*sepolto*
morire	*morto*	*venire*	*venuto*

IV, 2

3 IL PASSATO PROSSIMO INDICATIVO: VERBI CHE RICHIEDONO L'AUSILIARE *AVERE*

		I, -are (parl-are)	II, -ere (cred-ere)	III, -ire (sent-ire)	III, -ire (cap-ire)
sg.	I II III	ho parlato hai parlato ha parlato	ho creduto hai creduto ha creduto	ho sentito hai sentito ha sentito	ho capito hai capito ha capito
pl.	I II III	abbiamo parlato avete parlato hanno parlato	abbiamo creduto avete creduto hanno creduto	abbiamo sentito avete sentito hanno sentito	abbiamo capito avete capito hanno capito[4]

Vogliono il verbo ausiliare *avere*:

a) **Tutti i verbi che possono essere usati transitivamente** (cfr. Introduzione, 5):

> *Ho avuto un terribile raffreddore.*
> *Ho letto una novella interessante ieri sera.*
> *Ho letto tutta la sera.*
> *"Che cosa hai fatto ieri sera?" "Ho letto."*
> *Avete già studiato la lezione?*
> *Hanno mangiato tutta la pizza!*
> *Non hanno ancora mangiato.*
> *Quel film ha divertito molto i bambini.*
> *Quando hanno avuto la notizia, hanno festeggiato l'avvenimento.*
> *Hai cambiato l'acqua ai fiori?*
> *Ho perso il cappello e non l'ho più ritrovato.*
> *Non ho mai visto Venezia.*
> *Il professore ha fatto un urlo, perché sbaglio sempre gli
>   ausiliari!*

Ricordiamo che nelle frasi che contengono un verbo transitivo l'oggetto diretto del verbo può essere espresso (come nella frase *Io mangio una*

---

[4]
> *Non ho mai visto nessuno in quella stanza.*
> *Hai già letto quel libro?*
> *Dopo il 1968 non sono più andata a Bologna.*
> *Antonia è sempre venuta in orario.*

Se il passato prossimo è modificato da un avverbio come *mai, più, già, sempre, ancora*, questi in genere si inseriscono fra il verbo ausiliare e il participio passato. (cfr. II, 7, nota 19).

pera.), ma può anche rimanese sottinteso (come nella frase *Io mangio tardi.*). In entrambi i casi il verbo richiede l'ausiliare *avere* (cfr. Introduzione, 5).

> *Io ho mangiato una pera.*
> *Io ho mangiato tardi.*

I verbi che si comportano come *mangiare* sono la maggioranza.

b) **Molti verbi intransitivi** (cfr. Introduzione, 6), che indicano attività varie:[5]

> *Questa mattina ho dormito fino a tardi e ho riposato molto.*
> *Nino ha lavorato tutto il giorno.*
> *Proprio ieri sera ho telefonato a mio zio.*
> *I bambini hanno giocato a dama tutta la sera.*
> *Rita e Gino hanno ballato tutta la notte.*
> *In gioventù abbiamo viaggiato molto.*
> *Gli ho chiesto una cosa, ma non mi ha risposto.*
> *Oggi i ragazzi hanno nuotato molto in piscina.*
> *In quell'occasione ha agito molto male.*
> *Ho abitato a Roma dal 1952 al 1964.*

Verbi di questo tipo sono: (fra parentesi sono indicati i participi passati di forma irregolare)

---

[5] Questa categoria è molto vista dal punto di vista semantico. In pratica bisogna notare che nelle pagine seguenti si danno gli elenchi di <u>tutti</u> i verbi intransitivi che richiedono l'ausiliare *essere* e quindi, per esclusione, tutti gli altri verbi intransitivi richiedono l'ausiliare *avere*.

abbaiare	faticare	regnare
abitare	fiatare	replicare
abusare	fluttuare	resistere (resistito)
aderire	funzionare	ridere (riso)
agire	giocare	riflettere
alloggiare	gioire	rinunciare
alludere (alluso)	imprecare	riposare
ammiccare	infierire	rispondere (risposto)
ansimare	influire	risuonare
approfittare	infuriare	ruotare
aspirare	insistere (insistito)	scherzare
badare	lavorare	sgobbare
brillare	litigare	smettere (smesso)
bussare	lottare	sorridere (sorriso)
cenare	meditare	sparare
chiacchierare	mentire	stentare
coincidere (coinciso)	mirare	strillare
concorrere (concorso)	osare	sudare
consentire	partecipare	telefonare
deviare	piangere (pianto)	trattare
diffidare	pranzare	tremare
disporre (disposto)	prosperare	ubbidire
dormire	protestare	usufruire
dubitare	ragionare	
esitare	reagire	

Vogliono l'ausiliare **avere** anche i seguenti 17 verbi, che indicano
movimento:

ballare	marciare	schettinare
camminare	navigare	sciare
cavalcare	nuotare	traslocare
danzare	passeggiare	trottare
galoppare	pattinare	viaggiare
girare	remare	

IV, 3

4 IL PASSATO PROSSIMO INDICATIVO: VERBI CHE RICHIEDONO L'AUSILIARE *ESSERE*

		I, -are (and-*are*)	II, -ere (cad-*ere*)	III, -ire (dimagr-*ire*)
sg.	I II III	*sono andato/a* *sei andato/a* *è andato/a*	*sono caduto/a* *sei caduto/a* *è caduto/a*	*sono dimagrito/a* *sei dimagrito/a* *è dimagrito/a*
pl.	I II III	*siamo andati/e* *siete andati/e* *sono andati/e*	*siamo caduti/e* *siete caduti/e* *sono caduti/e*	*siamo dimagriti/e* *siete dimagriti/e* *sono dimagriti/e*

Vogliono il verbo ausiliare **essere**:

a) molti verbi intransitivi (cfr. Introduzione, 6) che indicano:

i)   movimento, cioè spostamento da un luogo ad un altro nello spazio:

> *Alcuni giorni fa **siamo usciti** alle otto e **siamo rientrati** alle due di mattina. **Siamo andati** al cinema e poi **siamo passati** in trattoria per una pizza: lì abbiamo incontrato degli amici e insieme **siamo entrati** in una discoteca lì vicino. Ne **siamo venuti** fuori dopo due ore. Salendo in autobus, io **sono scivolata** e **sono caduta**; finalmente **siamo tornati** a casa: **siamo arrivati** molto tardi... e pensare che i nostri amici, la mattina dopo, **sono partiti** per Montréal!*

Verbi di questo tipo sono:

accorrere	*entrare*	*rientrare*	*sopravvenire*
(accorso)	*evadere*	*rimbalzare*	*(sopravvenuto)*
affiorare	*(evaso)*	*rincasare*	*sorgere (sorto)*
andare	*fuggire*	*ripartire*	*spuntare*
arrivare	*giungere*	*ritornare*	*straripare*
avanzare	*(giunto)*	*salpare*	*tornare*
cadere	*immigrare*	*sbarcare*	*tramontare*
cascare	*partire*	*sbucare*	*uscire*
crollare	*passare*	*scappare*	*venire (venuto)*
dilagare	*pervenire*	*scivolare*	*zampillare*
emergere	*(pervenuto)*	*sfuggire*	
(emerso)	*precipitare*	*sopraggiungere*	
emigrare	*ricadere*	*(sopraggiunto)*	

IV, 4

ii) **stasi**: solo quattro verbi sinonimi di *rimanere*:

Questo quadro é rimasto al museo d'Arte Moderna per dieci anni.
Siamo rimasti a Milano tre settimane.
Perché non sei restato con noi?
Sono stato ad aspettarlo per mezz'ora.

Verbi di questo tipo sono:

essere (= trovarsi)	rimanere	restare
(stato)	(rimasto)	stare

iii) **un cambiamento o un processo psicologico o fisico**, cioè un processo che si risolve nell'ambito del soggetto:

E' nato un bambino!
I raccolti sono ingialliti per la siccità.
E' morto il ragionier Ronchi.
Che cosa è successo ieri alla riunione?[6]

Verbi di questo tipo sono:

accadere	dimagrire	irrancidire	risorgere
ammuffire	esplodere	marcire	(risorto)
apparire	(esploso)	morire (morto)	scadere
(apparso)	fallire	mutare	scomparire
appassire	fiorire	nascere (nato)	(scomparso)
arrossire	impallidire	riapparire	scoppiare
avvenire	impazzire	(riapparso)	sfiorire
(avvenuto)	inacidire	rinascere	sparire
capitare	ingiallire	(rinato)	succedere
comparire	ingrassare	ringiovanire	(successo)
(comparso)	insorgere	rinvenire	svanire
decadere	(insorto)	(rinvenuto)	svenire
decedere	invecchiare		(svenuto)

---

[6] *Che? Che cosa? Cosa? nulla, niente* sono in un certo senso di genere "neutro", per cui gli aggettivi e i participi passati che devono concordare con essi sono al maschile singolare:

        Che cosa è successo?   Cosa è sbagliato?
        Non è successo nulla.

iv) **alcuni verbi che si costruiscono come** *piacere* (cfr. Introduzione, 10):

Quei vestiti mi **sono piaciuti** *molto.*
Le **è mancato** *il coraggio di dirglielo.*
Quegli arnesi non mi **sono serviti.**
Gli **è convenuto** *tacere.*

Verbi di questo tipo sono:

bastare	*mancare*	*spiacere*
convenire	*occorrere*	*toccare*
(convenuto)	*(occorso)*	
dispiacere	*piacere*	
importare	*servire*	
(= interessare)	*sfuggire*	

v) **una decina di verbi di tipo e significato diversi:**

Quanto vi **è costato** *quel viaggio?*
Ci **sono volute** *due ore per arrivare allo stadio!*
E' intervenuta *solo per ripetere le solite cose.*
Non **siete riusciti** *a capire quello che diceva?*

Questi verbi sono:

costare	*prevalere*	*valere*
dipendere	*(prevalso)*	*(valso)*
(dipeso)	*ricorrere*	*volerci*
esistere	*(ricorso)*	
(esistito)	*risultare*	
intervenire	*riuscire*	
(intervenuto)		

b) **Tutti i verbi che possono avere funzione copulativa** (cfr. Introduzione, 8):

Renzo da giovane, **è stato** *molto malato.*
Ieri Antonio mi **è sembrato** *stanco.*
Perché **sei diventata** *così nervosa?*

IV, 4

Sono verbi copulativi:

```
essere (stato)      diventare
divenire            parere (parso)
  (divenuto)        sembrare
```

c) **Tutti i verbi riflessivi** (anche quando sono usati con valore di reciprocità), **con funzione sia transitiva che intransitiva** (cfr. Introduzione, 7, e II, 3, e-f)

		I, -arsi (vergogn-**arsi**)	II, -ersi (sed-**ersi**)	III, -irsi (vest-**irsi**)
sg.	I	mi sono vergognato/a	mi sono seduto/a	mi sono vestito/a
	II	ti sei vergognato/a	ti sei seduto/a	ti sei vestito/a
	III	si è vergognato/a	si è seduto/a	si è vestito/a
pl.	I	ci siamo vergognati/e	ci siamo seduti/e	ci siamo vestiti/e
	II	vi siete vergognati/e	vi siete seduti/e	vi siete vestiti/e
	III	si sono vergognati/e	si sono seduti/e	si sono vestiti/e[7]

Ho comprato due giacche.   *Mi sono comprata* due giacche.
Ho tagliato la stoffa.   *Mi sono tagliata* le unglie.
Ho bruciato le foglie secche.   *Mi sono bruciata* una mano.

La ragazza *si è guardata* allo specchio.
Mi sono bevuta una bella birra fresca.
Oggi *mi sono alzata* alle sei.
Il bambino *si è addormentato* con l'orsacchiotto.
La bambola *si è rotta*!
Quando erano fidanzati *si sono scritti* una lettera al giorno.
Da quella volta non *ci siamo parlati* più!
Quando *si sono lasciati*, *si sono salutati* con molto affetto.

---

[7] Per la coniugazione dei verbi con il pronome impersonale **si** cfr. IX, 11, b.

IV, 4

5 IL PASSATO PROSSIMO INDICATIVO: VERBI CHE RICHIEDONO SIA L'AUSILIARE *ESSERE* CHE L'AUSILIARE *AVERE*.

Ci sono dei verbi che richiedono l'ausiliare *avere* **se usati transitivamente** e l'ausiliare *essere* **se usati intransitivamente:**

a) Nell'introduzione, 6, abbiamo già esaminato le frasi seguenti:

> *Il dottore guarisce il malato.*
> *Il malato guarisce.*

Nella prima frase il verbo *guarisce* ha una **funzione transitiva**, e ha un oggetto diretto (*il malato*): il verbo, così usato, indica l'azione di *"curare" qualcuno per ridargli la salute*. Nella seconda frase, invece, il verbo *guarisce* ha una **funzione intransitiva** (non ha un oggetto diretto) e indica piuttosto un **cambiamento, un processo** che si svolge nell'ambito del soggetto stesso: quello di *migliorare e riacquistare la salute*.

Questa distinzione è fondamentale, perché i verbi che stiamo per studiare richiedono **l'ausiliare** *avere* **se usati transitivamente** e l'ausiliare *essere* **se usati intransitivamente.**

Quindi si dice:

> *Il dottore ha guarito il malato.*   (passato prossimo transitivo)
> *Il malato é guarito.*   (passato prossimo intransitivo)

· Vediamo ora altri esempi di frasi con questo tipo di verbi:

funzione transitiva	funzione intransitiva
Hai bruciato la torta?	*Durante la notte scorsa la cascina è bruciata.*
Abbiamo diminuito il consumo d'energia in casa.	*I prezzi della carne sono diminuiti questa settimana.*
Il professor Angeli ha cominciato la lezione in ritardo oggi.	*La lezione è cominciata alle sette.*
Il professore ha finito la conferenza alle tre.	*La conferenza è finita alle tre.*
La legge ha migliorato la condizione dei lavoratori.	*La condizione dei lavoratori è migliorata.*

IV, 5

Dagli esempi sopra riportati vediamo che questi verbi sono costruiti:

i) con l'ausiliare **avere**, quando hanno una funzione transitiva ed esprimono un'azione fatta generalmente da una persona e che ha un effetto su un'altra persona o su una cosa.

ii) con l'ausiliare **essere**, quando hanno una funzione intransitiva ed esprimono un processo che avviene e si esaurisce nell'ambito del soggetto.

Verbi che si comportano così sono:

affogare	congelare	incominciare	raddoppiare
affondare	continuare	ingrassare	ricominciare
annegare	cuocere (cotto)	iniziare	rimbecillire
arricchire	dimagrire	invecchiare	ringiovanire
aumentare	dimezzare	maturare	rinsavire
bruciare	diminuire	mutare	soffocare
cessare	finire	migliorare	terminare
cominciare	guarire	peggiorare	

N.B. I verbi *cominciare, incominciare, iniziare, ricominciare, finire, cessare, terminare, continuare* quando sono accompaganti da una **preposizione seguita da un infinito** si costruiscono con il verbo *avere*. Infatti la preposizione con l'infinito tiene il posto di un oggetto diretto.

Ho cominciato a studiare (= lo studio) alle sette.
Hai finito di lamentarti? (= le tue lamentele)
Hanno continuato a parlare (= il discorso) per un'ora.
Hanno cessato di sparare.

* * *

b) Ci sono altri verbi che possono avere sia funzione transitiva (e sono costruiti con l'ausiliare *avere*) che funzione intransitiva (e sono costrutiti con l'ausiliare *essere*). Questi verbi però hanno significati diversi a seconda della funzione che esplicano nella frase:

Ha avanzato un'ipotesi interessante.	avanzare	*Il nemico è avanzato fino al fiume.*
Hai cambiato l'acqua ai fiori.	cambiare	*Renato è cambiato molto quest'estate.*
Ha convenuto di aver sbagliato.	convenire	*Mi è convenuto partire presto.*
Ha cresciuto (= allevato) i figli molto bene.	crescere	*Le piante sono cresciute in fretta.*
Ha evaso la sorveglianza delle guardie.	evadere	*E` evaso dal carcere.*
Ho fallito il colpo.	fallire	*La ditta è fallita.*
Ha fuggito le tentazioni.	fuggire	*E` fuggito dalla prigione.*
Lo ha interessato molto.	interessare	*Gli è interessato molto.*
Ho mancato di parola.	mancare	*Mi sono mancate le forze.*
Gli ho passato il compito.	passare	*Sono passata da te ieri.*
Hanno rinvenuto una tomba etrusca.	rinvenire	*Ha perso i sensi, ma poi è rinvenuto.*
Ho ripassato la lezione.	ripassare	*Sono ripassato a vederlo.*
La barca ha risalito la corrente.	risalire	*La sua ricerca è risalita fino al 1321.*
Come hanno sbarcato il lunario? *Dove hanno sbarcato il carico?*	sbarcare	*Tutti i passeggeri sono già sbarcati.*
Hai scattato una foto?	scattare	*E` scattato il meccanismo.*
Ha servito la signora?	servire	*Quel foglio non gli è servito.*
Ha sfuggito il pericolo.	sfuggire	*Gli è sfuggito un brutto errore.*
Ho spuntato la matita.	spuntare	*Sono spuntate le foglie.*
Perché hai toccato la merce?	toccare	*E` toccato a me dirglielo.*
Ho trascorso delle belle vacanze.	trascorrere	*Le giornate sono trascorse tranquillamente.*

Dagli esempi sopra riportati vediamo che questi verbi hanno significati diversi a seconda della funzione che esplicano nella frase. Quando sono usati transitivamente appaiono spesso in espressioni idiomatiche, con significati metaforici, mentre quando sono usati intransitivamente spesso esprimono movimento. Qualche volta non si tratta tanto di verbi con significati diversi, quanto di veri casi di omonimia.

c)   In particolare notiamo i verbi seguenti:

i)

funzione transitiva	funzione intransitiva
Ho salito le scale.	*Sono salita per le scale.* *Sono salita al terzo piano.*
Ho sceso le scale.	*Sono scesa per le scale.* *Sono scesa in cantina.*

I verbi *salire* e *scendere (sceso)* richiedono il verbo *avere* se usati transitivamente, seguiti dall'oggetto diretto (*scale*), e il verbo *essere* se usati intransitivamente.

ii)

funzione transitiva	funzione intransitiva	
Ha corso il rischio di perdere il treno.	*Ha corso per il parco.*	*Mario è corso sul balcone.*
L'atleta ha corso i 100 metri.	*Ho corso per mezz'ora.*	*Sono corso all'ospedale.*
Il cavallo ha saltato gli ostacoli.	*Hai saltato alla corda?*	*Il gatto è saltato dalla finestra.*
Ha saltato la cena.		
Ø	*Il pilota ha volato tutta la notte.*	*Il passero è volato dal nido.*
		L'uccello è volato via.
└──── "avere" ────┘		└ "essere" ┘

I verbi *correre, saltare* e *volare* di solito richiedono l'ausiliare *avere*, sia che siano usati transitivamente che intransitivamente, ma richiedono l'ausiliare *essere* se sono accompagnati da un complemento di movimento (verso un luogo o da un luogo).

IV, 5

N.B. *Come è volato il tempo!*
Le vacanza sono volate!

Quando il verbo *volare* ha come soggetto un nome che significa un periodo di tempo, richiede sempre l'ausiliare *essere*.

d) Altri verbi assumono **indifferentemente l'uno o l'altro verbo ausiliare:**

i) *Dopo una gran virata l'aereo ha/è atterrato.*
Il film ha/è durato tre ore!
Ho/sono inciampato in un sasso e sono caduto.

Verbi di questo tipo sono:

appartenere	durare	slittare
atterrare	giovare	squillare
decollare	inciampare	
degenerare	vivere (vissuto)	

ii) *Ha/è piovuto molto in montagna?*
Ha/è grandinato per tre minuti.
Ieri ha/è diluviato a più non posso.

Sono compresi in questa categoria anche i verbi che indicano **fenomeni atmosferici:**

diluviare	nevicare	tuonare
grandinare	piovere	

e) I verbi modali:

*Non **ha** bevuto il latte?*   *Non **ha** voluto berlo.*
*Quando **ha finito** il lavoro?*   ***Ha dovuto** finirlo ieri sera.*
*Perché non **hanno telefonato?***   *Perché non **hanno potuto** telefonare.*

*Perché non **sei** andato in banca?*   *Perché non **ho potuto** andare.*
*Perché non **sono potuto** andare.*

Perché *sei rimasto?*   ⌈Perché **ho dovuto** rimanere.
                                           ⌊Perché **sono dovuto** rimanere.

Non *vi siete cambiate?*   ⌈No, non **abbiamo voluto** cambiarci.
                                          ⌊No, non **ci siamo potute** cambiare.

Non *si è ancora lavato?*   ⌈No, non **ha** ancora **potuto**
                                                lavarsi.
                                         ⌊No, non **si è potuto** ancora
                                                lavare.

I verbi modali (cfr. Introduzione, 3) richiedono l'uso dell'ausiliare *avere*; ma se l'infinito che reggono richiede l'ausiliare *essere*, anche i verbi modali possono assumere l'ausiliare *essere*.

Come abbiamo già visto nell'unità II, 2 (nota 5), i verbi modali possono essere preceduti dal pronome riflessivo proprio dell'infinito che accompagnano. In tale caso il verbo modale assume l'ausiliare *essere* e il suo participio passato concorda regolarmente con il soggetto, cioè assume tutte le caratteristiche dei verbi riflessivi.

6 VARI USI DEL TEMPO PASSATO PROSSIMO INDICATIVO

Come abbiamo già visto al capitolo IV, 1, il passato prossimo esprime una azione, un processo o uno stato completati in un tempo precedente all'atto del parlare. Questo tempo è di uso molto frequente in italiano. Da un punto di vista cronologico può esprimere:

a)   un **passato molto recente**:

        La radio **ha detto** in questo momento che domani nevica.
        Gli **ha parlato** proprio ora al telefono.

b)   un **tempo lontano o anche molto lontano**:

        Sono andata a Roma per la prima volta nel 1952.
        Ho visto quel film due settimane fa.
        Sotto il governo spagnolo in Italia **è scoppiata** una gran
            pestilenza.
        Il Davide l'**ha scolpito** Michelangelo!

Il passato prossimo coglie due "aspetti" del passato:

i) l'**aspetto puntuale** di un avvenimento (azione o processo) finito o concluso nel passato, avvenuto in un certo momento:

> *Ieri **mi sono alzata** <u>alle sei</u>.*
> *Il corso **è cominciato** <u>il 10 settembre</u>.*
> <u>*Ieri sera*</u> ***ho visto** un film interessante.*
> ***Ho visto** quel museo <u>due anni fa</u>.*
> <u>*L'altro ieri*</u> ***ha fatto** molto caldo.*
> *La prima guerra mondiale **è cominciata** <u>nel 1914</u> ed **è finita** <u>nel 1918</u>.*

ii) l'azione (processo o stato) completata **durante un periodo di tempo ben delimitato**:[8]

> ***Ho studiato** il latino <u>per nove anni</u>.*
> <u>*Dal 1953 al 1966*</u> ***ho vissuto** a Roma.*
> ***Ho studiato** <u>dalle sei fino a mezzanotte</u>.*
> *L'Italia **è stata** una monarchia <u>fino al 1946</u>.*
> <u>*Dall'inizio della guerra*</u> *il paese **ha sofferto** enormemente.[9]*
> <u>*Durante la guerra*</u> *il paese **ha sofferto** enormemente.*

---

[8] L'uso del passato prossimo in italiano è d'obbligo con espressioni di tempo introdotte dalle preposizioni *da, per, fino a*. Ricordiamo che la costruzione inglese *have been ...ing for...* si esprime in italiano con il tempo presente (cfr. II, 4 b, N.B.).

[9] Più avanti (cfr. VI, 2) si chiarirà l'uso del passato prossimo in contrasto con l'uso dell'imperfetto e del passato remoto.

7 IL PASSATO PROSSIMO NELLA FRASE COMPLESSA

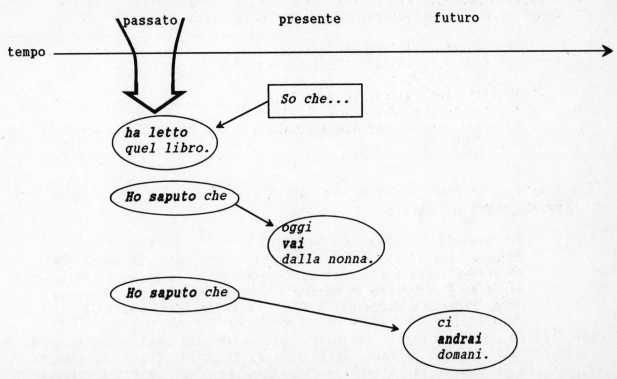

Osserviamo ora l'alternarsi del passato prossimo con gli altri tempi studiati finora:

> Teresa **è stata** malata per quasi due anni, adesso però **sta** bene, infatti domani **ci vedremo** e **andremo** insieme a nuotare.

V Modo indicativo:
tempo passato remoto

1 PASSATO REMOTO INDICATIVO

Io **sono nata** il 15 aprile.	Michelangelo **nacque** nel 1475.
Renata **ha scritto** una lettera.	Boccaccio **scrisse** il Decamerone.
Marco **si è rifugiato** in camera.	Dante **si rifugiò** a Ravenna.
J. F. Kennedy **è morto** nel 1964.	Petrarca **morì** nel 1374.

Queste frasi esprimono fatti, processi o azioni accaduti nel passato, cioè precedenti all'atto del parlare. Tutti i verbi di queste frasi indicano fatti avvenuti in un momento ben determinato. Notiamo però che le frasi col passato prossimo (*sono nata, ha scritto, si è rifugiato, è morto*) si riferiscono a persone o fatti cronologicamente e psicologicamente vicini al parlante stesso (persona nota o di cui si parla e si legge frequentemente), mentre le frasi con le forme verbali *nacque, scrisse, si rifugiò, morì* si riferiscono a **persone e fatti cronologicamente e psicologicamente lontani dal parlante**. Questo tipo di tempo passato si chiama **passato remoto**.

Il passato remoto è un **tempo semplice**, cioè è formato da una sola parola.

Esaminiamo con cura le finali dei verbi regolari delle tre coniugazioni:

		I, -are (parl-are)	II, -ere (cred-ere)	III, -ire (sent-ire)	(cap-ire)
sg.	I	parl-ai	cred-ei (etti)[1]	sent-ii	cap-ii
	II	parl-asti	cred-esti	sent-isti	cap-isti
	III	parl-ò	cred-é (ette)	sent-ì	cap-ì
pl.	I	parl-ammo	cred-emmo	sent-immo	cap-immo
	II	parl-aste	cred-este	sent-iste	cap-iste
	III	parl-arono	cred-erono (-ettero)	sent-irono	cap-irono[2]

N.B. I verbi riflessivi seguono le forme riportate sopra:

		I, -arsi (lav-arsi)	II, -ersi (sed-ersi)	III, -irsi (copr-irsi)	(trasfer-irsi)
sg.	I	mi lav-ai	mi sed-etti (ei)	mi copr-ii	mi trasfer-ii
	II	ti lav-asti	ti sed-esti	ti copr-isti	ti trasfer-isti
	III	si lav-ò	si sed-ette (é)	si copr-ì	si trasfer-ì
pl.	I	ci lav-ammo	ci sed-emmo	ci copr-immo	ci trasfer-immo
	II	vi lav-aste	vi sed-este	vi copr-iste	vi trasfer-iste
	III	si lav-arono	si sed-ettero (-erono)	si copr-irono	si trasfer-irono

---

[1] Le finali **-etti** (I sing.), **-ette** (III sing), e **-ettero** (III pl.) sono usate almeno quanto le finali regolari.

[2] Notare che, ad eccezione della III sg., le finali iniziano con la vocale caratteristica di ogni coniugazione e sono identiche per le tre coniugazioni.

Consideriamo a parte i verbi *essere* e *avere*:

		essere	avere
sg.	I	fui	ebbi
	II	fosti	avesti
	III	fu	ebbe
pl.	I	fummo	avemmo
	II	foste	aveste
	III	furono	ebbero

* * *

Hanno il **passato remoto irregolare** i seguenti verbi e i loro derivati (cfr. Appendici, 2):

a)   Verbi della prima coniugazione:[3]

dare	diedi, desti, diede, demmo, deste, diedero
stare	stetti, stesti, stette, stemmo, steste, stettero

b)   Verbi della seconda coniugazione:
Osserviamo la coniugazione dei seguenti verbi:

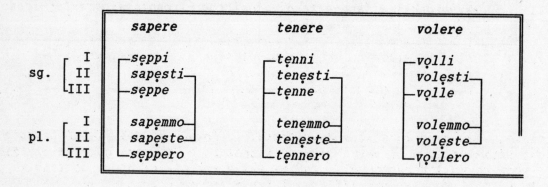

		sapere	tenere	volere
sg.	I	seppi	tenni	volli
	II	sapesti	tenesti	volesti
	III	seppe	tenne	volle
pl.	I	sapemmo	tenemmo	volemmo
	II	sapeste	teneste	voleste
	III	seppero	tennero	vollero

---

[3]   Il verbo *andare* è regolare: *and-ai, and-asti, and-ò, and-ammo, and-aste, and-arono*.

V, 1

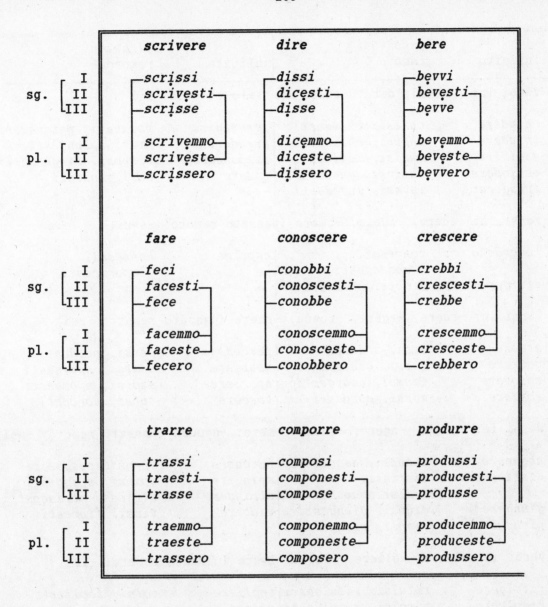

Come si vede dalle coniugazioni date sopra, le **forme irregolari del passato remoto sono la prima e la terza persona singolare e la terza persona plurale:** queste voci hanno l'accento sulla radice del verbo e aggiungono le finali **-i** (I sg.), **-e** (III sg.) e **-ero** (III pl.) a una radice comune.

I verbi irregolari elencati qui di seguito hanno lo stesso tipo di alternanza fra forme regolari e forme irregolari:

V, 1

infinito	passato remoto	infinito	passato remoto
A) verbi in: -(vocale)dere, -ndere (passato remoto: -si)			
chiedere	chiesi, chiedesti	persuadere	persuasi, persuadesti
chiudere	chiusi, chiudesti	prendere	presi, prendesti
decidere	decisi, decidesti	rispondere	risposi, rispondesti
esplodere	esplosi, esplodesti	rodere	rosi, rodesti
invadere	invasi, invadesti		
B) verbi in: -edere, -igere, -imere (passato remoto: -essi)			
concedere	concessi, concedesti	esprimere	espressi, esprimesti
dirigere	diressi, dirigesti		
C) Verbi in: -rdere, -rgere, -rcere, -rrere (passato remoto: -rsi)			
ardere	arsi, ardesti	perdere	persi, perdesti
correre	corsi, corresti	spargere	sparsi, spargesti
emergere	emersi, emergesti	sporgere	sporsi, sporgesti
mordere	morsi, mordesti	torcere	torsi, torcesti
D) verbi in: -ncere, -ngere, -gnere, -mere, -nguere (passato remoto: -nsi)			
assumere	assunsi, assumesti	spegnere	spensi, spegnesti
distinguere	distinsi, distinguesti	spingere	spinsi, spingesti
		stringere	strinsi, stringesti
giungere	giunsi, giungesti	vincere	vinsi, vincesti
piangere	piansi, piangesti		
E) verbi in: -lgere, -gliere, -lere, -lvere (passato remoto: -lsi)			
rifulgere	rifulsi, rifulgesti	togliere	tolsi, togliesti
risolvere	risolsi, risolvesti	valere	valsi, valesti
scegliere	scelsi, scegliesti	volgere	volsi, volgesti
sciogliere	sciolsi, sciogliesti		

V, 1

infinito	passato remoto	infinito	passato remoto

F) verbi in: -ggere, -vere, -tere e i composti di *trarre* (passato remoto: -ssi)

discutere	discussi, discutesti	leggere	lessi, leggesti
distruggere	distrussi, distruggesti	scrivere	scrissi, scrivesti
		trarre	trassi, traesti
friggere	frissi, friggesti	vivere	vissi, vivesti

G) verbi in: -uovere, -uotere (passato remoto: -ossi)

muovere	mossi, muovesti	scuotere	scossi, scuotesti

H) verbi in: -scere (passato remoto: -ebbi)

conoscere	conobbi, conoscesti	crescere	crebbi, crescesti

I) passato remoto in: -cqui

piacere	piacqui, piacesti	nuocere	nocqui, nuocesti
nascere	nacqui, nascesti		

L) passati remoti con il raddoppiamento della consonante della radice:

bere	bevvi, bevesti	tenere	tenni, tenesti
cadere	caddi, cadesti	sapere	seppi, sapesti
piovere	--, --, piovve[4]	volere	volli, volesti

M) irregolarità di vario tipo:

cuocere	cossi, cuocesti	rimanere	rimasi, rimanesti
dire	dissi, dicesti	rompere	ruppi, rompesti
disfare	disfeci, disfacesti	scindere	scissi, scindesti
espellere	espulsi, espellesti	soddisfare	soddisfeci, soddisfacesti
fare	feci, facesti		
fondere	fusi, fondesti	tradurre	tradussi, traducesti
mettere	misi, mettesti		
parere	parvi, (paresti)	trarre	trassi, traesti
porre	posi, ponesti	vedere	vidi, vedesti
redimere	redensi, redimesti		

---

[4]   Il verbo *piovere* si usa solo alla terza persona singolare e plurale.

V, 1

c)   Verbi irregolari della terza coniugazione sono (cfr. Appendici, 2):

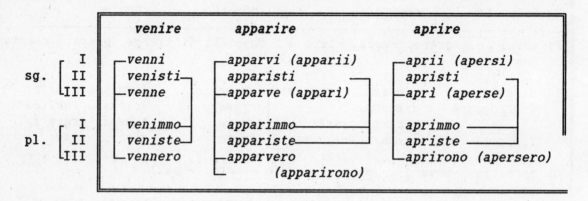

		venire	apparire	aprire
sg.	I	venni	apparvi (apparii)	aprii (apersi)
	II	venisti	apparisti	apristi
	III	venne	apparve (apparì)	aprì (aperse)
pl.	I	venimmo	apparimmo	aprimmo
	II	veniste	appariste	apriste
	III	vennero	apparvero (apparirono)	aprirono (apersero)

2   VARI USI DEL PASSATO REMOTO INDICATIVO

Il **passato remoto**, come indica la parola, si riferisce a fatti accaduti in un tempo molto lontano e **può sostituire il passato prossimo** quando questo è usato per esprimere fatti sentiti come lontani nel tempo nella mente di chi parla, cioè psicologicamente lontani dal parlante (cfr. IV, 6). Il passato remoto è il classico tempo della **narrazione scritta di tipo formale: è usato, cioè, nei romanzi, nelle novelle, nei testi di storia e di letteratura, nelle favole e nelle leggende.** Di conseguenza le forme più usate sono quelle della terza persona singolare e plurale.

Il passato remoto spesso proietta i fatti di cui si parla in un mondo lontano, cristallizzato, che non ci tocca da vicino. Gli stessi fatti, se raccontati al passato prossimo, diventano più vicini a noi, più vivi, e ci coinvolgono maggiormente nella narrazione: ecco perché il **passato prossimo si usa nella narrazione orale, o anche scritta, ma di tipo informale, cioè in lettere, diari, articoli di giornale, ecc.**[5]

*   *   *

---

[5]   Il contrasto fra il passato prossimo e il passato remoto non è sempre così rigido e chiaro come lo abbiamo descritto sopra:
a) possono essere due varianti regionali:
   Ieri **andammo** *alle Cascine.* (toscano)
   Ieri **siamo andati** *alla Scala.* (lombardo)
b) oppure, più semplicemente, possono essere due varianti stilistiche: cioè, in ultima analisi, si tratta di una scelta personale.

Gli "aspetti" del passato remoto sono paralleli a quelli del passato prossimo (cfr. IV, 6):

a) **l'aspetto puntuale** di un avvenimento (azione o processo) finito e concluso nel passato:

> *Maria **ha radunato** tutte le sue cose ed è uscita.*

> *...Allora Garibaldi **radunò** mille uomini...*

> *Antonia **è nata** nel 1962.*

> *Michelangelo **nacque** nel 1475.*

> *La mia famiglia, durante la guerra, **si è rifugiata** in in campagna.*

> *Dante si **rifugiò** a Ravenna.*

> *Il corso **è cominciato** il 5 settembre.*

> *Il corso **cominciò** il 5 settembre.*

> *Durante la prima guerra mondiale mio nonno **ha combattuto** sul Carso.*

> *Durante la prima guerra mondiale mio nonno **combatté** sul Carso.*

b) l'azione completata durante un **periodo di tempo ben delimitato**:

> ***Ha vissuto** a Roma dal 1849 al 1952.*

> ***Visse** a Roma dal 1849 al 1852.*

> ***Ha studiato** il latino per nove anni.*

> ***Studiò** il latino per nove anni.*

> *La prima guerra mondiale **è cominciata** nel 1914 ed **è finita** nel 1918.*

> *La prima guerra mondiale **cominciò** nel 1914 e **finì** nel 1918.*

In entrambi i punti a) e b) le frasi di sinistra e le corrispondenti frasi di destra hanno un significato identico; quelle di sinistra al passato prossimo appartengono allo stile orale, informale, mentre quelle di destra appartengono ad uno **stile formale, molto probabilmente scritto.**

N.B.

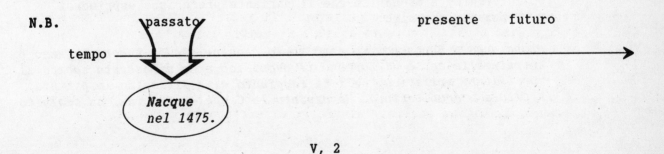

V, 2

Nei vari contesti narrativi il passato remoto in genere è accompagnato da tempi che non abbiamo ancora studiato. Quindi l'uso del passato remoto nel periodo complesso verrà trattato più tardi. (cfr. VI, 3 e VII, 2-4)

A questo punto notiamo soltanto che in uno stesso contesto in genere il passato remoto e il passato prossimo si escludono a vicenda.

Esaminiamo le due versioni seguenti di una giornata passata a Roma:

A)   Se questa giornata è ancora molto viva nella memoria di chi scrive ed è ancora relativamente recente nel tempo, i verbi saranno espressi al **passato prossimo**:

>   ...*ho girato* *per Roma, finchè a mezzogiorno* *ho mangiato* *in una trattoria, poi* *sono andato* *in biblioteca,* *ho fatto* *una visita e, la sera, stanco morto,* *sono tornato* *all'albergo.*

B)   Se la giornata passata a Roma è un ricordo, ormai psicologicamente e cronologicamente lontano dal parlante, o se questo racconto fa parte di una novella o di un romanzo autobiografico, sarà espresso con i verbi al **passato remoto**:

>   ...*girai* *per Roma, finchè a mezzogiorno* *mangiai* *in una trattoria, poi* *andai* *in biblioteca,* *feci* *una visita e, la sera, stanco morto,* *tornai* *all'albergo.*

Ecco ora tre versioni della vita di Michelangelo:

C)   **Scrivendo** il profilo della vita di un personaggio storico, è comune usare il **passato remoto**:

>   *Michelangelo Buonarroti* *nacque* *in Toscana nel 1475. Ancora ragazzo* *entrò* *nella corte di Lorenzo il Magnifico e* *dimostrò* *subito il suo talento artistico. Egli* *raggiunse* *cime altissime in pittura, scultura e architettura.* *Dipinse* *la Cappella Sistina,* *scolpì* *statue famose, come il Mosè e il Davide. A settant'anni* *progettò* *la cupola di San Pietro.* *Morì* *a Roma nel 1564.*

D)   Nella **versione orale** dello stesso brano, o anche in una versione scritta di tipo informale, è probabile che il parlante preferisca esprimersi usando il **passato prossimo**:

>   *Michelangelo Buonarroti* *è nato* *in Toscana nel 1475. Ancora ragazzo* *è entrato* *alla corte di Lorenzo il Magnifico e* *ha dimostrato* *subito il suo talento artistico. Egli* *ha raggiunto* *cime altissime in pittura, scultura e architettura.* *Ha dipinto* *la Cappella Sistina,* *ha scolpito*

V, 2

*statue famose, come il Mosè e il Davide. A settant'anni **ha**
progettato la cupola di San Pietro. **E`** **morto** a Roma nel 1564.*

E) Lo stesso brano, infine, **si può scrivere anche al presente**, usato nel suo
valore **"storico"** (cfr. II, 4d). Questo uso del presente, per riferirsi a
fatti ovviamente remoti cronologicamente, ha un effetto stilistico
speciale, tipico dei testi di critica letteraria, dei trafiletti
biografici, ecc.

*Michelangelo Buonarroti **nasce** in Toscana nel 1475. Ancora ragazzo
entra nella corte di Lorenzo il Magnifico e **dimostra** subito il suo
talento artistico. Egli **raggiunge** cime altissime in pittura,
scultura e architettura. **Dipinge** la Cappella Sistina, **scolpisce**
statue famose, come il Mosè e il Davide. A settant'anni **progetta** la
cupola di San Pietro. **Muore** a Roma nel 1564.*

VI Modo indicativo:
tempo imperfetto

1 IMPERFETTO INDICATIVO

Ieri **abbiamo mangiato** *pesce.*   *Al mare* **mangiavamo** *spesso pesce.*

Tre settimane fa Paolo   *L'anno scorso Paolo* **telefonava**
* **ha telefonato** a Rina.*   * a Rina tutti i giorni.*

Ieri **sei andata** *dal parruc-*   *Da ragazza* **andavi** *dal parrucchiere*
chiere?   * tutte le settimane?*

Michelangelo **scolpì** *il*   *Michelangelo* **scolpiva** *statue*
Davide.   * nel marmo di Carrara.*

In tutte queste frasi abbiamo delle azioni, fatti o processi accaduti nel passato, cioè precedenti all'atto del parlare. Notiamo che le frasi con il verbo al passato prossimo (*abbiamo mangiato, ha telefonato, sei andata*) o al passato remoto (*scolpì*) indicano azioni ben delimitate nel tempo, mentre le altre con i verbi *mangiavamo, telefonava, andavi, scolpiva* indicano azioni abitudinarie, ripetute (*spesso, tutti i giorni, tutte le settimane*) oppure non ben delimitate nel tempo, cioè caratterizzate da una certa "vaghezza", o imprecisione cronologica. Questo tipo di tempo passato si chiama **imperfetto**. Notiamo subito che l'imperfetto è un **tempo semplice**, cioè costituito da una sola parola.

Esaminiamo ora con cura le finali dei verbi regolari delle tre coniugazioni:

		I, -are (parl-are)	II, -ere (cred-ere)	III, -ire (sent-ire)	(cap-ire)
sg.	I	parl-av-o	cred-ev-o	sent-iv-o	cap-iv-o
	II	parl-av-i	cred-ev-i	sent-iv-i	cap-iv-i
	III	parl-av-a	cred-ev-a	sent-iv-a	cap-iv-a
pl.	I	parl-av-amo	cred-ev-amo	sent-iv-amo	cap-iv-amo
	II	parl-av-ate	cred-ev-ate	sent-iv-ate	cap-iv-ate
	III	parl-av-ano	cred-ev-ano	sent-iv-ano	cap-iv-ano[1]

N.B. I verbi riflessivi seguono le forme riportate sopra:

		I, -arsi (lav-arsi)	II, -ersi (sed-ersi)	III, -irsi (trasfer-irsi)
sg.	I	mi lav-av-o	mi sed-ev-o	mi trasfer-iv-o
	II	ti lav-av-i	ti sed-ev-i	ti trasfer-iv-i
	III	si lav-av-a	si sed-ev-a	si trasfer-iv-a
pl.	I	ci lav-av-amo	ci sed-ev-amo	ci trasfer-iv-amo
	II	vi lav-av-ate	vi sed-ev-ate	vi trasfer-iv-ate
	III	si lav-av-ano	si sed-ev-ano	si trasfer-iv-ano

Consideriamo a parte i verbi *essere* e *avere*:

		essere	avere
sg.	I	ero	avevo
	II	eri	avevi
	III	era	aveva
pl.	I	eravamo	avevamo
	II	eravate	avevate
	III	erano	avevano

---

[1] Notare che la consonante caratteristica dell'imperfetto indicativo è "v"
e che i verbi in -are hanno l'infisso **-av-**, i verbi in -ere hanno
l'infisso **-ev-**, i verbi in -ire hanno l'infisso **-iv-**. Le finali delle tre
coniugazioni coincidono: I sing. -o, II sing. -i, III sing. -a, I pl. -
amo, II pl. **-ate**, III pl. **-ano**. Lo spostamento dell'accento è identico a
quello della coniugazione del presente indicativo.

VI, 1

Tutti i verbi della prima e della terza coniugazione sono regolari all'imperfetto indicativo (anche: *d-are --> d-av-o; st-are --> st-av-o*).

I verbi *fare, dire, bere* costruiscono l'imperfetto indicativo dalle radici fac-, dic, bev- rispettivamente (cfr. Appendici, 2):

fare	*fac-ev-o, fac-ev-i, fac-ev-a, fac-ev-amo, fac-ev-ate, fac-ev-ano*
dire	*dic-ev-o, dic-ev-i, dic-ev-a, dic-ev-amo, dic-ev-ate, dic-ev-ano*
bere	*bev-ev-o, bev-ev-i, bev-ev-a, bev-ev-amo, bev-ev-ate, bev-ev-ano*

I verbi *porre, tradurre, trarre* costruiscono l'imperfetto indicativo dalle radici pon-, traduc-, tra- rispettivamente, cioè:

porre	*pon-ev-o, pon-ev-i, pon-ev-a, pon-ev-amo, ecc.*
tradurre	*traduc-ev-o, traduc-ev-i, traduc-ev-a, traduc-ev-amo, ecc.*
trarre	*tra-ev-o, tra-ev-i, tra-ev-a, tra-ev-amo, ecc.*

2 VARI USI DELL'IMPERFETTO INDICATIVO

a) Aspetto "ripetitivo, abituale"

> *Da studentessa studiavo molto.*
> *L'anno scorso andavo a casa sua ogni giorno.*
> *Tutte le estati andavamo al mare.*
> *Quando andavo a scuola, passavo sempre dalla casa della mia amica.*

Come abbiamo visto all'inizio di questa unità, l'imperfetto si usa per indicare un'**azione ripetuta, abituale** nel passato.

Per illustrare questo uso, confrontiamo le frasi di sinistra al passato prossimo o al passato remoto con quelle di destra all'imperfetto e osserviamo le differenze.

Da studentessa ha studiato / studiò molto. (azione vista nella sua totalità)	*Da studentessa studiava molto.* (azione abituale)

*All'ospedale, **sono andata**
a trovarlo ogni giorno.*
(si vuole dar peso a ogni
singola visita)

*L'anno scorso **andavo** a casa sua
ogni giorno.*
(azione ripetuta)

*Da bambina **è andata / andò**
a Roma e ci **è restata /
restò** per quindici giorni.*
(una sola volta)

*Da bambina **andava** a Roma tutte
le estati per quindici giorni.*
(ogni volta che ci andava)

*La lezione **è durata** due ore.*
(una volta)

*La lezione **durava** due ore.*
(regolarmente, d'abitudine)

*Durante le vacanze
ha viaggiato /viaggiò molto.*
(azione conclusa, parlo di
una sola vacanza)

*Durante le vacanze **viaggiava** molto.*
(abitudine, ogni vacanza viaggiava)

Il passato prossimo o il passato remoto esprimono un'azione precisata, determinata nel tempo; sentita come completata a un certo punto. Corrispondono all'inglese *simple past I studied, I went...*	L'imperfetto esprime un'azione abituale, o ripetuta, o comunque sentita come "vaga", rievocata, non ben definita o delimitata nel tempo. Corrisponde all'inglese *I used to..., I would...*

b) Aspetto "continuativo"

*Mentre io **leggevo**, mio fratello **ascoltava** della musica.
Che cosa **facevi**, quando hai avuto la notizia?
Ti ho telefonato mentre il bambino **stava dormendo**?
Quando hanno ricevuto la notizia **stavano cenando**.*

In queste frasi l'imperfetto esprime **un'azione, un fatto o un processo** colti nella continuità ininterrotta del loro svolgimento, lasciando imprecisati l'inizio e la conclusione. In questo caso l'italiano ricorre spesso alla costruzione **stare + gerundio** (cfr. II, 4a e Appendici 1, b).

Per illustrare questo uso, confrontiamo le frasi di sinistra al passato prossimo o al passato remoto con quelle di destra all'imperfetto e osserviamo le differenze.

*Nel 1957 **ho abitato** a Roma.*
(per un periodo specifico,
cioè durante quell'anno)

*Nel 1957 **abitavo** a Roma.*
(e forse anche prima e dopo)

Mentre io leggevo, mio fratello ha ascoltato della musica.(l'azione dell'ascoltatore è sentita come completata e conclusa)

Mentre io leggevo, mio fratello ascoltava della musica. (esprime la contemporaneità delle due azioni, senza precisarne il tempo)

Che cosa ha fatto/fece quando ha avuto/ebbe la notizia? (in quell'istante come reazione alla notizia)

Che cosa faceva quando ha avuto la notizia? (prima di ricevere la notizia)

Non è uscito/uscì, perchè si è sentito/si sentì male. (ad un tratto)

Non è uscito / uscì, perchè si sentiva male. (già prima e forse anche dopo)

Ieri ha piovuto tutto il giorno. (per un periodo specifico)

Ieri pioveva quando sono uscita. (e forse anche prima e dopo)

Qui, come nei casi precedenti, il passato prossimo o il passato remoto esprimono un'azione precisata, determinata nel tempo, sentita come completata a un certo punto. Corrispondono all'inglese *simple past I studied, I went...*

L'imperfetto qui esprime un'azione completata nel passato, ma vaga rispetto al tempo in cui si è compiuta: cioè l'imperfetto non precisa l'inizio o la fine dell'azione. Qui l'imperfetto corrisponde all'inglese *I was ...-ing.*[2]

---

[2] a) *Nel 1976, io abitavo a Toronto già da sette anni.*
In agosto, voi studiavate l'italiano da due mesi.
Notiamo il contrasto fra questa costruzione con l'imperfetto indicativo e l'inglese *I had been studying Italian for two months.* L'inglese rende con *had been ...-ing* lo stesso concetto che l'italiano esprime con il tempo imperfetto accompagnato da un complemento di tempo introdotto dalla preposizione *da.* (cfr. II, 4a)

b) A questo punto è bene ricordare che con le **espressioni di tempo** che indicano la durata esatta e sono **introdotte dalle preposizioni da...**, **per..., fino a...** (cfr. IV, 6), si devono usare il passato prossimo o il passato remoto se riferite al passato, il presente se si riferiscono al presente e il futuro se si riferiscono al futuro. Cioè **non si usano con il tempo imperfetto.**
Luigi ha studito l'italiano dal 1983 al 1987.
Luigi ha studiato l'italiano per quattro anni.
Luigi ha portato gli occhiali fino all'età di diciotto anni, poi non gli sono serviti più.

c) Aspetto "descrittivo"

Era una bella ragazza: aveva i capelli neri e gli occhi blu.
Napoleone era piccolo di statura.
Quel giorno Sandra era stanca e si sentiva male.
Da bambino gli piaceva giocare al pallone.
C'era una volta una bambina che si chiamava Cappuccetto Rosso...

In queste frasi l'imperfetto è usato per **descrivere uno stato fisico o psicologico, una condizione, un'intenzione, un desiderio o un sentimento:** questi verbi non indicano un'azione, ma sono verbi di "stato" che indicano una situazione, come: *essere, avere, volere, dovere, potere, piacere, stare, sapere, conoscere, sperare, ecc...*

Per illustrare questo uso, confrontiamo le frasi di sinistra al passato prossimo o al passato remoto con quelle di destra all'imperfetto e osserviamo le differenze.

Ø	*Erano le quattro.*
Ø	*Era dicembre.*
Ø	*Aveva gli occhi enormi.*
Quando l'ho visto, ho avuto paura. (= mi sono spaventata)	*Da piccola avevo paura del buio.* (stato psicologico)
Ø	*Venere era la dea della bellezza.*
Ø	*La casa di campagna era grande.*
Da piccola ha avuto / ebbe l'asma. (= ha avuto un attacco)	*Da piccola aveva l'asma.* (condizione cronica)
Da piccola ho avuto la polmonite.	Ø
Quella vacanza è stata / fu una splendida esperienza.	Ø
Ieri è stata una bella giornata: mi sono divertita. (per gli avvenimenti successi)	*Ieri era una bella giornata: faceva bel tempo.* (descrive le condizioni metereologiche)
Dante è stato / fu un gran poeta. (giudizio complessivo sul personaggio nel contesto storico)	*Dante era un gran poeta.* (descrizione del personaggio fuori dalla dimensione del tempo)

*I carciofi mi **sono piaciuti,**
quando li ha preparati la nonna.*
(racconto un avvenimento)

*Da piccola, i carciofi non mi
piacevano.*
(descrivo una condizione)

*Ho **dovuto** andare dal dottore,
quindi non sono andata a
lavorare.* (è stata un'emergenza)

*Dovevo andare dal dottore, quindi
non sono andata a lavorare.*
(intenzione)

*Non **ha voluto / volle** mangiare.*
(= non ha mangiato)

*Non **voleva** mangiare, ma io l'ho
forzato.* (intenzione)

*Non **ho potuto** finire il lavoro.*
(= contrariamente all'intenzione
originaria)

*Non **potevo** ingoiare, perché
avevo mal di gola.* (descrive
una condizione fisica)

*Ho **saputo** che stava male. (sono
venuto a saperlo perché mi hanno
informato = I learned about it.)*

Sapevo che stava male.
(ero al corrente = I knew it.)

*Ho **conosciuto** l'avvocato.
(me lo hanno presentato = I met
him.)*

Conoscevo l'avvocato.
(era una conoscenza, un amico
= I knew him.)

Anche in questo caso all'imperfetto italiano non corrisponde una forma
speciale in inglese, perchè l'inglese usa il *simple past.*

d) L'imperfetto nella frase ipotetica

*Se **avessi saputo** che era così
cara, non l'**avrei comprata.***

*Se **sapevo** che era così cara,
non la **compravo.***

*Peccato che tu non possa andare,
se ci **andassi** tu, ci **verrei**
anch'io.*

*Peccato che tu non possa andare,
se ci **andavi** tu, ci **venivo**
anch'io.*

*Se ti **fossi messo** il cappotto,
tu questo raffreddore non **te lo
saresti preso.***

*Se ti **mettevi** il cappotto,
tu questo raffreddore non **te lo
prendevi.***

Confrontando le frasi di sinistra con quelle di destra, notiamo che queste
ultime sono tipiche della lingua parlata a livello colloquiale. Questo uso
dell'imperfetto al posto del congiuntivo/ condizionale nella frase ipotetica
dell'impossibiltà, cioè con il verbo al passato (cfr. XII, 7b), è un fenomeno
recente dell'italiano. Questo uso dell'imperfetto, benché sia ormai
diffusissimo nella lingua parlata, non è ancora accettato da chi preferisce
forme più tradizionali, particolarmente nella lingua scritta.

VI, 2

*Devi andare dal dottore? Peccato, se no adesso **potevi** venire con me al cinema.*

*L'anno prossimo **toccava** a me andare in "sabbatical", ma ci ho dovuto rinunciare.*

*L'anno prossimo **volevo (dovevo)** tenere un corso elementare, invece lo insegnerà la signorina Parri.*

"Chi terrà quel corso?"
"La signorina Parri."
*"Peccato, altrimenti lo **tenevo** io."*

Spesso, e in stile colloquiale, cioè nel linguaggio parlato, l'italiano usa l'imperfetto per esprimere un'azione presente, o addirittura futura, impossibile da realizzare. Le frasi riportate sopra esprimono infatti qualcosa di impossibile da realizzare e sono costituite dalla frase principale di una frase ipotetica che non è enunciata per intero. Una frase simile, per esempio, potrebbe essere: *"Se non dovessi andare dal dottore, potresti venire con me al cinema."* ecc...

3 L'IMPERFETTO INDICATIVO NEL PERIODO COMPLESSO

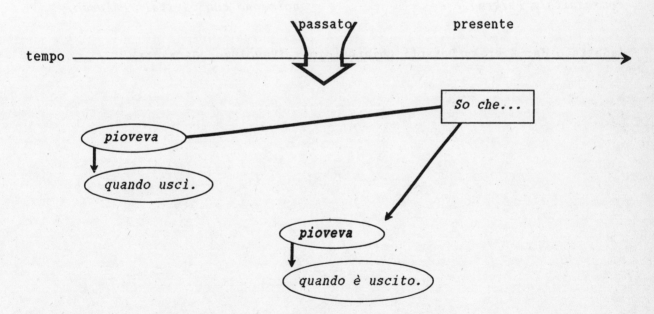

Osserviamo ora l'alternarsi dell'imperfetto con gli altri tempi studiati finora. Notiamo che l'imperfetto esprime **contemporaneità** sia al tempo passato prossimo che al tempo passato remoto.

VI, 3

Ricordiamo di nuovo che il passato prossimo e il passato remoto si escludono a vicenda da uno stesso testo (cfr. V, 2).

> *I Normanni, o "uomini del Nord," cioè gli antichi Vichighi, **erano** valentissimi navigatori che **abitavano** in Scandinavia. Con le loro velocissime navi **percorrevano** tutti i mari - probabilmente **conoscevano** l'America del Nord.*

Il brano può continuare indifferentemente in uno dei due modi seguenti (cfr. V, 2):

*Gruppi di Normanni, in cerca di avventure, **passarono** in Francia, in Inghilterra e, poco dopo l'anno mille, anche in Italia. **Fecero** davvero fortuna perché in capo a cinquant'anni **diventarono** padroni di tutta l'Italia meridionale e della Sicilia, soppiantando Arabi, Longobardi, Bizantini.*

*Gruppi di Normanni, in cerca di avventure, **sono passati** in Francia, in Inghilterra e, poco dopo l'anno mille, anche in Italia. **Hanno fatto** davvero fortuna perché in capo a cinquant'anni **sono diventati** padroni di tutta l'Italia meridionale e della Sicilia, soppiantando Arabi, Longobardi, Bizantini.*

***Si formò** così un forte regno normanno con capitale Palermo.*

***Si è formato** così un forte regno normanno con capitale Palermo.*

(adattato da: Kierek, Duranti, <u>Chiarocielo</u> - IV volume, Garzanti)

VII Modo indicativo:
i tempi 'relativi': trapassato prossimo, trapassato remoto, futuro anteriore

1 IL TRAPASSATO PROSSIMO INDICATIVO

Ha avuto un infarto!	*Ne aveva già avuti* due l'anno scorso.
Hai mangiato al ristorante ieri sera?	*No, avevo già mangiato* prima di uscire.
Ieri hai bevuto del Barolo?	*Sì, ma non l'avevo mai bevuto* prima!
E' uscito presto dalla riunione?	*Sì, ma aveva già esposto* le sue idee.
Non sei andato al cinema domenica scorsa?	*No, avevo già visto* quel film.

Tutte queste frasi riguardano fatti accaduti nel passato.

Come abbiamo visto più volte, le frasi con il verbo al passato prossimo (*ha avuto, hai mangiato, hai bevuto, è uscito, sei andato*) si riferiscono ad un determinato tempo, mentre i verbi delle frasi di destra (*aveva avuto, avevo mangiato, avevo bevuto, aveva esposto, avevo visto*) indicano un tempo precedente, cioè un "passato" più lontano del tempo a cui si riferiscono le frasi col passato prossimo. Questo tipo di tempo "passato" si chiama **trapassato prossimo** (o piucheperfetto).

Notiamo subito che il trapassato prossimo è un **tempo composto**, cioè costituito dal tempo imperfetto del verbo ausiliare più il participio passato del verbo considerato.

a)   Verbi che richiedono l'ausiliare *avere* (cfr. IV, 3 e 5):

		I, -are (parl-*are*)	II, -ere (cred-*ere*)	III, -ire (cap-*ire*)
sg.	I	avevo parlato	avevo creduto	avevo capito
	II	avevi parlato	avevi creduto	avevi capito
	III	aveva parlato	aveva creduto	aveva capito
pl.	I	avevamo parlato	avevamo creduto	avevamo capito
	II	avevate parlato	avevate creduto	avevate capito
	III	avevano parlato	avevano creduto	avevano capito

b)   Verbi che richiedono l'ausiliare *essere* (cfr. IV, 4 e 5):

		I, -are (and-*are*)	II, -ere (cad-*ere*)	III, -ire (guar-*ire*)
sg.	I	ero andato/a	ero caduto/a	ero guarito/a
	II	eri andato/a	eri caduto/a	eri guarito/a
	III	era andato/a	era caduto/a	era guarito/a
pl.	I	eravamo andati/e	eravamo caduti/e	eravamo guariti/e
	II	eravate andati/e	eravate caduti/e	eravate guariti/e
	III	erano andati/e	erano caduti/e	erano guariti/e

Verbi riflessivi (cfr. IV, 4c):

		I, -are (ammal-*arsi*)	II, -ere (sed-*ersi*)	III, -ire (vest-*irsi*)
sg.	I	mi ero ammalato/a	mi ero seduto/a	mi ero vestito/a
	II	ti eri ammalato/a	ti eri seduto/a	ti eri vestito/a
	III	si era ammalato/a	si era seduto/a	si era vestito/a
pl.	I	ci eravamo ammalati/e	ci eravamo seduti/e	ci eravamo vestiti/e
	II	vi eravate ammalati/e	vi eravate seduti/e	vi eravate vestiti/e
	III	si erano ammalati/e	si erano seduti/e	si erano vestiti/e

VII, 1

c)   Consideriamo a parte i verbi *essere* e *avere*:

		essere	*avere*
sg.	I	*ero stato/a*	*avevo avuto*
	II	*eri stato/a*	*avevi avuto*
	III	*era stato/a*	*aveva avuto*
pl.	I	*eravamo stati/e*	*avevamo avuto*
	II	*eravate stati/e*	*avevate avuto*
	III	*erano stati/e*	*avevano avuto*

2 VARI USI DEL TRAPASSATO PROSSIMO INDICATIVO

Il significato del trapassato prossimo è quello di esprimere un'**azione o un fatto o un processo accaduti e conclusi precedentemente a un altro** anch'esso già passato (espresso da un verbo al passato prossimo, al passato remoto o all'imperfeto) che si considera nel discorso. Quest'ultimo fatto può essere espresso nella frase stessa o sottinteso nel quadro generale del discorso e deve comunque essere **strettamente connesso** al fatto precedente.

Oggigiorno l'uso del trapassato remoto è raro ed è limitato a testi letterari o colti.

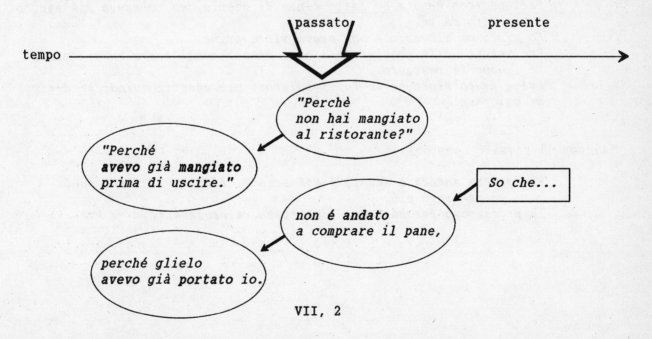

VII, 2

In particolare il trapassato prossimo coglie vari "aspetti" di azioni o fatti passati.

a) **aspetto puntuale** (cfr. passato prossimo, IV, 6b)

> *Nel 1968 non frequentavi più l'università?*
>
> *Perché l'hanno bocciato?*
>
> *Ieri mi sono alzato alle sette.*
>
> *Perché non ha mangiato?*
>
> *Non è uscito stamattina.*

> *No, l'avevo già **finita** nel 1966.*
>
> *Perché non **aveva frequentato** regolarmente le lezioni.*
>
> *Io, invece, **mi ero alzato** già alle sei.*
>
> *Perché **aveva mangiato** prima di venire da te.*
>
> ***Era** già **uscito** ieri pomeriggio.*

b) azione completata durante **un periodo di tempo ben determinato** (cfr. passato prossimo, IV, 6b):

> *E' stato a Roma solo due giorni! Ma l'anno precedente ci **era stato** per due mesi.*
>
> *Nel 1967 in quella casa abitava mio zio; io ci **avevo abitato** dal 1958 al 1965.*

Osserviamo ora l'alternarsi del trapassato prossimo con gli altri tempi "passati" studiati finora:

i) con il passato prossimo:

> *Non <u>ho potuto</u> consegnarle il compito perchè **era** già **andata** via.*
>
> *Parlando con Renata <u>ho fatto</u> finta di niente, ma io **avevo** già **saputo** tutto da te.*
>
> *<u>Ho visto</u> un albero che non **avevo visto** prima.*
>
> *Tre settimane fa <u>sono stata</u> a quel museo: non l'**avevo** ancora **visto** dopo il restauro.*
>
> ***Aveva avuto** sfortuna in tutti i lavori precedenti, quindi <u>ha deciso</u> di emigrare.*

ii) con il passato remoto:

> ***Era** sempre **andata** a scuola regolarmente, finché un giorno non <u>si presentò</u> più.*
>
> *Lo <u>premiarono</u> perché **aveva combattuto** valorosamente.*

iii) con l'imperfetto:

Era stata *una cattiva annata e il paese* *era* *in miseria.*
Quando *aveva finito* *di lavorare,* *andava* *all'osteria.*
Dopo che *aveva preso* *la paga,* *andavano* *al cinema.*
Aveva *un esaurimento nervoso, perché* *aveva studiato* *troppo.*
Appena *aveva raccolto* *un fiore,* *correva* *dalla mamma.*

Notiamo che nelle frasi precedenti le frasi col verbo al trapassato prossimo spesso contengono espressioni come *già, prima, non ancora (= not yet)*, *precedentemente, dopo che, appena, quando, perché, siccome* che rendono il nesso temporale esplicito, cioè il fatto che un'azione è avvenuta precedentemente all'altra.

* * *

Ho cucinato per due e mio   *Mio marito è comparso con*
marito è comparso con   *quattro ospiti e io* *avevo*
quattro ospiti!   *cucinato* *solo per due!*

L'uso del **trapassato prossimo** è **obbligatorio** se il fatto avvenuto per primo (*ho cucinato*) è citato come secondo.

* * *

Osserviamo che le frasi in cui si usa il trapassato prossimo si riferiscono a un tempo lontano, mentre le frasi in cui si usa esclusivamente il passato prossimo si riferiscono a un tempo recente:

Mi ha detto che ⌈ *quella volta era uscita con Mario.*
            ⌊ *ieri è uscita con Mario.*

Era stata ⌉
E' stata ⌋ *una giornata faticosa, ma siamo andati lo stesso*
         al cinema dopo cena.

Mi sono accorta che lui ⌈ *aveva rubato* ⌉ *l'orologio.*
         ⌊ *ha rubato* ⌋

Non ha mangiato da te perché ⌈ *aveva mangiato* ⌉ *prima di uscire.*
         ⌊ *ha mangiato* ⌋

3 TRAPASSATO REMOTO INDICATIVO

Dopo che **ricevettero** la notizia,
  partirono.
Quando **finì** di lavorare andò
  a casa.
Appena Renata **uscì**, Giorgio
  entrò.

Dopo che **ebbero ricevuto** la
  notizia, partirono.
Quando **ebbe finito** di lavorare,
  andò a casa.
Appena Renata **fu uscita**, Giorgio
  entrò.

In ciascuna di queste frasi complesse abbiamo due azioni nel passato, di cui
una è immediatamente precedente all'altra: infatti la frase subordinata è
introdotta da *quando, appena, dopo che*... Nelle frasi di sinistra notiamo che
entrambi i verbi sono al passato remoto: *"Dopo che ricevettero.... partirono."*
In quelle di destra, invece, la frase subordinata ha il verbo ad un tempo
composto che viene chiamato **trapassato remoto**: *"Dopo che ebbero ricevuto...
partirono."* Quest'ultimo uso è piuttosto raro ormai nell'italiano moderno ed è
limitato alla lingua scritta di stile molto formale. Le frasi di sinistra sono
preferibili.

Notiamo subito che il trapassato remoto è un **tempo composto**: cioè è costituito
dal tempo passato remoto del verbo ausiliare opportuno più il participio
passato del verbo considerato.[1]

a)   Verbi che richiedono l'ausiliare *avere* (cfr. IV, 3 e 5):

		I, -are (parl-are)	II, -ere (cred-ere)	III, -ire (sent-ire)	(cap-ire)
sg.	I	ebbi parlato	ebbi creduto	ebbi sentito	ebbi capito
	II	avesti parlato	avesti creduto	avesti sentito	avesti capito
	III	ebbe parlato	ebbe creduto	ebbe sentito	ebbe capito
pl.	I	avemmo parlato	avemmo creduto	avemmo sentito	avemmo capito
	II	aveste parlato	aveste creduto	aveste sentito	aveste capito
	III	ebbero parlato	ebbero creduto	ebbero sentito	ebbero capito

---

[1]   L'uso del trapassato remoto è obbligatorio quando la sequenza naturale
dei fatti è invertita nella frase:
  Partirono, quando **ebbero ricevuto** la notizia.
  Andò a casa, quando **ebbe finito** di lavorare.
  Giorgio entrò, appena Renata **fu uscita**.

b)   Verbi che richiedono l'ausiliare *essere* (cfr. IV, 4 e 5):

		I, -are (and-*are*)	II, -ere (cad-*ere*)	III, -ire (guar-*ire*)
sg.	I	*fui andato/a*	*fui caduto/a*	*fui guarito/a*
	II	*fosti andato/a*	*fosti caduto/a*	*fosti guarito/a*
	III	*fu andato/a*	*fu caduto/a*	*fu guarito/a*
pl.	I	*fummo andati/e*	*fummo caduti/e*	*fummo guariti/e*
	II	*foste andati/e*	*foste caduti/e*	*foste guariti/e*
	III	*furono andati/e*	*furono caduti/e*	*furono guariti/e*

Verbi riflessivi (cfr. IV, 4c):

		I, -are (ammal-*arsi*)	II, -ere (sed-*ersi*)	III, -ire (divert-*irsi*)
sg.	I	*mi fui ammalato/a*	*mi fui seduto/a*	*mi fui vestito/a*
	II	*ti fosti ammalato/a*	*ti fosti seduto/a*	*ti fosti vestito/a*
	III	*si fu ammalato/a*	*si fu seduto/a*	*si fu vestito/a*
pl.	I	*ci fummo ammalati/e*	*ci fummo seduti/e*	*ci fummo vestiti/e*
	II	*vi foste ammalati/e*	*vi foste seduti/e*	*vi foste vestiti/e*
	III	*si furono ammalati/e*	*si furono seduti/e*	*si furono vestiti/e*

c)   Consideriamo a parte i verbi **essere** e **avere**:

		essere	avere
sg.	I	*fui stato/a*	*ebbi avuto*
	II	*fosti stato/a*	*avesti avuto*
	III	*fu stato/a*	*ebbe avuto*
pl.	I	*fummo stati/e*	*avemmo avuto*
	II	*foste stati/e*	*aveste avuto*
	III	*furono stati/e*	*ebbero avuto*

VII, 3

4 VARI USI DEL TRAPASSATO REMOTO INDICATIVO

Il trapassato remoto esprime un'azione o un fatto precedente a un altro già successo. Quest'ultimo fatto può essere espresso nella frase stessa o nel quadro generale del discorso.

Il trapassato remoto si usa **solo dopo congiunzioni temporali** come *dopo che, appena (= immediatamente dopo che), quando (= appena)* **in dipendenza da una frase principale con il verbo al passato remoto.** Il suo uso è raro e limitato alla lingua scritta di livello molto formale.

In particolare il trapassato remoto coglie due "aspetti" di azioni o fatti passati, come abbiamo visto anche per il passato prossimo:

a) **aspetto puntuale:**

> *Quando ebbe finito di parlare, si sedette.*
> *Appena furono arrivati, si recarono al palazzo di giustizia.*
> *Dopo che ebbero scoperto il furto, chiamarono la polizia.*

b) azione completata durante un **periodo di tempo ben determinato:**

> *Dopo che la guerra ebbe imperversato per trent'anni, la ripresa economica fu difficile.*

> *Dopo che ebbe lavorato a Roma dal 1947 al 1952, lo trasferirono in Svizzera.*

N.B. a) Un'azione, un fatto o un processo precedenti al tempo espresso con il trapassato remoto si esprimono con il trapassato prossimo:

*Dopo che lo **ebbero decorato** perché <u>aveva combattuto</u> valorosamente si ritirò nel suo paese natale.*[2]
*Appena **si furono accorti** che <u>era scappato</u>, telefonarono alla polizia.*

b) Il trapassato remoto con *dopo che* può essere sostituito dal trapassato prossimo.

*Dopo che la guerra **aveva imperversato** <u>per trent'anni</u>, la ripresa economica fu difficile.*

*Dopo che **aveva lavorato** a Roma <u>dal 1947 al 1952</u>, lo trasferirono in Svizzera.*

---

[2] In frasi come questa la sequenza è:

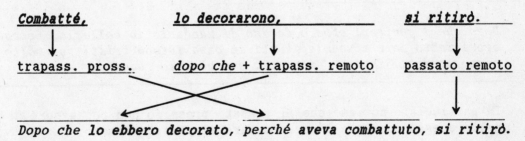

*Dopo che lo **ebbero decorato**, perché aveva combattuto, **si ritirò.***

VII, 4

Riassumiamo qui di seguito in modo schematico tutte le combinazioni possibili dei tempi passati dell'indicativo nel contesto di una frase complessa.

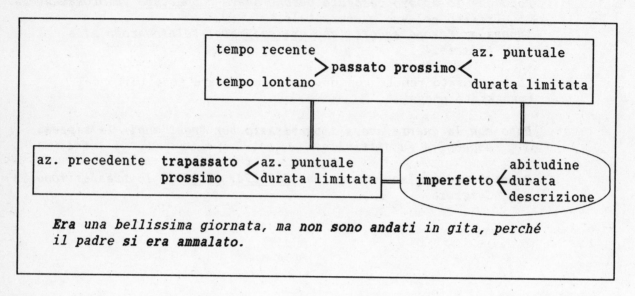

Era una bellissima giornata, ma non sono andati in gita, perché il padre si era ammalato.

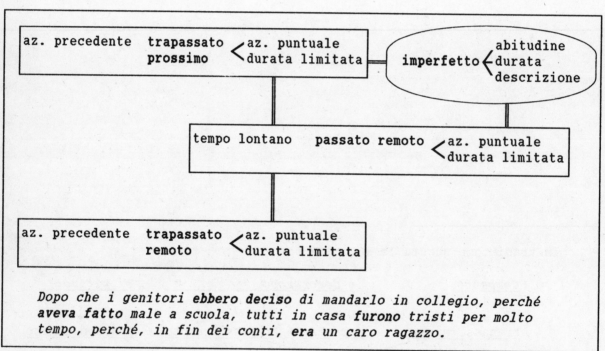

Dopo che i genitori **ebbero deciso** di mandarlo in collegio, perché **aveva fatto** male a scuola, tutti in casa **furono** tristi per molto tempo, perché, in fin dei conti, **era** un caro ragazzo.

In particolare notiamo che il passato prossimo non può essere usato nello stesso contesto in cui compare il passato remoto.

VII, 4

5 FUTURO ANTERIORE INDICATIVO

Nino mangerà quando verrà da me?	*No, a quell'ora avrà già mangiato.*
Arriveremo alle nove.	*Bene, così noi avremo già finito di cenare.*
Uscirà dalla riunione alle quattro?	*Uscirà solo quando avrà esposto le sue idee.*

Le frasi con il verbo al futuro semplice (*mangerà, arriveremo, uscirà*) indicano fatti che avverranno in futuro. Le frasi con le forme verbali *avrà già mangiato, avremo finito, avrà esposto* indicano azioni che succederanno pure in futuro, ma **anteriormente (o precedentemente) a un altro fatto.** Questo tipo di "futuro" precedente a un altro futuro si chiama **futuro anteriore.**

Notiamo subito che il futuro anteriore è un **tempo composto,** cioè è costituito dal futuro semplice del verbo ausiliare opportuno più il participio passato del verbo considerato.[3]

a) Verbi che richiedono l'ausiliare *avere* (cfr. IV, 3 e 5):

		I, -are (parl-are)	II, -ere (cred-ere)	III, -ire (cap-ire)
sg.	I	avrò parlato	avrò creduto	avrà capito
	II	avrai parlato	avrai creduto	avrai capito
	III	avrà parlato	avrà creduto	avrà capito
pl.	I	avremo parlato	avremo creduto	avremo capito
	II	avrete parlato	avrete creduto	avrete captio
	III	avranno parlato	avranno creduto	avranno capito

---

[3] In un certo senso si può dire che il futuro anteriore sta al futuro come il trapassato prossimo sta al passato prossimo.

passato:
- *Ho finito di studiare e poi sono arrivati gli amici.*
- *Quando avevo finito di studiare sono arrivati gli amici.*
- *Quando sono andata al cinema gli amici erano già andati via.*

futuro:
- *Finirò di studiare e poi verranno gli amici.*
- *Quando avrò finito di studiare verranno gli amici.*
- *Quando andrò al cinema gli amici saranno già andati via.*

b) Verbi che richiedono l'ausiliare *essere* (cfr. IV, 4 e 5):

	I, -are (and-**are**)	II, -ere (cad-**ere**)	III, -ire (usc-**ire**)
sg. I	*sarò andato/a*	*sarò caduto/a*	*sarò uscito/a*
II	*sarai andato/a*	*sarai caduto/a*	*sarai uscito/a*
III	*sarà andato/a*	*sarà caduto/a*	*sarà uscito/a*
pl. I	*saremo andati/e*	*saremo caduti/e*	*saremo usciti/e*
II	*sarete andati/e*	*sarete caduti/e*	*sarete usciti/e*
III	*saranno andati/e*	*saranno caduti/e*	*saranno usciti/e*

Verbi riflessivi (cfr. IV, 4c):

	I, -are (ammal-**arsi**)	II, -ere (sed-**ersi**)	III, -ire (vest-**irsi**)
sg. I	*mi sarò ammalato/a*	*mi sarò seduto/a*	*mi sarò vestito/a*
II	*ti sarai ammalato/a*	*ti sarai seduto/a*	*ti sarai vestito/a*
III	*si sarà ammalato/a*	*si sarà seduto/a*	*si sarà vestito/a*
pl. I	*ci saremo ammalati/e*	*ci saremo seduti/e*	*ci saremo vestiti/e*
II	*vi sarete ammalati/e*	*vi sarete seduti/e*	*vi sarete vestiti/e*
III	*si saranno ammalati/e*	*si saranno seduti/e*	*si saranno vestiti/e*

c) Consideriamo a parte i verbi **essere** e **avere**:

	essere	avere
sg. I	*sarò stato/a*	*avrò avuto*
II	*sarai stato/a*	*avrai avuto*
III	*sarà stato/a*	*avrà avuto*
pl. I	*saremo stati/e*	*avremo avuto*
II	*sarete stati/e*	*avrete avuto*
III	*saranno stati/e*	*avranno avuto*

VII, 5

6 VARI USI DEL FUTURO ANTERIORE INDICATIVO

a)   Il significato intrinseco del futuro anteriore è quello di esprimere
un'azione o un **fatto futuro, ma precedente (anteriore)** a un altro nel
futuro, che si considera nel discorso. Quest'ultimo fatto, espresso al
tempo futuro semplice, può comparire nella stessa frase o nel quadro
generale del discorso e deve comunque essere **strettamente connesso** col
fatto anteriore.

*Dopo che **avrò letto** quel libro, te lo presterò volentieri.*

b)   Il futuro anteriore può anche esprimere un **dubbio** o un'**incertezza**
riferiti a un tempo passato (cfr. III, 2, c.); una supposizione o un
giudizio di cui non siamo certi.

*Prima di uscire, **avrò chiuso** bene tutte le finestre di casa?*
*Sandro è molto in ritardo: che cosa gli **sarà successo**?*
*Perchè non mi scrive più? **Avrà perso** l'indirizzo?*
*"Quanti anni aveva?"   "Probabilmente **avrà avuto** cinquant'anni."*
*"Quante persone c'erano?"   "Ci **saranno state** venticinque persone."*

In questo caso il futuro anteriore italiano corrisponde all'espressione
inglese *must have...*

Riassumiamo:

Il MODO INDICATIVO di un verbo indica la certezza del parlante di fronte alla situazione considerata. L'indicativo ha:

a) **quattro tempi semplici (presente, futuro, passato remoto e imperfetto);**
le forme verbali di questi tempi sono espresse da una sola parola.

b) **quattro tempi composti (passato prossimo, futuro anteriore, trapassato remoto e trapassato prossimo);** le forme verbali dei tempi composti sono espresse da due parole: una voce di un verbo ausiliare più il participio passato del verbo in questione.

Ecco uno schema riassuntivo delle finali delle forme regolari dei tempi semplici delle tre coniugazioni nel modo indicativo.

	I coniugazione	II coniugazione	III coniugazione
Presente	-o -i -a -iamo -ate -ano	-o -i -e -iamo -ete -ono	-o -isc-o -i -isc-i -e -isc-e -iamo -ite -ono -isc-ono
Futuro	-er-ò -er-ai -er-à -er-emo -er-ete -er-anno	-er-ò -er-ai -er-à -er-emo -er-ete -er-anno	-ir-ò -ir-ai -ir-à -ir-emo -ir-ete -ir-anno
Passato Remoto	-ai -asti -ò -ammo -aste -arono	-etti (-ei) -esti -ette (-è) -emmo -este -ettero (-erono)	-ii -isti -ì -immo -iste -irono
Imperfetto	-av-o -av-i -av-a -av-amo -av-ate -av-ano	-ev-o -ev-i -ev-a -ev-amo -ev-ate -ev-ano	-iv-o -iv-i -iv-a -iv-amo -iv-ate -iv-ano

7 CONGIUNZIONI CHE VOGLIONO L'INDICATIVO

Abbiamo già visto nell'Introduzione che le frasi dipendenti sono introdotte da varie congiunzioni (cfr. Introduzione, 15).

Le seguenti **congiunzioni** richiedono, nella frase che introducono, **esclusivamente i tempi del modo indicativo**.

a)   la congiunzione *che* (cfr. Introduzione, 15, e II, 5)

b)   congiunzioni che introducono frasi **temporali**:

*Mi metto il cappotto, **quando** fa freddo.*
***Quando** ho mal di gola, prendo lo sciroppo.*
***Mentre** io leggo, lui studia.*
*C'era scarsa visibilità, **mentre** navicava.*
***Appena** arriverò, ti telefonerò.*
*Glielo dico **appena** arrivo a casa.*
***Dopo che** sono partiti, la casa sembrava vuota.*
*Ne parlereno solo **dopo che** saremo informati.*
*Resto **finché** lui tornerà a casa.*
***Finché** c'è vita, c'è speranza.*

c)   congiunzioni che introducono frasi **causali**:

*Hai fatto male l'esame **perché** non avevi studiato abbastanza.*
***Siccome** pioveva non siamo usciti.*
***Dato che** è cara non la compro.*
***Dal momento che** non viene, gli scrivo una lettera.*
*Non è intervenuto al diabattito, **poichè** era indisposto.*

N.B. *E' andato male all'esame, **perché** non aveva studiato.*
***Siccome** non aveva studiato, è stato bocciato.*
***Dato che** non aveva un vestito adatto, non è andato alla festa.*
***Dal momento che** non possono venire, vado io da loro.*
*Il ministro non ha potuto essere presente all'inaugurazione del ponte, **poiché** era indisposto.*

Notare che in una frase complessa,

i)   se la frase dipendente causale segue la frase principale, può essere introdotta dalla congiunzione ***perché**,*

ii) se la frase causale precede la frase principale, tale frase causale non può essere più introdotta dalla congiunzione *perché*, ma è invece introdotta da congiunzioni come **siccome** (stile colloquiale), **dato che** (stile scritto e parlato), o **poiché** (stile scritto).

d) congiunzioni che introducono frasi **concessive**:

Anche se sta male, va a lavorare lo stesso.

e) Vogliono l'indicativo anche **le congiunzioni coordinanti**:

*Sta male, **ma** va lo stesso al lavoro.*
*Sta male, **tuttavia** va lo stesso a lavorare.*
*Sta male, **eppure** va lo stesso a lavorare.*
*Sta male, **infatti** sta a letto, invece di andare a lavorare.*
*Sta male, **dunque** sta a letto.*
*Sta male, **quindi** sta a letto.*
*Stai male! Stai a letto **oppure** vai a lavorare?*

Per le congiunzioni che richiedono il modo congiuntivo, cfr. XI, 13.

8 FRASI COL VERBO ALL'INDICATIVO DIPENDENTI DA UNA FRASE PRINCIPALE COL VERBO AL PRESENTE

Riassumiamo ora in modo schematico l'uso dei tempi dell'indicativo in frasi secondarie dipendenti da una frase principale col verbo al presente.

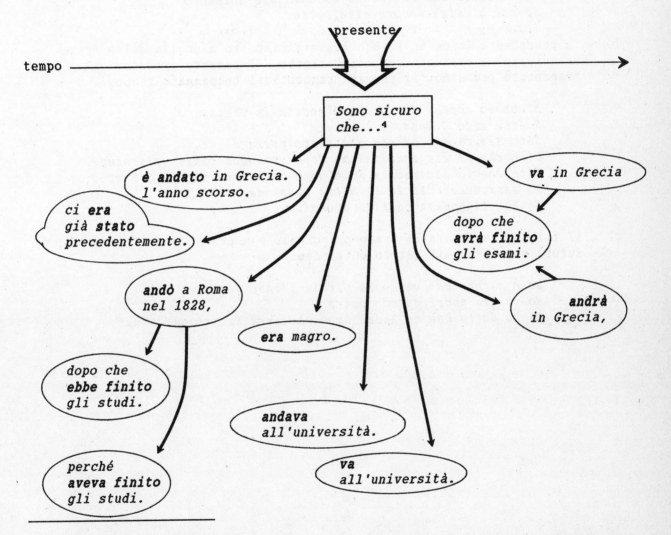

---

[4]   Questa espressione al presente *sono sicuro che* può essere sostituita da espressioni come *mi hanno detto che, ha detto che, ho saputo proprio ora che, ho letto che, finora sapevo che*, le quali, sebbene al passato prossimo, si riferiscono ad un **passato recentissimo**.
        "Esco"   "Che cosa ha detto?"   "Ha detto che esce."
Vedremo all'unità VII, 9 che il passato prossimo che si riferisce a un passato lontano ha delle dipendenze diverse.

Se la **frase principale ha il verbo al tempo presente** (o al passato prossimo "recente"):

a)   la **contemporaneità** alla frase principale e la realtà assoluta o abituale sono espresse col tempo **presente**:

> *Sono sicuro che in questo momento* ***sta dormendo.***
> *So che* ***si alza*** *sempre alle sette.*

b)   la **precedenza** (cioè un'azione passata rispetto a quella della frase principale) è espressa con l'imperfetto, il **passato prossimo**, il **trapassato prossimo**, il **passato remoto** e il **trapassato remoto**.

> *Mi hanno appena detto che* ***è andato*** *in Grecia.*
> *So che* ***andò*** *a Roma.*
> *Sono sicuro che ci* ***era*** *già* ***stato*** *prima di te.*
> *Dice che lo zio* ***andò*** *a Roma dopo che* ***ebbe finito*** *gli studi.*
> *Dice che lo zio* ***andò*** *a Roma dopo che* ***aveva finito*** *gli studi.*
> *Mi assicurano che la casa* ***era*** *stupenda.*
> *So che* ***ci andava*** *tutti i giorni.*

c)   il **futuro** rispetto alla frase principale è espresso con il **presente**, il **futuro semplice** e il **futuro anteriore**.

> *Sono sicuro che* ***vanno*** *in Grecia l'anno venturo.*
> *So che ci* ***andrà*** *quando* ***potrà.***
> *Mi ha detto che ci* ***andrà*** *dopo che* ***avrà finito*** *gli studi.*

9 FRASI COL VERBO ALL'INDICATIVO DIPENDENTI DA UNA FRASE PRINCIPALE COL VERBO A UN TEMPO PASSATO

Se il verbo della frase principale è a un qualsiasi tempo passato, le relazioni con i possibili tempi delle frasi dipendenti cambiano:

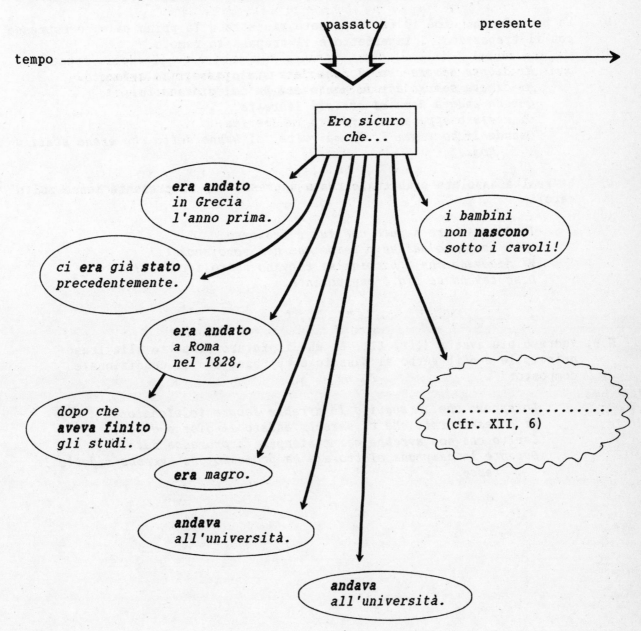

VII, 9

a)   La **contemporaneità** alla frase principale è espressa con il tempo **imperfetto**:

>   *Sapevo che in quel momento le **telefonava**.*
>   *Dicevano che **era** fidanzata.*
>   *Non l'ho disturbato perché **sapevo** che stava leggendo.*

b)   La **precedenza**, cioè il fatto passato rispetto alla principale, è espressa con il **trapassato**, l'**imperfetto** e il **trapassato remoto**.

>   *Mi diceva sempre che il nonno **era stato** un ottimo avvocato.*
>   *Mi diceva sempre che il nonno **era** un bel giovanotto.*
>   *Quando andò a Roma **si era già laureato**.*
>   *Ci scrisse appena **fu arrivato** in America.*
>   *Quando li ho visti l'ultima volta, mi hanno detto che **erano stati** a*
>   *Roma.*

c)   La **realtà assoluta o abituale** resta espressa con il **presente** (caso molto raro):

>   *Io l'ho sempre saputo che lui **è** francese!*
>   *L'ho scoperto da tanto tempo che non **sono** sposati!*
>   *Mi dicevano che i bambini si **trovano** sotto i cavoli!*
>   *Discutevano se Dio **è** onnipotente.*

*   *   *

N.B. Vedremo più avanti (cfr. XII, 6) che il **futuro** rispetto alla frase principale con il verbo al passato è espresso con il condizionale composto:

>   *Lo sapevo che in seguito le **avrebbe** sempre **telefonato**!*
>   *Mi ha assicurato che ci **sarebbe andato** il giorno dopo.*
>   *Capivo che non **avrebbe** mai **mantenuto** la promessa data.*
>   *Durante la campagna elettorale ha promesso che **avrebbe ridotto** le*
>   *tasse.*

VIII L'avverbio

1 L'AVVERBIO

Rita <u>lavora</u> <u>**molto.**</u>   (quanto lavora? molto)
      vb.   avverbio

Rita <u>viene</u> <u>**tardi.**</u>   (quando viene? tardi)
     vb.   avverbio

Rita viene <u>**molto**</u> <u>tardi.</u>   (quanto tardi? molto)
         avv. avv.

Quella università è <u>**molto**</u> <u>bella.</u> (quanto bella? molto)
               avv. agg.

Renzo <u>agisce</u> <u>**prontamente.**</u> (come agisce? prontamente/
      vb.   avv.   con prontezza)

L'avverbio è una parola invariabile che **modifica** o chiarisce il significato di un **verbo**, di un **aggettivo** o di un **altro avverbio**.

L'avverbio che modifica il verbo ha la funzione di un complemento, infatti può rispondere alla stessa domanda di alcuni complementi: *come? dove? quando? quanto?*

Renzo agisce | *prontamente.*   (avverbio di modo)
                | *con prontezza.* (complemento di modo)

Vado | *là.*   (avverbio di luogo)
       | *a casa.*   (complemento di luogo)

Adesso | *esco.*   (avverbio di tempo)
Questa sera | (complemento di tempo)

Pesa | **molto.**   (avverbio di quantità)
      | *molti chili.*   (complemento di quantità)

*   *   *

Rita <u>legge</u> <u>volentieri</u>.
      vb.   avv.

Rita legge <u>molto</u> <u>volentieri</u>.
             avv.   avv.

Rita legge libri <u>molto</u> <u>interessanti</u>.
                     avv.   agg.

Rita legge <u>molti</u> <u>libri</u>.
             agg.   nome

Rita <u>legge</u> <u>volentieri</u> <u>molti</u> <u>libri</u> <u>scientifici</u> <u>molto</u> <u>interessanti</u>.
      vb.   avv.   agg.   nome   agg.   avv.   agg.

Parole come *poco, molto, tanto, parecchio, alquanto, troppo* possono avere funzione di avverbio o di aggettivo (cfr. I, 12). L'avverbio si riferisce a **verbi, aggettivi** e **avverbi** ed è **invariabile,** mentre l'aggettivo si riferisce unicamente a **nomi** e si accorda con essi in genere e numero.

*   *   *

Vengo **dopo** (avv.)   *Vengo* **dopo** *cena.* (preposizione)
Fatti **sotto!** (avv.)   *Lo metto* **sotto** *il banco?* (prep.)
Andiamo **davanti?** (avv.)   *Andiamo* **davanti alla** *casa.* (prep.)
Abita **vicino.** (avv.)   *Abita* **vicino a** *me.* (prep.)
Abita **lontano.** (avv.)   *Abita* **lontano dall'***università.* (prep.)
Non andare **oltre.** (avv.)   *La sua casa é* **oltre** *il fiume.* (prep.)

VIII, 1

Ci sono **avverbi** come *dopo, sotto, fuori, contro, dentro, insieme, dietro, oltre, sopra, attorno, vicino, lontano* e ci sono delle **preposizioni** di forma corrispondente. Sia avverbi che preposizioni sono invariabili: la differenza è che gli avverbi si riferiscono solo a verbi, mentre le preposizioni sono sempre seguite da un gruppo nominale.[1]

Molti avverbi hanno forma propria, come *presto, sempre, oggi, là, bene, male, inoltre...*[2]

Molti altri avverbi si possono formare dalle forme degli aggettivi corrispondenti:

a) se l'aggettivo finisce in **-ale, -ile, -are**, l'avverbio si forma con la **radice** dell'aggettivo più il suffisso **-mente**.[3]

gentil-e	*gentil- + -mente:*	**gentilmente**
special-e	*special- + -mente:*	**specialmente**
esemplar-e	*esemplar- + -mente:*	**esemplarmente**

b) tutti gli altri aggettivi in -e e gli aggettivi in -o formano gli avverbi aggiungendo la finale **-mente** alla forma femminile singolare dell'aggettivo.

felice	*-> felice*	*felice + -mente:*	**felicemente**
stanco	*-> stanca*	*stanca + -mente:*	**stancamente**
lento	*-> lenta*	*lenta + -mente:*	**lentamente**[4]

---

[1] Nell'unità I, 7 abbiamo già visto come alcune preposizioni devono essere affiancate da altre (*davanti a, vicino a, lontano da...*). Quindi bisogna stare molto attenti alla diversa funzione che queste particelle possono avere nelle varie frasi.

[2] L'avverbio *inoltre (= moreover)* non deve essere confuso con la preposizione *oltre (= beyond)*:
Oltre al giardino, bisogna sistemare anche il cortile.
*In casa bisogna fare molti lavori; **inoltre** bisogna sistemare anche il giardino.*

[3] Si chiama **suffisso** un elemento che si pospone alla radice di una parola.

[4] **N.B.** Non tutti gli aggettivi possono generare avverbi: per esempio non esistono avverbi come *postalmente, *malatamente, *mattamente ecc. In caso di dubbio consultare il vocabolario.
N.B. Attenzione a non confondere gli aggettivi *buono, cattivo* con i corrispondenti avverbi *bene, male*, e notare che si dice:
E' bene studiare seriamente.   E' male studiare irregolarmente.

VIII, 1

Eccezioni:

violento ->	*violenta*	***violentemente***
leggero ->	*leggera*	***leggermente***

* * *

Come puoi capirlo?
Quando vai?
Dove vai?
Da dove vieni?
Quanto mangia?
Perché se ne è andato?

Come?, quando?, dove?, quanto?, perché? sono gli **avverbi interrogativi.**

* * *

E` una ragazza molto bella.
Questi libri sono poco interessanti.
Perché sei uscita così tardi?
Ha agito immediatamente.
Ho letto molto.
Sono uscita tardi stamattina.

Notiamo che l'avverbio in italiano:

a) **precede sempre l'aggettivo o l'avverbio** a cui si riferisce.

b) **segue le forme verbali** a cui si riferisce.

* * *

Hai già letto quel libro?
Non ho ancora finito i miei compiti.
Antonio è sempre venuto in orario.
Non ho mai visto nessuno in quel negozio.
Non ci sono più andata.

Gli avverbi *già, ancora, sempre, (non) ... mai, (non) ... più* si inseriscono **fra il verbo ausiliare e il participio passato** delle forme verbali composte.

VIII, 1

IX I pronomi

1 IL PRONOME SOGGETTO[1]

> *Io* non faccio così!
> Domani *noi* faremo un esame.
> Domani vieni a lezione *tu*?
> *Voi* studiate per l'esame?

I pronomi soggetto sono:

a)   di **prima persona**:

    sg. *io* – il parlante
    pl. *noi* – il parlante più altre persone.

b)   di **seconda persona**:

    sg. *tu* – l'ascoltatore
    pl. *voi* – l'ascoltatore e altre persone

c)   di **terza persona**, e indicano:

  i) le **persone** di cui si parla

	m.	f.
sg.	*lui*	*lei*
pl.	*loro*	
sg.	*(egli)*	*(ella)*
pl.	*(essi)*	*(esse)*

sg. *lui* *lei* — oggi comunissimi soprattutto nella lingua
pl. *loro* — parlata, e sempre più anche in quella scritta.

sg. *(egli)* *(ella)* — oggi usati poco e solo nella lingua scritta
pl. *(essi)* *(esse)* — e in uno stile molto formale

---

[1]   cfr. Introduzione, 4.

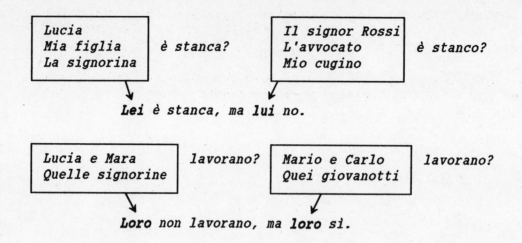

Lei è stanca, ma lui no.

Loro non lavorano, ma loro sì.

N.B. Abbiamo già visto nell'unità II, 8, che in italiano *Lei*, *Loro* rappresentano l'ascoltatore (sia uomo che donna) nella forma di cortesia.

*Signor Rossi, **Lei** è italiano?*
*Signora Rossi, **Lei** è italiana?*
Signori Rossi, ⎡ ***Loro** escono stasera?*
⎣ ***voi** uscite stasera?* (cfr. II, 8)

ii) le **cose** e gli **animali** di cui si parla:

	m.	f.
sg.	*(esso)*	*(essa)*
pl.	*(essi)*	*(esse)*

oggi usati poco e solo nella lingua scritta a livello formale.[2]

Quel libro è interessante? *Sì, è ben fatto.*
Quella cravatta è sporca? *No, è pulita.*
Quei compiti sono corretti? *No, non sono ancora corretti.*
Queste aule sono in ordine? *Sì, sono in ordine.*
  Sì, queste sono in ordine.

I nomi di cose sono raramente sostituiti dai pronomi *esso, essa, essi, esse,* che restano piuttosto sottintesi. Questi pronomi stanno cadendo in

---

[2] Per l'uso dei pronomi soggetto confronti anche l'Introduzione, 4.

disuso: non si adoperano mai nella lingua parlata e poco nella lingua scritta. In genere si preferisce sostituirli con altri pronomi come *questo, quello* (cfr. I, 9b).

Tutti i pronomi soggetto sono tonici, cioè hanno un proprio accento, a differenza dei pronomi che studieremo in seguito.

Riassumiamo: I pronomi soggetto.

	singolare m. f.	plurale m. f.	
I persona parlante	*io*	*noi*	si riferiscono unicamente a persone, indifferentemente maschili o femminili
II persona ascoltatore └ familiare	*tu*	*voi*	
└ cortesia	*Lei*	*Loro*	
III persona	*lui* *lei*	*loro*	- oggi molto (per usati persone)
di cui si parla	*(egli) (ella)*	*(essi) (esse)*	- oggi poco usati
	(esso) (essa)	*(essi) (esse)*	- oggi poco (per usati cose)

2   IL PRONOME OGGETTO DIRETTO[3]

	pronomi atoni	pronomi tonici	persona ogg. dir.

Carlo ti ama?	*Sì, mi ama, ama solo me*	I
Carlo mi ama?	*Sì, ti ama, ama solo te.*	II sg.
Carlo ama Antonio?	*Sì, lo ama, ama solo lui.*	III
Carlo ama Lucia?	*Sì, la ama, ama solo lei.*	
Carlo vi ama?	*Sì, ci ama, ama solo noi.*	I
Carlo ci ama?	*Sì, vi ama, ama solo voi.*	II pl.
Carlo ama i figli?	*Sì, li ama, ama solo loro.*	III
Carlo ama le figlie?	*Sì, le ama, ama solo loro.*	

Il gruppo nominale che svolge la funzione di complemento oggetto (cfr. Introduzione, 5) può essere sostituito da pronomi. Vediamo subito che la sostituzione può essere fatta con due tipi di pronomi:

a)   quelli atoni (= senza "tono", cioè senza accento proprio), che precedono il verbo coniugato e si appoggiano ad esso per l'accento. Questi pronomi sono di uso comune.

b)   quelli tonici (= con "tono", cioè con accento proprio) che seguono il verbo coniugato e si usano, più raramente, in una situazione di contrasto o di risalto.

> *Li conosci? Conosco lui, ma non lei.*
> *Dopo quella litigata, non la volevo più vedere, eppure come sono*
> *   uscito ho incontrato proprio lei.*
> *Ci porti al cinema? Porto te, ma non lui.*

N.B. I pronomi atoni devono essere sempre accompagnati da un verbo, mentre quelli tonici possono essere usati anche da soli.

> *Chi conosci?*   *Lei!*
> *La conosci?*   *No, non la conosco.*
> *Li vedi?*   *Lui sì, ma lei no.*

> *"Renata, mi ascolti?" "Sì, ti ascolto."*
> *"Ti chiamano!" "Chi mi chiama?"*
> *"Quando ci inviti a cena?" "Vi invito per sabato prossimo."*

---

[3]   cfr. Introduzione, 5.

"Ci accompagnate?" "Sì, vi accompagniamo volentieri."
Il professore stima me e non te.
Teresa inviterà noi e anche voi.

In particolare bisogna notare che i pronomi oggetto di prima e seconda persona sia atoni (*mi, ti, ci, vi*) che tonici (*me, te, noi, voi*):

a)   non si distinguono per il genere, cioè sono sia maschili che femminili

b)   si riferiscono unicamente a persone.

*   *   *

Vedi
Carlo?
il mio cappotto?
il professore d'italiano?
quello scaffale?
l'armadio che ho comperato?
che sta male?[4]

Sì, lo vedo.   (m. sg.)

Vedi
Renata?
quella commedia?
la bambina?
l'orchestra?

Sì, la vedo.   (f. sg.)

Vedi
Carlo e Renata?
quei pantaloni?
i professori?
gli scaffali?
gli occhiali?

Sì, li vedo.   (m. pl.)

---

[4]   a)   Bisogna notare che il pronome maschile singolare *lo* sostituisce il complemento oggetto costituito da una frase:

Vedi **che sta male?** *Sì, **lo** vedo.*

In un certo senso questo pronome *lo* corrisponde all'inglese *it* e rende l'idea di un "neutro".

b)   Il pronome *lo* sostituisce anche il predicato nominale:

*Da quanti anni è **ingegnere?** **Lo** è dal 1974.*

*Sei **italiano?** Sì, **lo** sono.*

Vedi	*Renata e Lucia?* *quelle cravatte?* *le bambine?* *le automobili?*	*Sì, le vedo.*	(f. pl.)

In particolare bisogna notare che i pronomi oggetto atoni di terza persona *lo, la, li, le:*

a)   si distinguono per il genere
b)   si riferiscono sia a persone che a cose.[5]

*   *   *

Quando mi vede mi saluta sempre.
Lo lavo e lo stiro in mezz'ora!

Il pronome oggetto va sempre ripetuto con ogni verbo che lo richiede, differentemente da quanto abbiamo detto per il pronome soggetto (cfr. Introduzione, 4).

*   *   *

Vedi solo Maria? Sì, vedo solo lei.
Ecco gli sposi! Io vedo lui, ma non lei.
Ami loro (= i figli), ma non lui (= il marito).

Mangi solo la pizza? Sì, mangio solo la pizza.
Ti sei messa le mie scarpe? Sì, mi sono messa proprio le tue.
Hai visto solo quel quadro? Sì, ho visto solo quello.

I pronomi oggetto tonici di terza persona *lui, lei, loro, loro* si riferiscono unicamente a persone. Per le cose non esiste un pronome personale tonico. In caso di necessità si usano i pronomi *questo, quello.*

*   *   *

---

[5]   Bisogna fare attenzione a non confondere i pronomi oggetto diretto di III persona con gli articoli determinativi. A volte hanno la stessa forma, ma si tratta di una coincidenza: la loro funzione è diversa.
Lo studio è importante.
Lo studio domani, questo capitolo.

Perdo sempre i libri.
I libri, li perdo sempre!

Leggo il giornale tutte le sere.
Il giornale, lo leggo tutte le sere.

Nell'Introduzione, al capitolo 5, abbiamo detto che in genere il complemento
oggetto sta immediatamente dopo il verbo. In espressioni enfatiche è però
facile trovarlo anche prima del verbo: in questo caso è subito ripreso dal
corrispondente pronome oggetto, messo prima del verbo.

* * *

Nelle **forme di cortesia** il pronome oggetto atono al singolare è **La**, sia per il
femminile che per il maschile, mentre per il plurale si mantengono le forme **Li**
per il maschile e *Le* per il femminile. Oggigiorno è sempre più comune
scrivere queste forme con la lettera iniziale minuscola.

Signor Rossi,
Signora Rossi,   *La posso accompagnare?*

Signori, **Li** *vengo a prendere più tardi.*
Signorine, *Le posso aiutare?*
   vi posso aiutare? (cfr. II, 8)

I pronomi tonici sono *Lei* per il singolare e *Loro* per il plurale:

Signora, quando ho visto **Lei**, *mi sono sentita più tranquilla.*
Professore, quando ho incontrato **Lei**, *mi sono meravigliato molto!*

Accordo del participio passato con il pronome oggetto diretto atono.

Compro **le riviste**.   *Le compro.*

Ho comprato **le riviste**.   *Le ho comprate.*
Ho comprato **la borsa**.   *L'ho comprata.*
Ho comprato **gli stivali**.   *Li ho comprati.*
Ho comprato **le stoffe**.   *Le ho comprate.*
Professore, ieri ho visto   *La ho vista alla TV!*
    proprio **Lei** *alla TV!*

Se una forma verbale del passato prossimo (o di un qualsiasi altro tempo composto) è preceduta da un pronome oggetto atono di terza persona (*lo, la, li, le*) il participio passato del verbo si accorda con tale pronome.

> Paola: *Franco **mi** ha visto, ma non **mi** ha salutato.*
>   *Franco **mi** ha vista, ma non **mi** ha salutata.*
>
> Lucia e Roberto: *Franco **ci** ha visto, ma non **ci** ha salutato.*
>   *Franco **ci** ha visti, ma non **ci** ha salutati.*

Se il pronome oggetto è un pronome atono di prima o seconda persona (singolare o plurale) l'accordo del participio passato con tale pronome è facoltativo.[6]

---

[6]
> *Che camicetta hai comprato?*
> *Quale camicetta hai comprato?*
> *Quali cravatte hai comprato?*
> *Quali hai comprato?*
> *Quanta frutta hai comprato?*
> *Quante cravatte hai comprato?*

Osserviamo che se il verbo è preceduto da un **oggetto diretto** che include un **interrogativo** (*che? quale? quanto?*) **non si fa l'accordo fra l'oggetto diretto e il participio passato del passato prossimo.**

IX, 2

Riassumiamo i pronomi studiati finora.

| | | soggetto | | oggetto diretto | | | |
				atoni		tonici	
		m.	f.	m.	f.	m.	f.
sg.	I	io		mi		me	
	II	tu		ti		te	
	III cortesia	Lei		La		Lei	
	III persona	lui lei (egli) (ella)		lo	la	lui lei	
	III cosa	(esso) (essa)		lo	la	-	-
pl.	I	noi		ci		noi	
	II	voi		vi		voi	
	III cortesia	Loro		Li	Le	Loro	
	III persone	loro (essi) (esse)		li	le	loro	
	III cose	(essi) (esse)		li	le	-	-

3 IL PRONOME OGGETTO INDIRETTO[7]

	pronomi atoni	pronomi tonici	persona ogg.ind.

Carlo ti scrive? | Sì, *mi* scrive, | scrive solo *a me*. | I ⎤
Carlo mi scrive? | Sì, *ti* scrive, | scrive solo *a te*. | II ⎬ sg.
Carlo scrive a Gino? | Sì, *gli* scrive, | scrive solo *a lui*. | III ⎦
Carlo scrive a Lina? | Sì, *le* scrive, | scrive solo *a lei*. |

Carlo vi scrive? | Sì, *ci* scrive, | scrive solo *a noi*. | I ⎤
Carlo ci scrive? | Sì, *vi* scrive, | scrive solo *a voi*. | II ⎬ pl.[8]
Carlo scrive ai figli? | Sì, scrive *loro*, | scrive solo *a loro*. | III ⎦
Carlo scrive alle figlie? | Sì, scrive *loro*, | scrive solo *a loro*. |

Il gruppo nominale che svolge la funzione di oggetto indiretto (cfr. Introduzione, 10) può essere sostituito da pronomi. Anche qui – come nel caso del complemento oggetto diretto (cfr. Introduzione, 5) - la sostituzione può essere fatta con due tipi di pronomi:

a)   quelli **atoni**, che precedono immediatamente il verbo coniugato e si appoggiano ad esso per l'accento. Questi pronomi sono di uso molto comune.

b)   quelli **tonici**, che seguono il verbo coniugato e si usano in una situazione di contrasto o di risalto e che possono essere usati anche senza il verbo.

> Renata, **mi** porti quel libro?
> **Ti** voglio raccontare una bella storia.
> **Ci** puoi prestare quei libri?
> Domani **vi** consegno i compiti corretti.

---

[7]   cfr. Introduzione, 10.

[8]   Oggigiorno il pronome *gli* per il maschile plurale è di uso corrente, mentre è di uso più ristretto, cioè familiare, per il femminile plurale. Il corrispondente pronome *loro* è di uso letterario:

> Scrivo a Carlo e a Renata. = Gli srivo. (uso corrente)
>   = Scrivo loro. (uso letterario)
> Parlo a Renata e a Lucia. = [Gli parlo. (uso familiare)]
>   = Parlo loro. (uso letterario)
> Ai miei genitori piace
> viaggiare.   = Gli piace. (uso familiare)
>   = Piace loro. (uso letterario)

*Il professore darà quel libro **a te** o **a me**.*
*Prima lo presterà **a noi** e poi **a voi**.*
*La mamma fa il dolce **per me**, non **per voi**.*
*"A chi l'hai detto?" "**A lui**."*
*"Ci scriverai spesso?" "Scriverò **a te**, ma non **a lui**!"*
*L'ho raccontato anche **a loro**!*
*"Oggi telefoni a Mario e a Lucia?" "Telefono **a lui**, ma non **a lei**."*

In particolare notiamo che i pronomi oggetto indiretto di prima e seconda
persona sia atoni (*mi, ti, ci, vi*) che tonici (*me, a te, a noi, a voi*):

a)   non si distinguono per il genere, cioè sono sia maschili che femminili.
b)   si riferiscono unicamente a persone.
c)   i pronomi atoni *mi, ti, ci, vi* sono identici ai corrispondenti pronomi
     oggetto diretto.[9]

*   *   *

Oggi parli

a Carlo?
al professore?
allo studente?
all'ottico?

*Sì, **gli** parlo.* (m. sg.)

Oggi telefoni

a Renata?
alla bambina?
all'amica di Lucia?

*Sì, **le** telefono.* (f. sg.)

---

[9]   Bisogna far attenzione a ben distinguere le diverse funzioni dei pronomi
mi, ti, ci, vi che possono essere sia complemento oggetto diretto che
complemento oggetto indiretto. E` necessario conoscere la costruzione dei
vari verbi per poter identificare la funzione di tali pronomi nelle
singole frasi. **Non tutti i verbi hanno la stessa costruzione in italiano
ed in inglese.** In caso di dubbio bisogna consultare il vocabolario.

Ti vedo. = Vedo te.	*(vedere qualcuno)*
	ti = pronome oggetto diretto
Ti aiuto. = Aiuto te.	*(aiutare qualcuno)*
	ti = pronome oggetto diretto
Ti parlo. = Parlo a te.	*(parlare a qualcuno)*
	ti = pronome oggetto indiretto
Ti obbedisco. = Obbedisco a te.	*(obbedire a qualcuno)*
	ti = pronome oggetto indiretto
Ti telefono. = Telefono a te.	*(telefonare a qualcuno)*
	ti = pronome oggetto indiretto

	a Carlo e a Renata?	
Oggi scrivi	ai professori?	Sì, scrivo loro. (stile formale)
	agli studenti?	Sì, gli scrivo. (stile parlato)

	a Renata e a Lucia?	
Oggi parli	alle bambine?	Sì, parlo loro. (stile formale)
	alle amiche di Lucia?	Sì, gli parlo. (stile parlato)[10]

* * *

*Sta sicura che **gli** telefono o **gli** scrivo io stasera.*

Il pronome oggetto indiretto va sempre ripetuto con ogni verbo che lo ridichiede.

* * *

N.B. a) *Gli lavo le mani. (I wash **his** hands.)*
*Le slaccio le scarpe. (I undo **her** shoes.)*
*Gli preparo il pranzo. (I prepare **his** lunch.)*
*Le stiro la camicetta. (I'm ironing **her** blouse.)*

Come abbiamo già detto nell'Introduzione, 10, il pronome oggetto indiretto in italiano sostituisce spesso il possessivo inglese.

b) *Siedo **accanto** a Luigi.* *Siedo **accanto** a lui.*
*Gli siedo **accanto**.*

---

[10] Bisogna fare attenzione a non confondere:
a) il pronome oggetto diretto femminile plurale *le* e il pronome oggetto indiretto femminile singolare *le*:
Le vedo. (= le ragazze, le signore, le matite)
Le parlo. (a Luisa, alla signora, alla professoressa)
Le porto alla signora. (= le sigarette, le bambine)
Le porto il caffè. (= alla signora, a Maria)
b) l'articolo determinativo maschile plurale *gli* e il pronome oggetto indiretto maschile singolare o maschile e femminile plurale *gli*:
*Gli articoli sono parti del discorso. (= **articolo** + nome)*
*Gli scaffali moderni sono pratici. (= **articolo** + nome)*
*Gli scrivo oggi. (= **pronome** + verbo: a Gino, al ragazzo, alle bambine, ai cugini,..).*

Sto di fronte a Lucia.   *Sto di fronte a lei.*
Le sto di fronte.

Il bambino sta in braccio   *Sta in braccio a lei.*
   alla mamma.   *Le sta in braccio.*

Sta vicino a me.   *Mi sta vicino.*

Quando abbiamo delle espressioni prepositive (cfr. I, 7) con *a*, l'elemento "a + gruppo nominale (indicante persona)" è spesso sostituibile da un pronome oggetto indiretto.

* * *

Come per il pronome oggetto diretto (cfr. IX, 2), anche per il pronome oggetto indiretto nella forma di cortesia al singolare si usa unicamente la forma femminile, mentre il plurale è invariabile.

Avvocato, *Signora,*	*Le posso offrire una tazza di caffè?*
Professore, *Professoressa,*	*non ricorda? Eppure ieri ho ben parlato a Lei!*
Signori, *Signorine,*	*posso offrire Loro una tazza di tè?*

* * *

Gli credo ciecamente.
Lo credo bene che è sbagliato!
Mio padre, lo credo sempre!

Questo libro gli interessa sicuramente.
Questo libro lo interessa sicuramente.

Gli obbedisco a malincuore.
La obbedisco volentieri.

Alcuni verbi in italiano ammettono due costruzioni (con il complemento oggetto indiretto o con il complemento oggetto diretto), in genere senza una differenza sostanziale di significato.

Riassumiamo i pronomi personali studiati finora:

		soggetto		atoni			tonici	
		m. f.	ogg.dir. m. f.	ogg.ind. m. f.	rifl.	ogg.dir. prep.+pron. m. f.	rifl.
sg.	I	io	mi	mi	mi	me	me
	II	tu	ti	ti	ti	te	te
	III cortesia	Lei	La	Le	si	Lei	sé
	III persona / cosa	lui (egli) | lei (ella) (esso) (essa)	lo | la lo | la	gli le (gli)	si si	lui | lei ? | ?	sé sé
pl.	I	noi	ci	ci	ci	noi	noi
	II	voi	vi	vi	vi	voi	voi
	III cortesia	Loro	Loro	Loro	si	Loro	sé
	III persona / cosa	loro (essi) (esse)	li | le li | le	gli loro ?	si si	loro ? | ?	sé sé

4 I PRONOMI DOPPI

a) Il pronome oggetto indiretto + il pronome oggetto diretto

Abbiamo visto che i verbi che significano fondamentalmente *dire* o *dare* (cfr.
Introduzione, 10) possono avere nella stessa frase sia l'oggetto diretto che
l'oggetto indiretto. Si può pronominalizzare l'uno o l'altro dei complementi o
si possono pronominalizzare entrambi. In questo caso il pronome oggetto
indiretto deve precedere il pronome oggetto diretto.

N.B. Notare nello specchietto seguente il cambiamento che avviene nella forma
del pronome oggetto indiretto quando è seguito dal pronome oggetto
diretto.

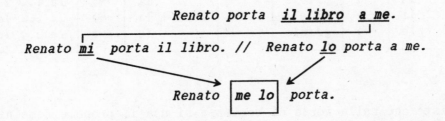

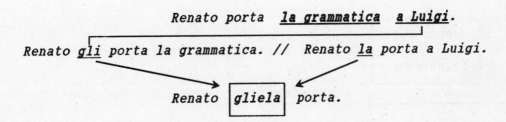

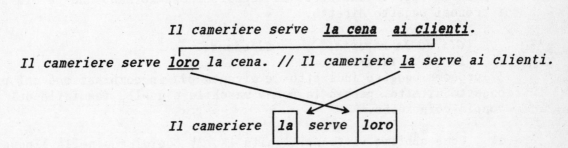

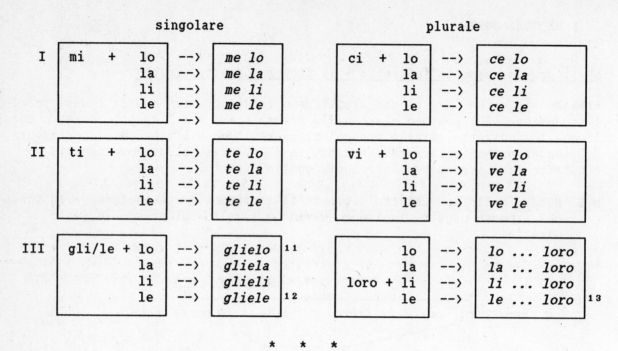

	singolare				plurale			
I	mi +	lo	-->	*me lo*	ci +	lo	-->	*ce lo*
		la	-->	*me la*		la	-->	*ce la*
		li	-->	*me li*		li	-->	*ce li*
		le	-->	*me le*		le	-->	*ce le*
			-->					
II	ti +	lo	-->	*te lo*	vi +	lo	-->	*ve lo*
		la	-->	*te la*		la	-->	*ve la*
		li	-->	*te li*		li	-->	*ve li*
		le	-->	*te le*		le	-->	*ve le*
III	gli/le +	lo	-->	*glielo* [11]		lo	-->	*lo ... loro*
		la	-->	*gliela*		la	-->	*la ... loro*
		li	-->	*glieli*	loro +	li	-->	*li ... loro*
		le	-->	*gliele* [12]		le	-->	*le ... loro* [13]

* * *

Abbiamo già visto che nella forma di cortesia si usa il pronome femminile per il singolare. Quindi si dirà:

Signor Neri,	
Signorina,	*Le piace questo libro? Gliela regalo!*

Le piace questo libro? Gliela regalo!

---

[11] I pronomi oggetto indiretto di terza persona formano una parola sola con i pronomi oggetto diretto.

[12] *Gli dò la rivista.* ⌐ *Gliela dò.*
Le dò la rivista. ⌐
Il pronome oggetto indiretto *le* diventa *gli* in combinazione col pronome oggetto diretto, perciò la forma maschile e quella femminile del pronome doppio coincidono.

[13] a) Come abbiamo visto nell'unità IX, 3, oggigiorno nella lingua familiare invece del pronome *loro* si usa il pronome *gli*, in questo caso i pronomi doppi saranno *glielo, gliela, glieli, gliele*.
   b) contrariamente a quanto succede in inglese, il verbo *dire* ridichiede sempre l'oggetto diretto:
   I told you! --> *Te l'ho detto!* e <u>non</u>: **Ti ho detto!*

| Ingegnere, | *Le offro un caffè?* *Glielo offro volentieri!* |
| Signora, | |

* * *

Ti ha dato i libri?	*Sì, me li ha dati.*
Ci hai dato tutti i libri?	*Sì, ve li ho dati tutti.*
Gli hai comprato quella cravatta?	*Sì, gliel'ho comprata.*

Come si vede anche tutti questi doppi pronomi, quando precedono una forma verbale a un tempo composto, si comportano esattamente come abbiamo visto per il pronome oggetto diretto atono, cioè richiedono l'accordo del participio passato con il pronome oggetto diretto.

* * *

Do il passaporto ai signori.	*Do loro il passaporto.*
	Lo do loro.
	Glielo do.
Ho dato i passaporti ai signori.	*Li ho dati loro.*
	Glieli ho dati.

Il pronome oggetto indiretto di terza persona plurale *loro*, poiché è tonico segue anche in questo caso il verbo.

Notiamo che tutti i pronomi tonici mantengono la loro solita posizione dopo le forme verbali.

Le ho portate solo *a lui.*
(atono)   (tonico)

Le ho presentate anche *a lui.*
(atono)   (tonico)

* * *

A questo punto è bene rivedere la costruzione dei verbi come *piacere* (cfr. Introduzione, 10) abbinata all'uso dei pronomi. Ricordiamo che **verbi che si costruiscono come *piacere* sono accompagnati da un soggetto e da un oggetto indiretto**, ma non sono mai accompagnati da un oggetto diretto: esaminiamo dapprima le seguenti frasi:

IX, 4

| Maria sorride a Carlo. | Maria *gli* sorride. | (Lei) *gli* sorride. |
| Maria parla a Carlo. | Maria *gli* parla. | (Lei) *gli* parla. |

| Il libro appartiene a Carlo. | Il libro *gli* appartiene. | [Esso] *gli* appartiene. |
| La gomma appartiene a Carlo. | La gomma *gli* appartiene. | [Essa] *gli* appartiene. |

Vediamo ora queste frasi:

Maria piace a Carlo.	Maria *gli* piace.	(Lei) *gli* piace.
Maria manca a Carlo.	Maria *gli* manca.	(Lei) *gli* manca.
Il libro serve a Carlo.	Il libro *gli* serve.	[Esso] *gli* serve.
A Carlo manca la gomma.	*Gli* manca la gomma.	[Essa] *gli* manca.
A Carlo piacciono le foto.	*Gli* piacciono le foto.	[Esse] *gli* piacciono.

"Le foto sono piaciute a Carlo?"
"Sì, [esse] gli sono piaciute."

"Alla mamma sono piaciuti i cioccolatini?"
"Sì, [essi] le sono piaciuti molto."

b) Il verbo riflessivo e reciproco + il pronome oggetto diretto

Abbiamo visto che alcuni verbi si costruiscono con il pronome riflessivo, cioè della stessa persona della forma verbale (cfr. II, 3). Anche tali pronomi possono essere seguiti dal pronome oggetto diretto.

Mi lavo il viso. -->	* Mi + lo lavo. -->	*Me lo*	lavo.
Mi lavo la faccia.	* Mi + la lavo.	*Me la*	lavo.
Mi lavo i denti.	* Mi + li lavo.	*Me li*	lavo.
Mi lavo le mani.	* Mi + le lavo.	*Me le*	lavo.

Se il verbo riflessivo ha nella frase una funzione transitiva, cioè ha un complemento oggetto diretto, questo può essere trasformato in un pronome: in tale caso il pronome riflessivo cambia, cioè *mi* diventa *me*.

Te la prepari tu?
Se le stira da solo?
Ce lo compriamo adesso?
Come mai non *ve li* ricordate?
Se la dimenticano di sicuro.

* * *

IX, 4

Mi sono lavata i denti.	*Me li sono lavati.*
I bambini si sono lavati le mani.	*Se le sono lavate.*
Lucia si è comprata i giornali.	*Se li è comprati.*
Mi sono bevuta due birre.	*Me le sono bevute tutte e due.*

Abbiamo detto che, quando il verbo riflessivo è al passato prossimo, il participio passato concorda in genere e numero con il soggetto, tuttavia se tale forma verbale è accompagnata da un pronome oggetto diretto atono di terza persona, il participio passato concorda con tale pronome.

5 PREPOSIZIONI SEGUITE DA PRONOMI PERSONALI

Puoi uscire con me?
Posso venire da te?
Lo fai per lui?
Ti fidi di lei?
Signore, questo è per Lei!
Signorina, questo è per Lei!
Mario fa tutto da sé.
Lucia è orgogliosa di sé.
*La legge sull'aborto è molto controversa. Su di essa ci sono molti
    articoli e dibattiti.*
Tocca a noi!
Spera molto in voi!
Conta su di loro.
Conta su di essi.
Signorine, posso fare qualcosa per Loro?

Come si vede dagli esempi sopra riportati, le preposizioni richiedono i pronomi tonici.

Abbiamo già visto che i pronomi tonici oggetto diretto di terza persona riferiti a cose (*esso, essa, essi, esse*) non sono molto usati. Dopo le preposizioni, però, questi pronomi sono d'uso comune, specie nella lingua scritta.

Riassumiamo i pronomi di cortesia e gli accordi con il participio passato del passato prossimo:

Soggetto:

Signora, Lei
- *ha comprato un libro nuovo?*
- *è andata in Italia di recente?*
- *è italiana?*

Dottore, Lei
- *ha comprato un libro nuovo?*
- *è andato in Italia di recente?*
- *è italiano?*

Oggetto diretto:

Signora,
Dottore, *La ho / L'ho cercata, ma non La ho (L'ho) trovata.*

Oggetto indiretto:

Signora,
Dottore, *Le ho telefonato ieri sera.*

Preposizione + pronome tonico:

Signora,
Dottore, *siamo usciti volentieri con Lei.*

---

6 IL PRONOME *NE*

a) *Ne* con valore partitivo.

Il pronome *ne* è un pronome atono, invariabile, cioè ha un'unica forma per entrambi i generi ed entrambi i numeri.

Mangi delle ciliege? *Quante ciliege mangi?*	*Non **ne** mangio.* *Non **ne** mangio mai.* *Non **ne** mangio nessuna.* ***Ne** mangio una/un'altra/qualcuna/tre..* ***Ne** mangio alcune/poche/tante/* *altre...*[14] *Le mangio tutte.*
Sono arrivate tre ragazze. *Cadono molte mele.*	***Ne** sono arrivate tre.* ***Ne** cadono molte.*[15]

Osserviamo l'uso del pronome *ne* quando sostituisce gruppi nominali che indicano una quantità precisata (*due, tre,...*) o imprecisata (*molti, pochi, troppi,...*). Se la quantità è indicata da un aggettivo indefinito, questo si accorda in genere e numero col nome a cui si riferisce.[16]

Osserviamo che il pronome partitivo *ne* può essere accompagnato da numerali e da indefiniti. D'altra parte se il nome dell'oggetto diretto non è espresso nella frase, ma compaiono numerali o indefiniti, l'uso del pronome *ne* è d'obbligo (cioè in italiano non si può dire: **Ho tre. / *Ci sono quattro./ *Sono venuti cinque.*).

*   *   *

---

[14]   *Ha molti quadri?*   *Sì, **ne** ha **molti**.*
     Ha dei quadri belli?   *Sì, **ne** ha **di belli**.*
     Quando l'aggettivo che accompagna il pronome *ne* partitivo è di tipo qualificativo (cfr. I, 14b) tale aggettivo è preceduto dalla preposizione *di*.

[15]   *Ne* può avere la funzione di soggetto solo con i verbi che richiedono l'ausiliare *essere*.

[16]   I numerali (cfr. I, 13) sono invariabili, eccetto *uno, una*.

Rina ha comprato delle riviste.   *Sì, ne ha comprate molte.*

Avete letto tutte le novelle?   *No, ne abbiamo lette quattro.*
Avete mangiato molti biscotti?   *No, ne abbiamo mangiati solo alcuni.*

Hai venduto i libri vecchi?   *Sì, ne ho venduti parecchi.*
Hai letto delle novelle interessanti?   *Sì, ne ho lette molte, di interessanti.*

Hai mangiato molte pesche?   *Ne ho magiata solo una.*

Avete letto tutte le novelle?   *Ne abbiamo letta solo una.*
Hai mangiato molti biscotti?   *Ne ho mangiato solo uno.*

Se il verbo è a un tempo composto ed è preceduto dal pronome partitivo *ne*, il participio passato si accorda in genere e numero col nome sostituito.

Lucia si è comprata i giornali.   *Se ne è comprati molti.*
                               Se ne è comprato uno.
Antonio si è bevuto due caffè.   *Se ne è bevuti due.*

Abbiamo detto che, quando un verbo riflessivo è a un tempo composto, il participio passato concorda in genere e numero con il soggetto, ma, se tale forma verbale è accompagnata dal pronome partitivo *ne*, il participio passato concorda con il nome che tale pronome sostituisce. (Abbiamo già notato lo stesso fenomeno a proposito del pronome oggetto diretto atono di III persona. *"Lucia si è comperata i giornali?" "Sì, se li è comperati."*)

Dunque, **se la quantità è indicata da un aggettivo** (per esempio *molto*), **si deve fare l'accordo fra il pronome *ne*, l'aggettivo e il participio passato.**

Eccezione: **Se però la quantità è indicata da un nome** (*etto, chilo, tazza, sacco, cesto, ecc.*) **si deve fare l'accordo fra questo nome e il participio passato:**

Quanta marmellata ha comprato Lucia?

Ne ha comprato <u>un barattolo</u>.

Ne ha comprati <u>due barattoli</u>.

Ne ha comprato <u>un chilo</u>.

Ne ha comprati <u>due chili</u>.

*   *   *

N.B. Il pronome interrogativo *quanto* è <u>sempre</u> acccompagnato dal pronome *ne*:

Quanti libri compri?	**Quanti** *ne compri?*
Quante matite compri?	**Quante** *ne compri?*
Quanti libri ti compri?	**Quanti** *te ne compri?*
Quante matite ti compri?	**Quante** *te ne compri?*
Quanti libri hai comprato?	**Quanti** *ne hai comprati?*
Quante matite hai comprato?	**Quante** *ne hai comprate?*
Quante matite ti sei comprata?	**Quante** *te ne sei comprate?*

* * *

Il pronome *ne* non si apostrofa mai, eccetto nell'espressione **ce n'è**:

Non **ce n'è** *più.*
Ce n'è *stata solo una che abbia saputo rispondere.*

b) *Ne* che sostituisce il complemento "di + gruppo nominale"

Il pronome *ne* può anche sostituire i complementi "di + gruppo nominale"

*Rispetto le idee **dei miei** **studenti**.*	**Ne** *rispetto le idee.*
*Vi siete accorti **di** **sbagliare**?*	*Ve **ne** siete accorti?*
*Ha parlato **della nuova** **legge edilizia**.*	**Ne** *ha parlato.*
*Ridete ancora **di quelle** **barzellette**?*	**Ne** *ridete ancora?*
*Siete stati contenti **della** **sua riuscita**?*	**Ne** *siete stati contenti?*

Come si vede dagli esempi sopra riportati il *ne* può sostituire le costruzioni "di + gruppo nominale" di cui abbiamo già parlato nell'Introduzione, 11 e non richiede, in questo caso, l'accordo con il participio passato del passato prossimo.

* * *

N.B. Il pronome *ne* con il valore partitivo e in sostituzione di "di + GN" può essere accompagnato dal pronome atono oggetto indiretto o dal pronome riflessivo.

IX, 6

Le compra tre mele.   *Gliene compra tre.*
Gli parlo io di questo   *Gliene parlo io.*
    problema.
Mi sono dimenticato del cane. Me ne sono dimenticato.

Notiamo l'espressione: *Che ne pensi di fare una gita?*

c) *Ne* che sostituisce i complementi "da + gruppo nominale."

i)

    Torno   *da Roma.*
               dall'Italia.
               dalla conferenza.
               dal supermercato.

    Ne   *torno.*
        sono tornata poco fa.

Il complemento di provenienza (cfr. Introduzione, 12 c) può essere
sostituito dal pronome *ne*. Il suo uso è limitato nella lingua parlata,
mentre si usa di più nella lingua scritta. Anche in questo caso il
pronome *ne* non richiede l'accordo con il participio passato del passato
prossimo.

ii)

    Qualche volta da un malinteso
    nascono dei grossi equivoci.

    Qualche volta ne nascono
    dei grossi equivoci.

    Qualche volta ne sono
    nati dei grossi equivoci.

    Mi astengo dal far commenti.

    Me ne astengo.

    Me ne sono astenuta.

Il pronome-avverbio *ne* può sostituire diversi complementi introdotti
dalla preposizione *da* e dipendenti da verbi come:

astenersi	*emergere*	*ricavare*
cavare	*escludere*	*risultare*
derivare	*guardarsi*	*trarre*
dipendere	*ottenere*	

Notiamo l'espressione: *"Se ne è andato con calma."*

Riassumiamo il gioco degli accordi in frasi con il pronome *ne*:

a) **Valore partitivo:**

Enzo compra della farina. ------>   Enzo *ne* compra molta.
Enzo compra dei libri.   Enzo *ne* compra molti/tre.

Enzo si compra della farina.   Enzo se *ne* compra molta.
Enzo si compra dei libri.   Enzo se *ne* compra molti./tre.

Enzo ha comprato della farina.   Enzo *ne* ha comprata molta.
Enzo ha comprato dei libri.   Enzo *ne* ha comprati molti/tre.

Enzo si è comprato della farina.   Enzo se ne è comprata molta.
Enzo si è comprato dei libri.   Enzo se *ne* è comprati molti/tre.

Se la quantità è indicata da un **aggettivo indefinito** (*molto, poco...* - cfr. I, 12), tale aggettivo e il participio passato si accordano in genere e numero con il nome sostituito da *ne*.

Enzo compra della farina. ------>   Enzo *ne* compra due chili.
Enzo si compra della farina.   Enzo se *ne* compra due chili.

Enzo ha comprato della farina.   Enzo *ne* ha   comprati due sacchi.
Enzo si è comprato della farina.   Enzo se *ne* è   presa una tazza.
                                             presa una manciata.

Se la quantità è indicata da un nome (*etto, chilo, tazza, sacco...*) l'accordo è tra tale nome e il participio passato.

b) **in sostituzione di "di + GN"**

Abbiamo parlato della sua professione   *Ne* abbiamo parlato.
Abbiamo parlato dei figli.

c) **in sostituzione di "da + GN"**

Siamo tornati dalla Francia.   *Ne* siamo tornati.

7 IL PRONOME *CI*

Da quanto tempo abiti	*a Roma?* *in Italia?* *da Lucia?* *all'albergo* *vicino all'aereoporto?* *in pensione?*	**Ci abito da tre settimane.**

Vai	*a Roma?* *in Italia?* *al supermercato?* *da Lucia?* *vicino all'entrata?*	*Sì, ci vado.*

I complementi di luogo che indicano posizione, stato o movimento verso luogo possono essere sostituiti dal pronome *ci*. Il pronome *ci* è atono e invariabile.

Notiamo che il pronome *ci* può sostituire anche espressioni del tipo "a + infinito" o "a + GN" quando queste indicano un'attività che si fa in un certo posto. Per esempio:

> *Vai **a nuotare**?* (cioè: *in piscina*)
> *Vai **a sciare**?* (cioè: *in montagna*)
> *Vai **a ballare**?* (cioè: *alla discoteca*)
> *Vai **alla festa**?* (cioè: *a casa di...*)
> *Vai **a fare le fotocopie**?*
>   (cioè: *dove c'è quella macchina per farle*)
> *Vai **a lezione di musica**?*
>   (cioè: *nel posto in cui impari musica*)

Sì, ci vado ora.

N.B.   *C'è un vocabolario in questa classe?*
        *Sì, **c'è**, è sullo scaffale.*
        *Sì, là **ci sono** dei vocabolari.*
        *Sì, **ce** n'è uno sullo scaffale.*
        *Sì, **ce** ne **sono** alcuni su quello scaffale.*

Le espressioni inglesi *there is, there are* corrispondono all'italiano *c'è, ci sono*. In italiano però queste espressioni sono d'uso più frequente che in inglese: sono sempre necessarie in frasi con pronomi interrogativi (*chi?, che cosa?, che?*)

*Chi **c'era** alla festa?* (Who was at the party?)
*Che cosa **c'è** là?* (What is that over there?)
*Chi **c'è**?* (Who is there?)[17]

* * *

*Qui/ **qua** non ci sta, posso metterlo **lì**/ **là**?*
*Qua/ **qui** stiamo stretti, andiamo **lì**/ **là**.*
*Chi c'è **là**?*
Vivresti al Polo Nord?
   *No, **là** fa troppo freddo.*
   *No, non **ci** vivrei mai.*
   *No, non **ci** vivrei mai, **là**.*

   *No, **al Polo Nord** non **ci** vivrei.*

   *No, **là** non **ci** vivrei!*[18]

I complementi di luogo che indicano posizione, stato o movimento verso luogo possono essere sostituiti anche dai pronomi tonici *qui*, *qua*, *lì*, *là*.

* * *

*Questo quadro **qui** è impressionante.*
*Quel libro **lì** non mi piace.*
*In **quel** posto **lì** io non ci vado.*

Questi avverbi si usano molto nella lingua parlata per rafforzare gli aggettivi o i pronomi dimostrativi (cfr. I, 9).

* * *

*Credi **alle sue promesse**?*   *Certo che **ci** credo!*
*Pensi **alle vacanze**?*   ***Ci** penso in continuazione!*
*Giochi **a scacchi**?*   *Sì, **ci** gioco spesso.*
*Tieni **alla tua eleganza**?*   ***Ci** tengo molto.*

---

[17]   *Notare:*
   E' qui.   = "It is here."
   Chi c'è qui? = "Who is here?"
   Chi è?   = "Who is it?"

[18]   Questo tipo di sostituzione è enfatico e non ci è nuovo, infatti lo abbiamo incontrato nell'unità IX, 2:
   Il giornale, non lo leggo mai!

*Rinunci **alle vacanze?***   *Ci devo rinunciare./ Devo rinunci**arci.***
*Partecipi **alla sfilata?***   *Probabilmente **ci** parteciperò.*
*Ripensi **alla tua infanzia?***   *Ci ripenso spesso.*
*Perchè non stai **allo scherzo?** Non **ci** sto, perchè non mi piace.*

Notiamo come la preposizione **a** seguita da un gruppo nominale che generalmente indica cose, viene sostituita dal pronome *ci*. Anche questo pronome *ci* è atono, invariabile e precede immediatamente il verbo coniugato o segue il verbo all'infinito.

N.B. Notiamo le seguenti espressioni idiomatiche che contengono la particella *ci*:

> *Per insegnare **ci vuole** molta pazienza.*
> *La nonna **ci sente** e **ci vede** ancora molto bene.*
> *Bisogna spiegarle sempre tutto, perché da sola non **ci arriva.***
> *Gli ho raccontato una frottola e lui **ci è cascato.***
> *Non dimenticarti di venire, perchè **ci conto!***
> *Mario le faceva la corte e lei **ci stava.***
> *Avete capito? **Ci siamo?***
> ***Ci stai** a venire al cinema con noi?*
> ***Ci manca** proprio che tu ti ammali adesso.*
> *"Credi all'oroscopo?" "Sì, **ci credo.***"

Notiamo l'uso di *avere + ci* invece di *avere* (nel significato di *possedere*), uso ormai diffusissimo nella lingua parlata.

> *"Tu hai la macchina?" "Sì, **ce l'ho.***"
> *"Voi **ce l'avete** il computer?" "Sì, **ce l'abbiamo.***"

*   *   *

N.B.

IX, 7

*Mancano tre <u>**chilometri**</u> <u>**alla fine della gara**</u>.*

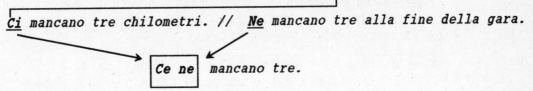

<u>*Ci*</u> *mancano tre chilometri. //* <u>***Ne***</u> *mancano tre alla fine della gara.*

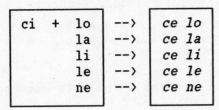

Ce ne | *mancano tre.*

Il pronome *ci* può precedere il pronome oggetto diretto atono (*lo, la, li, le*)
e il pronome *ne*, come nel seguente specchietto:

ci	+	lo	-->	ce lo
		la	-->	ce la
		li	-->	ce li
		le	-->	ce le
		ne	-->	ce ne

*Ci vuole un'altra **frase**.*   *Ce ne vuole un'altra.*
*Ci sono **tanti ragazzi**.*   *Ce ne sono tanti.*
*Porto io **il bambino a scuola**.*   *Ce lo porto io!*

*Quante **mele** ci sono?*
⎡ *Ce n'è una.*
⎢ *Ce n'è un chilo.*
⎢
⎢ *Ce ne sono cinque.*
⎣ *Non ce ne sono.*

* * *

<u>*Mi trovo*</u> *molto bene* <u>**in questa università**</u>.

<u>*Mi*</u> *ci* <u>*trovo*</u> *molto bene.*

<u>*Si siede*</u> <u>**in questa poltrona**</u> *il nonno?*

<u>*Ci si siede*</u> *il nonno?*

Il pronome *ci* può accompagnare verbi riflessivi che ammettono un complemento
di luogo.

Bisogna fare particolare attenzione alla posizione dei due pronomi, come è
indicato dal seguente specchietto:

```
mi ci trovo          Ø
ti ci trovi     vi ci trovate
ci si trova     ci si trovano
```

8 USO RIDONDANTE DEL PRONOME

Spesso, nella lingua parlata, per maggiore enfasi, nella frase compare sia il complemento che il suo pronome. Nella lingua scritta, particolarmente al livello formale, questo uso è più raro.

Nelle grammatiche questo uso ridondante del pronome è chiamato **pleonastico**.

> *Il giornale, lo compro io.*
> *Di studenti, ne ho tanti in quella classe!*
> *A Luigi, gli regalo un orologio per Natale.*
> *Alla nonna, glielo porto io quel libro!*
> *Guardatene, da quel cane!*

9 POSIZIONE DEI PRONOMI ATONI DIPENDENTI DA UN INFINITO

Vedo il film.
  Lo vedo.   *Ho voglia di vederlo.*

Parla a Maria.
  Le parla.   *Desidera parlarle.*

Do il libro a Mario.
  Glielo do.   *Non riesco a darglielo.*

Accompagno Maria dal dentista.
  Ce la accompagno.   *Potrei accompagnarcela io.*

Vado al cinema.
  Ci vado   *Ho intenzione di andarci stasera.*

Abbiamo già visto che tutti i pronomi atoni precedono immediatamente il verbo coniugato da cui dipendono.

Però tutti i pronomi atoni, se dipendenti da un infinito, si pospongono a questo sostituendosi alla vocale finale -e del verbo e formando con esso una sola parola (cfr. XIII, 1)[19]

Un fenomeno simile si ha quando i pronomi atoni dipendono da un verbo all'imperativo (cfr. X, 3), al gerundio (cfr. XIV, 1) o al participio passato (cfr. XV, 2, c).

* * *

Come sappiamo i verbi modali *potere, dovere, volere* e *sapere* possono essere seguiti da un infinito. Se questo è accompagnato da un pronome atono possiamo avere due costruzioni diverse:

a) il pronome può precedere il verbo modale:

La voglio leggere.
Ne posso comprare solo una.

Lo so fare.
Le devo accompagnare domani.

b) il pronome può unirsi all'infinito retto dal verbo modale:

Voglio leggerla.
Posso comprarne solo una.

So farlo.
Devo accompagnarle domani.

* * *

Se in una frase compaiono due infiniti, i pronomi atoni si uniscono all'infinito del verbo modale:

*E' difficile poter vedere **quello spettacolo**.*

E' difficile poterlo vedere.

*Vorrei poter andare **in Italia** con te.*

Vorrei poterci andare con te.

---

[19] Attenzione ai verbi in -urre, -orre, -arre:
Li deve tradurre.   *Deve tradur-li.*
Lo deve imporre.   *Deve impor-lo.*
La deve attrarre.   *Deve attrar-la.*
Anche l'avverbio *ecco* richiede il posponimento del pronome atono:
Eccolo!   *Eccoli!*   *Eccone tre!*
Eccola!   *Eccole!*

Non vorrei dover parlare al presidente.

Non vorrei dovergli parlare.

10 IL PRONOME RELATIVO

a) Il pronome relativo *che*

Il pronome relativo introduce una frase secondaria (chiamata anche **frase relativa**) e si riferisce a un gruppo nominale della frase da cui dipende. Il pronome relativo segue immediatamente il gruppo nominale a cui si riferisce e quindi non si trova mai dopo un punto fermo.

1) *Una ragazza* è scomparsa.
   sogg.

2) *Quella ragazza* ha scritto una lettera.
   sogg.

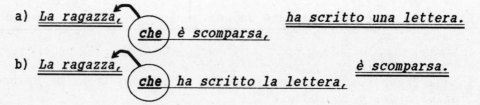

a) *La ragazza, che è scomparsa, ha scritto una lettera.*

b) *La ragazza, che ha scritto la lettera, è scomparsa.*

1) *Ho comprato un libro illustrato.*
   ogg.dir.

2) *Quel libro* parla di Napoleone.
   sogg.

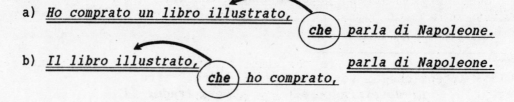

a) *Ho comprato un libro illustrato, che parla di Napoleone.*

b) *Il libro illustrato, che ho comprato, parla di Napoleone.*

1) *Tu cerchi **dei fogli**?*
   ogg. dir.

2) ***Quei fogli** sono nel cassetto.*
   sogg.

   a) *Cerchi i fogli,* ***che*** *sono nel cassetto?*

   b) *I fogli,* ***che*** *cerchi,* *sono nel cassetto.*

1) *Ti parlavo **degli ospiti**.*
   di + GN

2) ***Quegli ospiti** sono già arrivati.*
   sogg.

   a) *Ti parlavo degli ospiti,* ***che*** *sono già arrivati.*

Quando il pronome relativo esplica nella frase secondaria la funzione di soggetto od di oggetto diretto, assume la forma *che*. Tale pronome è invariabile e si riferisce sia a persone che a cose di genere maschile o femminile e di numero singolare o plurale.[20]

* * *

*La **ragazza** che ho visto io è simpatica.*
*La **ragazza** che ho vista io è simpatica.*

*Come erano **le traduzioni** che hai consegnato?*
*Come erano **le traduzioni** che hai consegnate?*

Quando il pronome relativo *che* svolge la funzione di complemento oggetto diretto in una frase col verbo a un tempo composto, il participio passato di

---

[20] Il pronome relativo *che* viene trasformato in *il che, cosa che, ciò/che* se si riferisce a un'intera frase.
   1) ***Ti sei riconciliato con tuo fratello.***
   2) *Questo/ciò/questa cosa mi fa piacere.*

   Ti sei riconciliato con tuo fratello, $\left[\begin{array}{c} \textit{il che} \\ \textit{cosa che} \\ \textit{ciò che} \end{array}\right]$ *mi fa piacere.*

tale forma verbale può accordarsi col pronome oggetto diretto. Questo tipo di accordo, però, oggi è ormai sentito come antiquato.

b) Il pronome relativo *cui*

1) *Gli ospiti* sono già arrivati.
   sogg.

2) *Ti parlavo degli ospiti.*
   di + GN

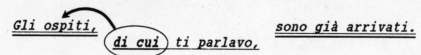

Gli ospiti,   *di cui* ti parlavo,   *sono già arrivati.*

1) *Ho parlato a un ragazzo.*
   a + GN (ogg.ind.)

2) *Quel ragazzo* è mio fratello.
   sogg.

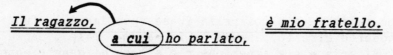

Il ragazzo,   *a cui* ho parlato,   *è mio fratello.*

1) *Te l'ho detto per una ragione.*
   per + GN

2) *Quella ragione* è fondamentale.
   sogg.

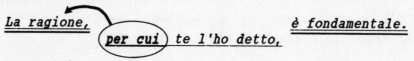

La ragione,   *per cui* te l'ho detto,   *è fondamentale.*

1) *I libri* sono esauriti.
   sogg.

2) *Contavo su quei libri.*
   su + GN

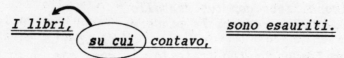

I libri,   *su cui* contavo,   *sono esauriti.*

IX, 10

1) *Ho visto __un affresco__.*
      ogg. dir.

2) *Non ricordo l'autore __di quell'affresco__.*
        di + GN

Ho visto un affresco, ⟨*di cui*⟩ *non ricordo l'autore.*

Quando il pronome relativo nella frase secondaria esplica una funzione di complemento, cioè è preceduto da una preposizione, il pronome relativo assume la forma *cui*. Bisogna notare che la preposizione che precede il pronome *cui* è sempre una preposizione semplice. Il pronome *cui* è invariabile, si riferisce sia a persone che a cose di genere maschile o femminile e di numero singolare o plurale.[21]

---

[21]   1) *__Quel giorno__ pioveva.*
      2) *Siamo tornati __in quel giorno__.*
        Il giorno, __in cui/ che__ siamo tornati, pioveva.

Nella lingua parlata spesso il pronome relativo con valore temporale *in cui* è sostituito dal pronome *che*. Questo si spiega con il fatto che in molte espressioni temporali la preposizione *in* è facoltativa (cioè si può dire "*Sono tornata __in un giorno di pioggia__.*" e anche "*Sono tornata un giorno di pioggia.*" ecc.). Tale uso è colloquiale e meno frequente nella lingua scritta. In inglese queste frasi corrispondono a:
    The summer (__when__) I got my B.A. was very hot.
    The year (__when__) I met him, I was working in a bank.

In queste frasi il pronome inglese *when* funziona come un pronome relativo: bisogna notare che in italiano la congiunzione *quando* non può assumere tale valore. E` quindi uno sbaglio dire:
    *L'estate __quando__ mi sono laureata faceva molto caldo.

      *   *   *

    La ragione, __per cui__ te lo dico, è molto importante.
    Non è questo __il motivo, per cui__ to lo proibisco.

L'espressione inglese *the reason why* non può essere tradotta in italiano con *la ragione perché*, ma è resa con il pronome relativo *cui* preceduto dalla preposizione *per*.

      *   *   *

    La città __in cui/ dove__ sono nata è in riva al mare.
    Il cinema __in cui/ dove__ sei andata era molto affollato?

Nella lingua parlata spesso il pronome relativo con valore di complemento di luogo è sostituito dal pronome *dove*. Anche tale uso è colloquiale e meno frequente nella lingua scritta. Tale sostituzione è parallela all'uso inglese del pronome *where*:
    The town __where__ I was born is near the sea.
    The theater __where__ you went was very crowded.

c) Il pronome relativo: usi tipici della lingua scritta

Il professore (a) cui ho parlato è un gran critico.
Il libro (a) cui mi riferivo è esaurito.

Nel linguaggio scritto, letterario, spesso la preposizione *a* di fronte al pronome *cui* cade. Questo uso ormai è sentito come antiquanto.

> *Un fortunato vincerà un milione. Il biglietto di quel fortunato verrà sorteggiato.*
>
> *Il fortunato, il cui biglietto verrà sorteggiato, vincerà un milione.*

Se il pronome relativo *cui* sostituisce un complemento introdotto dalla preposizione *di* e dipendente da un nome, il pronome *cui* si può inserire fra l'articolo e tale nome, come dimostrato dagli esempi.

Tale uso è di stile dotto ed è tipico della lingua scritta.

* * *

> *Dei ragazzi hanno bussato alla porta. Uno di questi ragazzi aveva un enorme mazzo di fiori.*
>
> *Dei ragazzi, uno dei quali aveva un enorme mazzo di fiori, hanno bussato alla porta.*

> *Sono entrate delle signorine. Nessuna di queste signorine parlava italiano.*
>
> *Sono entrate delle signorine, nessuna delle quali parlava italiano.*

Si noti negli esempi sopra riportati come i pronomi *uno/una* e *nessuno/nessuna* possono essere seguiti dalle espressioni *dei quali/delle quali*.

* * *

> *... Allora sono andata a casa a cercare Antonio, il quale nel frattempo era partito per la villeggiatura....*

> *... Il ponte sul quale passeremo è stato ricostruito dopo la guerra....*

> *... Quei ragazzi dei quali ti ho parlato nella mia ultima lettera sono i cugini e non i fratelli di Lucia....*

IX, 10

Questo è il telescopio **con il quale** *Galilei scrutò i cieli.*

Un altro pronome relativo che si riferisce sia a persone che a cose è *il quale, la quale, i quali, le quali*: è sempre preceduto dall'articolo determinativo e concorda in genere e numero col nome a cui si riferisce. Tale pronome è usato raramente nella lingua parlata e poco nella lingua scritta. Si usa soprattutto per rendere chiara, tramite l'accordo secondo il genere e il numero, la connessione con il gruppo nominale precedente. Quando il pronome relativo sostituisce un complemento, l'articolo determinativo è preceduto dalla preposizione opportuna o è sostituito dalla preposizione articolata necessaria.

d) Il pronome relativo *chi*

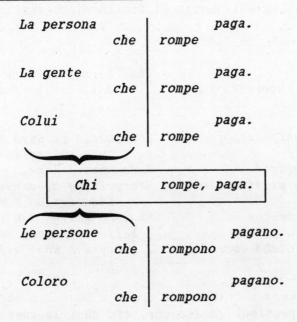

La persona			paga.
	che	rompe	
La gente			paga.
	che	rompe	
Colui			paga.
	che	rompe	
	Chi	rompe, paga.	
Le persone			pagano.
	che	rompono	
Coloro			pagano.
	che	rompono	

Il pronome *chi* si usa in luogo di due gruppi nominali "generici":[22]

> *Chi dorme non piglia pesci.* (= <u>**colui**</u> <u>**che**</u>)
>   sogg.   sogg.

---

[22]   Da non confondere con il *chi* interrogativo (cfr. I, 11).

*Aiuto **chi** amo.*   (= <u>colui</u>   <u>che</u>   )
                          ogg.dir. ogg.dir.

*Non capisco **chi** parla in fretta.*   (= <u>colui</u>   <u>che</u>)
                                            ogg.dir.   sogg.

*Hai un elenco **di chi** inviti?*   (= <u>di coloro</u>   <u>che</u>   )
                                        di + GN   ogg.dir.

*Distribuisci questi volantini **a chi** verrà.*   (= <u>a coloro</u>   <u>che</u>)
                                                      a + GN   sogg.

Il pronome relativo *chi* equivale a un pronome dimostrativo (cfr. I, 9) più il pronome relativo. Il pronome *chi* è invariabile e si riferisce a persone di genere maschile e femminile ed è esclusivamente di numero singolare.

*   *   *

Quello che ⎤
             ⎥ *dice mi interessa molto.*   What he say is very
Ciò che   ⎦   interesting for me.

Le cose che dice mi interessano molto.   The things he says are very
                                                 interesting for me.

*Faccio **quello che** mi piace.*   I do what I like.
*Tutto **ciò che** racconta mi affascina.*   Every thing he says is
                                                  fascinating for me.

*Non è vero **quello che** scrive.*   What he writes isn't true.
*Credo a **quello che** fa.*   I believe in what he does.
*Mi preoccupo per **quello che** succederà.* I worry for what will
                                                  happen.

In frasi come queste c'è la tendenza a tradurre l'inglese *what* con *che*. Invece in italiano bisogna usare le espressioni *quello che, ciò che, le cose che,* eventualmente precedute da preposizione.

Quindi è uno sbaglio dire in italiano:

   *Faccio che mi piace.
   *Tutto che racconta mi affascina.
   *Credo a che fa.
   *Mi preoccupo per che succederà.[23]

---

[23]   Le espressioni *quello che, ciò che, le cose che* possono essere rese anche con **quanto**. Tale uso è letterario e più comune nella lingua scritta.
   Quanto dice mi interessa molto.   [continuazione a pg. 237]

---

11 IL PRONOME IMPERSONALE SI

Sbagliando s'impara.
Qui si parla italiano.
Qui non si può fumare.
Non si dice così.
Non si tocca.
Dove si va per comprare il sale?
Con il pesce si beve il vino bianco.

Questa costruzione che corrisponde all'inglese *one learns, one speaks ecc.* esprime spesso regole, ordini, abitudini, costumi di uso comune, verità di ordine generale.

Tutti devono pagare la multa.
Bisogna pagare la multa.
Tu devi pagare la multa.
La gente deve pagare la multa.   *Si deve pagare la multa.*
Noi dobbiamo pagare la multa.
Loro devono pagare la multa.
I colpevoli devono pagare la multa.

Dagli esempi sopra riportati risulta che questo pronome *si* ha un significato molto ampio; è cioè, un soggetto generico o impersonale.

Il pronome impersonale *si* deve essere sempre espresso davanti a ogni forma verbale, cioè non può mai essere sottinteso.

Quando si è deboli, si ha fame e si ha sonno.

Questa costruzione in italiano è molto complessa e differisce in molti punti dalle corrispondenti costruzioni di altre lingue.

Tutto quanto racconta mi affascina.
Non è vero quanto scrive.
Credo a quanto fa.
Mi preoccupo per quanto succederà.

Tale pronome *quanto* in questo caso è un pronome doppio, corrispondente al *chi* studiato più sopra. Il pronome *quanto* è invariabile e si riferisce esclusivamente a cose di genere maschile e femminile ed è solo di numero singolare.

a) I tempi semplici

i) Verbo con funzione intrasitiva:

Qui studiavamo volentieri.   Qui **si studiava** volentieri.
In Italia scioperano spesso.   In Italia **si sciopera** spesso.
Quando andremo a teatro?   Quando **si andrà** a teatro?

Quando il verbo della frase ha una funzione intransitiva la costruzione impersonale è composta dal pronome *si* seguito dal verbo alla **terza persona singolare**.

ii) Verbo con funzione transitiva:

In Italia la gente parla solo una lingua.
In Italia <u>**si parla**</u> solo <u>una lingua</u>.

In Canada la gente parla tante lingue.
In Canada <u>**si parlano** tante lingue</u>.

Se il verbo della frase ha una funzione transitiva, nella costruzione col *si* impersonale **il verbo concorda in numero con l'oggetto diretto**. Questo ha fatto dire a molti grammatici che l'oggetto diretto in realtà funziona da soggetto, perchè determina la persona del verbo. Da questo punto di vista questa costruzione è simile alla costruzione passiva e perciò il costrutto del *si* impersonale con i verbi transitivi è stato chiamato anche *si* **passivante**. Infatti si potrebbe dire:

In Italia viene parlata una lingua.
In Canada vengono parlate tante lingue.   (cfr. Introduzione, 16)

iii) Verbi riflessivi:

Qui la gente si diverte molto.   Qui **ci si diverte** molto.
In collegio ci alzavamo alle   In collegio **ci si alzava**
   sette.   alle sette.
Ognuno si prepara la colazione   **Ci si prepara** la colazione
   in cucina.   in cucina.
Gli studenti si comprano i   **Ci si comprano** i libri in
   libri in settembre.   settembre.

Se un verbo riflessivo è costruito impersonalmente, la forma verbale è sempre preceduta dai pronomi *ci si* (invece di *si si* come ci si potrebbe aspettare). Se il verbo è usato intransitivamente è alla terza persona

singolare, se è usato transitivamente concorda in numero con l'oggetto
diretto.[24]

iv) Verbi con fuzione copulativa.

Tutti sembrano allegri.	*Si sembra tutti allegri.*
Siamo tutti peccatori.	*Si è tutti peccatori.*
Quando siamo stanchi *diventiamo nervosi.*	*Quandi si è stanchi si diventa* *nervosi.*
Quando stiamo attenti, *capiamo meglio.*	*Quando si sta attenti, si* *capisce meglio.*

Se il verbo della frase ha una funzione copulativa, la costruzione
impersonale è costituita dal pronome impersonale *si* seguito dal verbo
alla terza persona singolare e dal **predicato nominale al plurale**.

b) I tempi composti

a) i) *Abbiamo ballato* fino a tardi.   *Si è ballato* fino a tardi.
     Tutti *hanno parlato* animatamente.   *Si è parlato* animatamente.

   ii) *La gente è scappata.*
     Tutti *sono scappati.*   *Si è scappati.*

b) *Il gruppo ha commentato* la novella.   *Si è commentata* la novella.
   Il gruppo ha commentato le novelle.   *Si sono commentate* le novelle.

c) *Ci siamo alzati* presto.   *Ci si è alzati* presto.
   Ognuno si è preparato la colazione.   *Ci si è preparata* la colazione.

d) *Siamo stati* allegri.   *Si è stati* allegri.
   Siamo state allegre.   *Si è state* allegre.
   Siamo state studentesse.   *Si è state* studentesse.

---

[24] N.B. L'espressione *si asciugano* può avere diverse traduzioni in inglese.
They get dry.
They dry themselves.
They dry each other.
One dries (dishes).

L'unico ausiliare che si usa nelle formazione dei tempi composti è il verbo *essere.* Il participio **passato** si comporta in modo diverso a seconda della funzione del verbo:

a) quando il verbo è usato **intransitivamente:**

    i) resta invariato se il verbo nella forma personale ha il participio passato invariato (*abbiamo ballato, hanno parlato*).

    ii) è usato al plurale se il verbo nella forma personale ha il participio passato marcato dall'accordo (*è scappata, sono scappati*).

b) quando il verbo è usato **transitivamente,** concorda in genere e numero con l'oggetto diretto.

c) quando il verbo è **riflessivo:**

    i) è usato al plurale se è usato intransitivamente.

    ii) concorda in genere e numero con l'oggetto diretto se è usato transitivamente.

d) quando il predicato è costituito da un verbo **copulativo** e da un predicato nominale, l'aggettivo o il nome del predicato nominale sono al plurale.

Riassumiamo osservando lo specchietto della pagina seguente:

LA COSTRUZIONE DEL *SI* IMPERSONALE

	tempi semplici		tempi composti	

a) verbi intransitivi

parliamo	*si parla*	abiamo parlato	*si è parlato*
viaggiamo	*si viaggia*	abbiamo viaggiato	*si è viaggiato*
andiamo via	*si va via*	siamo andati via	*si è andati via*

b) verbi transitivi:

| parliamo una lingua | *si parla una lingua* | abbiamo parlato una lingua | *si è parlata una lingua* |
| parliamo due lingue | *si parlano due lingue* | abbiamo parlato due lingue | *si sono parlate due lingue* |

c) verbi riflessivi:
intransitivi:

| ci laviamo | *ci si* *lava* | ci siamo lavati/e | *ci si* *è lavati/e* |

transitivi:

| ci laviamo la faccia | *ci si* *lava la faccia* | ci siamo lavati/e la faccia | *ci si* *è lavata la faccia* |
| ci laviamo le mani | *ci si* *lavano le mani* | ci siamo lavati/e le mani | *ci si* *sono lavate le mani* |

d) verbi copulativi:

| siamo studenti | *si è studenti* | siamo stati studenti | *si è stati studenti* |

c) Il pronome impersonale combinato con altri pronomi:

Osservi in questo specchietto l'uso di certi pronomi nella costruzione
impersonale. Noti che in genere i pronomi precedono il pronome impersonale *si*,
solo il pronome *ne* è posto fra il pronome impersonale e la forma verbale. E`
da tenere presente che questi costrutti sono poco frequenti.

a) Pronome *CI* di luogo:

ci andiamo | **ci si va** | ci siamo andati | **ci si è andati**

b) Pronome *NE* (= di + GN)

ne parliamo | **se ne parla** | ne abbiamo parlato | **se ne è parlato**

c) Pronome oggette indiretto:

gli/le parliamo | **gli/le si parla** | gli/le abbiamo parlato | **gli/le si è parlato**
parliamo loro | **si parla loro** | abbiamo parlato loro | **si è parlato loro**

d) Pronome oggetto diretto:

la vediamo | **la si vede** | l'abbiamo vista | **la si è vista**
le vediamo | **le si vede/ vedono** | le abbiamo viste | **le si è/sono viste**

e) Pronome NE partitivo:

ne vediamo una | **se ne vede una** | ne abbiamo vista una | **se ne è vista una**
ne vediamo due | **se ne vedono due** | ne abbiamo viste due | **se ne sono viste due**

N.B. Negli annunci pubblicitari invece delle forme regolari:

Si affitta un appartamento.   *Si affittano appartamenti.*
Si vende un negozio.   *Si cerca un meccanico specializzato.*

è comune trovare:

Affittasi appartamento.   *Affittansi appartamenti.*
Vendesi negozio.   *Cercasi meccanico specializzato.*

IX, 11

X I modi del comando:
imperativo e congiuntivo[1]

1 I MODI DEL COMANDO

a) <u>Forma di amicizia. (*tu, noi, voi*)</u>
   <u>(Imperativo)</u>

> *Maria, **vieni, entra,***
> ***accomodati** pure!*

> ***Aspettate** un momento,*
> *ragazzi!*

> *Carletto, **scrivi** più*
> *chiaramente per piacere!*

> *Su, ragazzi, **andiamo!***

Quando vogliamo esortare, o dare un ordine, un comando a persone con cui usiamo il *tu*, cioè la forma di amicizia (cfr. II, 8) ci serviamo del modo imperativo. La maggioranza delle forme dell'imperativo coincidono con le corrispondenti forme del presente indicativo (cfr. II, 2).

b) <u>forma di cortesia. (*Lei, Loro*)</u>
   <u>(Congiuntivo di comando)</u>

> *Signora, **venga, entri,***
> ***si accomodi** pure!*

> *Signorine, **aspettino** un*
> *momento per cortesia!*

> *Professore, **scriva** più*
> *chiaramente per piacere!*

> Ø

Quando vogliamo esortare, o dare un ordine, un comando a persone con cui usiamo il *Lei*, cioè la forma di cortesia (cfr. II, 8) ci serviamo della terza persona singolare o plurale del congiuntivo presente (cfr. XI, 2).

---

[1]   E` sembrato opportuno introdurre le forme del congiuntivo in questo capitolo, piuttosto che nel capitolo seguente, sul modo congiuntivo, data la semplicità della struttura delle frasi del comando (*Mi scusi!, Entri!, Si accomodi!, ecc.*) e la sua alta frequenza.

	pres. ind.	imperativo		pres. cong.	cong. di comando
sg. II	*parl-i*	*parl-a!*[2]	sg. III	*parl-i*	*parl-i!*
pl. I	*parl-iamo*	*parl-iamo!*	pl. III	*parl-ino*	*parl-ino!*
II	*parl-ate*	*parl-ate!*			
sg. II	*cred-i*	*cred-i!*	sg. III	*cred-a*	*cred-a!*
pl. I	*cred-iamo*	*cred-iamo!*	pl. III	*cred-ano*	*cred-ano!*
II	*cred-ete*	*cred-ete!*			
sg. II	*sent-i*	*sent-i!*	sg. III	*sent-a*	*sent-a!*
pl. I	*sent-iamo*	*sent-iamo!*	pl. III	*sent-ano*	*sent-ano!*
II	*sent-ite*	*sent-ite!*			
sg. II	*cap-isc-i*	*cap-isc-i!*	sg. III	*cap-isc-a*	*cap-isc-a!*
pl. I	*cap-iamo*	*cap-iamo!*	pl. III	*cap-isc-ano*	*cap-isc-ano!*
II	*cap-ite*	*cap-ite!*			

Forme di comando dei verbi *essere* e *avere*:

	pres. ind.	imperativo		pres. cong.	cong. di comando
sg. II	*sei*	*sii!*	sg. III	*sia*	*sia!*
pl. I	*siamo*	*siamo!*	pl. III	*siano*	*siano!*
II	*siete*	*siate!*			
sg. II	*hai*	*abbi!*	sg. III	*abbia*	*abbia!*
pl. I	*abbiamo*	*abbiamo!*	pl. III	*abbiano*	*abbiano!*
II	*avete*	*abbiate!*			

---

[2] **N.B.** La seconda persona singolare dei verbi della prima coniugazione è l'unica che subisce un cambiamento della finale da **-i** in **-a**.

I verbi che hanno delle irregolarità nella coniugazione del presente indicativo o congiuntivo logicamente presentano le stesse irregolarità nella formazione dell'imperativo e del congiuntivo di comando (cfr. Appendici, 2).

infinito	indicativo presente	modi del comando *tu, noi, voi*	*Lei, Loro*

i) Verbi della prima coniugazione:

andare	vado, vai	va '[3], andiamo, andate	vada, vadano
dare	do, dai,	da', diamo, date	dia, diano
fare	faccio, fai	fa', facciamo, fate	faccia, facciano
stare	sto, stai	sta', stiamo, state	stia, stiano

ii) Verbi della seconda coniugazione:[4]

bere	bevo, bevi	bevi, beviamo, bevete	beva, bevano
dire	dico, dici	di', diciamo, dite	dica, dicano
nuocere	nuoccio, nuoci	nuoci, nuociamo, nuocete	nuoccia, nuocciano
piacere	piaccio, piaci	piaci, piacciamo, piacete	piaccia, piacciano
porre	pongo, poni	poni, poniamo, ponete	ponga, pongano
possedere	possiedo, possiedi	possiedi, possediamo, possedete	possieda, possiedano
rimanere	rimango, rimani	rimani, rimaniamo, rimanete	rimanga, rimangano

---

[3]   I verbi *andare, dare, fare, stare, dire,* che sono molto usati nel dare ordini, presentano alla seconda persona singolare delle forme tronche, che sono molto forti, essendo brevissime e molto enfatiche.

[4]   I verbi modali *dovere, potere, volere* non hanno le forme dei modi del comando.

X, 1

infinito	indicativo presente		modi del comando tu, noi, voi	Lei, Loro

sapere	*so,*	*sai*	**sappi, sappiamo, sappiate**	**sappia, sappiano**[5]
scegliere	*scelgo,*	*scegli*	*scegli, scegliamo, scegliete*	*scelga, scelgano*
sciogliere	*sciolgo,*	*sciogli*	*sciogli, sciogliamo, sciogliete*	*sciolga, sciolgano*
spegnere	*spengo,*	*spegni*	*spegni, spegnamo, spegnete*	*spenga, spengano*
tenere	*tengo,*	*tieni*	*tieni, teniamo, tenete*	*tenga, tengano*
togliere	*tolgo,*	*togli*	*togli, togliamo, togliete*	*tolga, tolgano*
tradurre	*traduco,*	*traduci*	*traduci, traduciamo, traducete*	*traduca, traducano*
trarre	*traggo,*	*trai*	*trai, traiamo, traete*	*tragga, traggano*
valere	*valgo,*	*vali*	*vali, valiamo, valete*	*valga, valgano*
volgere	*volgo,*	*volgi*	*volgi, volgiamo, volgete*	*volga, volgano*

iii) Verbi della terza coniugazione:

apparire	*appaio,*	*appari*	*appari, appariamo, apparite*	*appaia, appaiano*
morire	*muoio,*	*muori*	*muori, moriamo, morite*	*muoia, muoiano*
riempire	*riempio,*	*riempi*	*riempi, riempiamo, riempite*	*riempia, riempiano*
salire	*salgo,*	*sali*	*sali, saliamo, salite*	*salga, salgano*
venire	*vengo,*	*vieni*	*vieni, veniamo, venite*	*venga, vengano*
udire	*odo,*	*odi*	*odi, udiamo, udite*	*oda, odano*
uscire	*esco,*	*esci*	*esci, usciamo, uscite*	*esca, escano*

---

[5] Notare come le forme del verbo *sapere* abbiano delle irregolarità che sono diverse da quelle degli altri verbi.

imperativo	congiuntivo di comando

2 LA FORMA NEGATIVA DEL COMANDO

Dormi! **Non dormire!**
Scrivi! **Non scrivere!**

La seconda persona singolare, dopo la negazione *non*, assume la forma dell'infinito del verbo.[6]

Parliamo! **Non parliamo!**
Uscite! **Non uscite!**

In tutte le altre forme, invece, la forma negativa si costruisce regolarmente mettendo immediatamente prima del verbo la negazione *non*.

Dorma! **Non dorma!**
Scriva! **Non scriva!**

Parlino! **Non parlino!**
Escano! **Non escano!**

La forma negativa si costruisce regolarmente mettendo immediatamente prima del verbo la negazione *non*.

3 LE FORME DEL COMANDO E I PRONOMI

Mario, guardalo!
Mario, non guardarlo!
Ragazzi, guardiamolo!
Ragazzi, guardatelo!
Ragazzi, non guardatelo!

Signora, lo guardi!
Signora, non lo guardi!

Signorine, lo guardino!
Signorine, non lo guardino![7]

---

[6] La forma dell'infinito del verbo si usa anche in costruzioni positive per dare istruzioni scritte:
   Completare *le frasi seguenti in modo opportuno.*
   Montare *il burro con lo zucchero,* **aggiungere** *i tuorli d'uovo...*

[7] Anche i verbi *sapere, essere, avere* seguono lo stesso tipo di alternanza:
   Mario, **abbilo** *pronto per domani!*
   Signora, **lo abbia** *pronto per domani!*
   Sappiatelo *a memoria per domani!*
   Lo sappiano *per domani!*
   Siate preparati! **Siatelo** *sempre!*

I pronomi atoni che dipendono
da un verbo all'imperativo si
mettono immediatamente dopo
la forma verbale e formano con
essa una sola parola.

I pronomi atoni che dipendono da un
verbo al congiuntivo di comando
precedono la forma verbale, come
di solito.

* * *

*riposati! riposiamoci!
  riposatevi!
non riposarti! non riposiamoci!*

si riposi! si riposino!

non si riposi!

*scrivilo! scriviamolo!
  scrivetelo!
non scriverlo! non scriviamolo!*

lo scriva! lo scrivano!

non lo scriva!

*telefonagli! telefoniamogli!
non telefonargli!*

*gli telefoni! gli telefonino!
non gli telefoni!*

*dagli il libro! daglielo!
non darglielo!*

*gli dia il libro! glielo dia!
non glielo dia!*

*vacci! andiamoci! andateci!
non andarci! non andiamoci!*

*ci vada! ci vadano!
non ci vada! non ci vadano!*

parlane al professore!

ne parli al professore![8]

---

[8] Le forme dell'imperativo *va'*, *sta'*, *di'*, *fa'*, *da'* se sono seguite da
pronomi richiedono il raddoppiamento della prima consonante del pronome
(eccetto: *gli*):

    Vacci *oggi!*   = *Va' in biblioteca oggi!*
    Stacci *due ore!*   = *Sta' in camera tua due ore!*
    Dille *di tacere!* = *Di' a lei di tacere!*
    Facci *un favore!* = *Fa' a noi un favore!*
    Fammelo *vedere!* = *Fa' vedere a me quel libro!*
    Dammene *un po'!* = *Da' a me un po' di dolce!*
    Danne *a tutti!*   = *Da' a tutti dei confetti!*
    Stagli *vicino!*   = *Sta' vicino a lui!*

Notiamo però che la forma negativa della seconda persona singolare con l'infinito (*tu*)
ammette anche che i pronomi atoni
precedano l'infinito:

non ti riposare!
non lo scrivere!
non gli telefonare!
non glielo dare!
non ci andare!
non ne parlare al professore!

Riassumiamo le forme del comando dei verbi regolari:

		I coniugazione	II coniugazione	III coniugazione	
	I	--	--	--	--
sg.	II	-a!	-i!	-i!	-isc-i!
	III	-i!	-a!	-a!	-isc-a!
	I	-iamo!	-iamo!	-iamo!	
pl.	II	-ate!	-ete!	-ite!	
	III	-imo!	-ano!	-ano!	-isc-ano!

XI Modo congiuntivo

1 MODO INDICATIVO E MODO CONGIUNTIVO NELLE FRASI DIPENDENTI

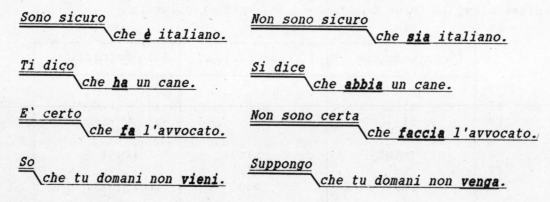

Sono sicuro   *che è italiano.*   *Non sono sicuro*   *che **sia** italiano.*

Ti dico   *che **ha** un cane.*   *Si dice*   *che **abbia** un cane.*

E' certo   *che **fa** l'avvocato.*   *Non sono certa*   *che **faccia** l'avvocato.*

So   *che tu domani non **vieni**.*   *Suppongo*   *che tu domani non **venga**.*

Nell'unità II, 1 (nota 2), abbiamo detto che il "modo" di un verbo indica lo stato d'animo del parlante rispetto a quello che dice.

Ora notiamo come il messaggio fondamentale delle frasi di sinistra sia molto simile alle corrispondenti frasi di destra. La differenza è che nelle frasi dipendenti con il verbo al **modo indicativo** (*è, ha, fa, legge, vieni*) le asserzioni sono sentite come vere: cioè il parlante considera certo, sicuro, ciò di cui parla. Invece le frasi dipendenti con il verbo al **modo congiuntivo** (*sia, abbia, faccia, legga, venga*) esprimono incertezza e il parlante dubita di quello che dice o esprime un'opinione personale.

Cioè il **presente indicativo e congiuntivo hanno usi paralleli** e si sceglie l'uno o l'altro a seconda del verbo che troviamo nella frase principale.

Notiamo che tutte queste frasi dipendenti sono introdotte dalla congiunzione *che*.

Se nella frase principale c'è un verbo che indica sicurezza, conoscenza, certezza, (come: *dico che, sono certo che, sono sicuro che, so che, sostengo che, giuro che, è ovvio che, è chiaro che, è evidente che, ecc.*) nella frase dipendente il verbo è al modo indicativo (cfr. II, 5).

Invece il **verbo della frase dipendente è al congiuntivo se il verbo della**
frase principale esprime:

a)   **un'opinione o un giudizio personale:**

> *Credo che Gino abbia una FIAT.*
> *Ho l'impressione che Gino non veda bene.*
> *Mi dispiace che tu stia così male.*
> *Mi pare che non sia giusto.*
> *Penso che voi abbiate ragione.*

Espressioni di questo tipo sono:

(non) ho l'impressione che...	*(non) mi piace che...*
(non) ho l'ossessione che...	*(non) prevedo che...*
(non) ho la speranza che...	*(non) propongo che...*
(non) ho idea che...	*(non) mi rammarico che...*
(non) (mi) aspetto che	*(non) mi rincresce che...*
(non) mi assicuro che...	*(non) ritengo che...*
(non) consiglio che...	*(non) (mi) sembra che...*
(non) credo che...	*(non) sospetto che...*
(non) disapprovo che...	*(non) suggerisco che...*
(non) mi dispiace che...	*(non) mi stupisco che...*
(non) evito che...	*(non) suppongo che...*
(non) mi illudo che...	*(non) vale la pena che...*
(non) immagino che...	
(non) mi meraviglio che...	*(non) sono ansioso che...*
(non) merito che...	*(non) sono contento che...*
(non) (mi) pare che...	*(non) sono desolato che...*
(non) penso che...	*(non) sono felice che...*
	(non) sono fiero che...
non sono certo che...	*(non) sono grato che...*
non sono convinto che...	*(non) sono sorpreso che...*
non sono sicuro che...	*(non) sono spiacente che...*

b)   **un'opinione, attraverso la costruzione "è + aggetivo" o di tipo**
      "impersonale":

> *Non è importante che facciano questo viaggio.*
> *E' probabile che legga tutto?*
> *E' necessario che esca subito!*

Espressioni di questo tipo sono:

XI, 1

```
(non) è ammesso che...            (non) è preferibile che...
(non) è assurdo che...            (non) è probabile che...
(non) è augurabile che...         (non) è raro che...
(non) è (un) bene che...          (non) è strano che...
(non) è difficile che...          (non) è spiacevole che...
(non) è facile che...             (non) è sufficiente che...
(non) è giusto che...             (non) è utile che...
(non) è importante che...         (non) è vergognoso che...
(non) è impossibile che...        (non) è verosimile che...
(non) è improbabile che...
(non) è ingiusto che...           (non) basta che...
(non) è inconcepibile che...      (non) può darsi che...
(non) è incredibile che...        (non) bisogna che...
(non) è improbabile che...        (non) si dice che...
(non) è incomprensibile che..     (non) importa che...
(non) è inevitabile che...        (non) ci manca poco che...
(non) è interessante che...       (non) mi meraviglia che...
(non) è inutile che...            (non) merita che...
(non) è logico che...             (non) occorre che...
(non) è (un) male che...          (non) si presume che...
(non) è meglio che...             (non) vale che...
(non) è naturale che...
(non) è necessario che...         non è certo che...
(non) è normale che...            non è chiaro che...
(non) è ora che...                non è evidente che...
(non) è (un) peccato che...       non è indiscutibile che...
(non) è peggio che...             non è ovvio che...
(non) è permesso che...           non è sicuro che...
(non) è possibile che...          non è vero che...
```

c)   **un dubbio o un timore:**

>   *Non **ho paura** che perda la strada.*
>   ***Dubito** che ne sappia abbastanza.*
>   ***Temo** che non riesca.*
>   *Non **ho nessun dubbio** che dica delle frottole.*
>   ***Ho timore** che non sappia spiegarsi bene.*

d)   **un desiderio, una speranza o un'attesa:**

>   ***Aspetto** che Luigi torni a casa.*
>   ***Gli auguro** che tutto vada bene.*
>   ***Mi auguro** che tutto vada bene.*
>   ***Desidero** che venga a farmi visita.*
>   ***Spero** che capiate l'uso del congiuntivo.*

XI, 1

e)   un ordine o una richiesta:[1]

> *Gli **chiederò che** ci vada lui.*
> ***Esige che** consegnino i temi puntualmente.*
> ***Impone che** seguano una disciplina rigidissima.*
> *Ordina **che** ci sia silenzio.*
> *Non **permetto che** rientrino tardi.*
> *Non **pretendo che** facciano cose impossibili!*

Espressioni di questo tipo sono:

(non) aspetto che...	*(non) ordino che...*
(non) chiedo che...	*(non) permetto che...*
(non) comando che...	*(non) preferisco che...*
(non) consiglio che...	*(non) prego che...*
(non) conviene che...	*(non) pretendo che...*
(non) desidero che...	*(non) propongo che...*
(non) dico (= ordino) che...	*(non) raccomando che...*
(non) esigo che...	*(non) richiedo che...*
(non) impedisco che...	*(non) vieto che...*
(non) impongo che...	*(non) voglio che...*
(non) lascio che...	

*   *   *

> *Spero **che tu** ti diverta al mare!*
> *Spero **di** divertirmi al mare!*

A questo punto è bene notare che **le frasi dipendenti col verbo al congiuntivo
hanno sempre il soggetto diverso da quello della frase principale**. Infatti se
i soggetti delle due frasi coincidono, si deve ricorrere alla costruzione con
"di + infinito" (cfr. XIII, 3).

---

[1]   Questi verbi ammettono anche la costruzione "di + infinito" (cfr. XIII,
3)

> *Gli **chiederò di andarci** domani.*
> *Non le permetto **di tornare** tardi.*

2 PRESENTE CONGIUNTIVO

		I, -are (parl-are)	II, -ere (cred-ere)	III, -ire (sent-ire)	(cap-ire)
sg.	I	*che...* *parl-i*	*che...* *cred-a*	*che...* *sent-a*	*che...* *cap-isc-a*
	II	*parl-i*	*cred-a*	*sent-a*	*cap-isc-a*
	III	*parl-i*	*cred-a*	*sent-a*	*cap-isc-a*
pl.	I	*parl-iamo*	*cred-iamo*	*sent-iamo*	*cap-iamo*
	II	*parl-iate*	*cred-iate*	*sent-iate*	*cap-iate*
	III	*parl-ino*	*cred-ano*	*sent-ano*	*cap-isc-ano*[2]

I verbi riflessivi seguono le forme riportate sopra:

> *lav-arsi*   *che mi lavi, ti lavi, si lavi, ci laviamo, vi laviate,*
>   *si lavino*
> *ved-ersi*   *che mi veda, ti veda, si veda, ci vediamo, vi vediate,*
>   *si vedano*

---

[2]   **N.B.** a)   Le finali delle tre coniugazioni spesso coincidono e le tre persone singolari sono indentiche fra loro.

		I	II	III
sg.	I	-i	-a	
	II	-i	-a	
	III	-i	-a	
pl.	I		-iamo	
	II		-iate	
	III	-ino	-ano	

b)   Notare lo spostamento dell'accento, che è identico a quello della coniugazione del presente indicativo.

c)   Notare l'inserto -isc- nei verbi come *capire*, che è anche identico a quello della coniugazione del presente.

Dato che le finali delle tre persone singolari sono uguali nell'ambito di ogni coniugazione, cioè la finale non indica la persona del soggetto, per evitare ambiguità è spesso necessario esprimere il soggetto.

> *E` necessario che (io/tu/lui) esca subito.*

XI, 2

copr-irsi	*che mi copra, ti copra, si copra, ci copriamo, vi copriate, si coprano*
trasfer-irsi	*che mi trasferisca, ti trasferisca, si trasferisca, ci trasferiamo, vi trasferiate, si trasferiscano*

Consideriamo a parte i verbi **essere** e **avere**:

essere	*che sia, sia, sia, siamo, siate, siano*
avere	*che abbia, abbia, abbia, abbiamo, abbiate, abbiano*

* * *

Hanno il congiuntivo presente **irregolare** i seguenti verbi e i loro derivati (cfr. Appendici, 2).

Osserviamo che i verbi che presentano delle **irregolarità** al presente congiuntivo, generalmente derivano queste forme **dalla stessa radice della prima persona dell'indicativo presente**, eccetto che per la prima e la seconda persona plurali, che derivano entrambe dalla stessa radice della prima persona plurale del presente indicativo (per cui la prima persona plurale del presente indicativo e congiuntivo coincidono sempre).

I verbi irregolari della prima coniugazione sono:

infinito	presente indicativo	presente congiuntivo
		che...
and-are	vado	*vada, vada, vada, andiamo, andiate, vadano*
d-are	do	*dia, dia, dia, diamo, diate, diano*
st-are	sto	*stia, stia, stia, stiamo, stiate, stiano*[3]

---

[3] Il congiuntivo presente ammette la costruzione **stare + gerundio**:
*Credo che **stia leggendo**.*
*Non penso che **stiano dormendo** già.*

XI, 2

Verbi irregolari della seconda coniugazione:

infinito	presente indicativo	presente congiuntivo

che...

bere	*bev-o*	*bev-a,...* *beviamo, beviate, bevano*
cogliere	*colg-o*	*colg-a,...* *cogliamo, cogliate, colgano*
dire	*dic-o*	*dic-a,...* *diciamo, diciate, dicano*
dovere	*devo (debbo)*	*debba, debba, debba, dobbiamo, dobbiate, debbano*
fare	*faccio*	*faccia,...* *facciamo, facciate, facciano*
parere	*paio*	*paia,...* *paiamo, paiate, paiano*
piacere	*piaccio*	*piaccia,...* *piacciamo, piacciate, piacciano*
porre	*pong-o*	*pong-a,...* *poniamo, poniate, pongano*
potere	*posso*	*possa, possa, possa, possiamo, possiate, possano*
rimanere	*rimang-o*	*rimang-a,...* *rimaniamo, rimaniate, rimangano*
sapere	*so*	*sappia, sappia, sappia, sappiamo, sappiate, sappiano*
sedere	*sied-o*	*sied-a,...* *sediamo, sediate, siedano*
spegnere	*speng-o*	*speng-a,...* *spegniamo, spegniate, spengano*
tenere	*teng-o*	*teng-a,...* *teniamo, teniate, tengano*
tradurre	*traduc-o*	*traduc-a,...* *traduciamo, traduciate, traducano*
trarre	*tragg-o*	*tragg-a,...* *traiamo, traiate, traggano*
valere	*valg-o*	*valg-a,...* *valiamo, valiate, valgano*
volere	*voglio*	*voglia, voglia, voglia, vogliamo, vogliate, vogliano*

Verbi irregolari della terza coniugazione:

che...

apparire	*appai-o*	*appai-a,...* *appaiamo, appariate, appaiano*
morire	*muoi-o*	*muoi-a,...* *moriamo, moriate, muoiano*
salire	*salg-o*	*salg-a,...* *saliamo, saliate, salgano*
udire	*od-o*	*od-a,...* *udiamo, udiate, odano*
uscire	*esc-o*	*esc-a,...* *usciamo, usciate, escano*
venire	*veng-o*	*veng-a,...* *veniamo, veniate, vengano*

XI, 2

3 VARI USI DEL TEMPO PRESENTE CONGIUTIVO

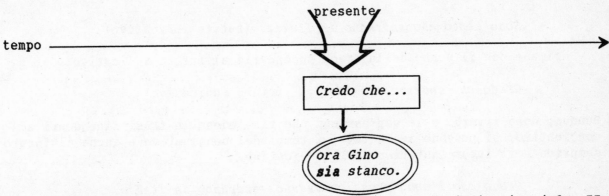

Il presente congiuntivo ha gli stessi valori del presente indicativo (cfr. II, 4). Per esempio:

a) **azione o stato attuale:**

        Mario legge quel romanzo adesso?   *Sì, credo che lo **legga**.*
                                                *Sì, credo che lo **stia leggendo** adesso.*[4]

b) **presente assoluto:**

        Si alza sempre alle sette?   *Sì, mi sembra che **si alzi** sempre presto.*

c) **futuro certo o programmato:**

        Vanno in Italia fra due anni?   *Sì, suppongo che ci **vadano** fra due anni.*

N.B. Nel modo congiuntivo non esistono tempi parelleli al futuro semplice e al futuro anteriore dell'indicativo.

Infatti mentre la frase:

        *Sono certo che l'anno prossimo **vanno** in Italia.* (presente indicativo)

diventa:

---

[4]   Per le costruzione "stare + gerundio" cfr. Appendici 1, b.

Credo che l'anno prossimo **vadano** *in Italia.* (presente
congiuntivo)
la frase:

Sono certo che **andranno** *in Italia.* (futuro indicativo)

rimane con il verbo della frase secondaria al futuro indicativo:

Credo che **andranno** *in Italia.* (futuro indicativo)

Dunque, dopo i verbi e le espressioni che richiedono le frasi dipendenti al congiuntivo, si possono avere tutti i tempi del congiuntivo e anche il futuro semplice e il futuro anteriore dell'indicativo.

Credo che l'anno prossimo **vadano/ andranno** *in Italia.*

Sono sicuro/ Penso che alle dieci di stasera **saranno** *già* **arrivati.**

Sono certo/ Credo che **uscirà** *solo quando* **avrà finito** *i compiti.*

"Mi preoccupo perché è in ritardo."
"Vedrai/ Penso che non gli **sarà successo** *nulla!"*

In questi casi l'uso del futuro semplice è più comune quando manca un complemento di tempo nella frase.

N.B. Il congiuntivo presente si usa talvolta nella lingua parlata in frasi indipendenti: si tratta di frasi esclamative che esprimono un augurio, una maledizione, ecc.

(Che) Dio ti **benedica!**
(Che) ti **venga** *un accidente!*
(Che) **vada** *all'inferno!*

4   PASSATO CONGIUNTIVO

Ti dico
　　　　＼*che* **è andata** *bene.*

Penso
　　　＼*che* **sia andata** *bene.*

E' sicuro
　　　　＼*che non* **si è fatto** *male.*

Non è sicuro
　　　　＼*che non* **si sia fatto** *male.*

Certo
        *che **ha studiato**!*

E' impossibile
        *che **abbia studiato** tutto!*

Come si vede nelle frasi di sinistra abbiamo il presente indicativo nella frase principale e il passato prossimo nella frase dipendente.

Se nella frase principale c'è un verbo (*penso, non sono sicura, é impossibile, credo, mi pare...*) che richiede il congiuntivo nella frase dipendente, anche in questa frase ci sarà il passato, ma del modo congiuntivo. Cioè il **passato prossimo indicativo e passato congiuntivo hanno usi paralleli** e si sceglie l'uno o l'altro a seconda del verbo che troviamo nella frase principale.

a)   Verbi con l'ausiliare ***avere*** (cfr. IV, 3 e 5):

		I, -are (parl-are)	II, -ere (cred-ere)	III, -ire (cap-ire)
		che...	che...	che...
sg.	I	abbia parlato	abbia creduto	abbia capito
	II	abbia parlato	abbia creduto	abbia capito
	III	abbia parlato	abbia creduto	abbia capito
pl.	I	abbiamo parlato	abbiamo creduto	abbiamo capito
	II	abbiate parlato	abbiate creduto	abbiate capito
	III	abbiano parlato	abbiano creduto	abbiano capito

b)   Verbi con l'ausiliare ***essere*** (cfr. IV, 4 e 5):

		I, -are (and-are)	II, -ere (cad-ere)	III, -ire (usc-ire)
		che...	che...	che...
sg.	I	sia andato/a	sia caduto/a	sia uscito/a
	II	sia andato/a	sia caduto/a	sia uscito/a
	III	sia andato/a	sia caduto/a	sia uscito/a
pl.	I	siamo andati/e	siamo caduti/e	siamo usciti/e
	II	siate andati/e	siate caduti/e	siate usciti/e
	III	siano andati/e	siano caduti/e	siano usciti/e

XI, 4

c)   Verbi riflessivi (cfr. IV, 4c):

		I, -are *(vergogn-**arsi**)*	II, -ere *(sed-**ersi**)*	III, - ire *(divert-**irsi**)*
		che...	*che...*	*che...*
sg.	I	*mi sia vergognato/a*	*mi sia seduto/a*	*mi sia divertito/a*
	II	*ti sia vergognato/a*	*ti sia seduto/a*	*ti sia divertito/a*
	III	*si sia vergognato/a*	*si sia seduto/a*	*si sia divertito/a*
pl.	I	*ci siamo vergognati/e*	*ci siamo seduti/e*	*ci siamo divertiti/e*
	II	*vi siate vergognati/e*	*vi siate seduti/e*	*vi siate divertiti/e*
	III	*si siano vergognati/e*	*si siano seduti/e*	*si siano divertiti/e*

Consideriamo a parte i verbi **essere** e **avere**:

essere	*che sia stato/a, sia stato/a, sia stato/a, siamo stati/e,* *siate stati/e, siano stati/e*
avere	*che abbia avuto, abbia avuto, abbia avuto, abbiamo avuto,* *abbiate avuto, abbiano avuto*

5   VARI USI DEL TEMPO PASSATO CONGIUNTIVO

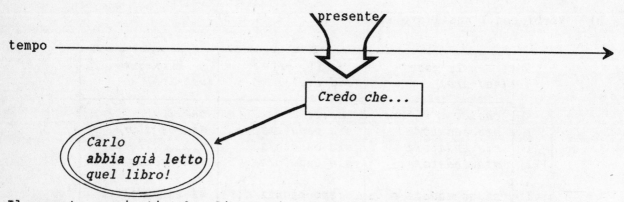

Il passato congiuntivo ha gli stessi valori del passato prossimo indicativo
(cfr. IV, 6) esprime:

a) un **passato molto recente**:

> *"Esco."*
> *"Che cosa ha detto?"*
> *"Credo che **abbia detto** che esce."* (tempo molto recente)
> *"Gli ha parlato?"*
> *"Credo che gli **abbia parlato** proprio ora al telefono."* (tempo molto recente)

b) un **tempo lontano o anche molto lontano**:

Chi ha scolpito il Davide?	*Credo che l'**abbia scolpito** Michelangelo.* (tempo lontano)
Quando è andata a Roma per la prima volta?	*Mi pare che ci **sia andata** nel 1952.* (tempo lontano)

Anche il passato congiuntivo coglie due aspetti del passato:

a) **aspetto puntuale** di un avvenimento (azione o processo) finito e concluso nel passato, avvenuto in un certo momento:

Quando si sono alzati ieri?	*Mi sembra che **si siano alzati** alle sette.*
Quando è cominciato il corso?	*Suppongo che **sia incominciato** il 5 settembre.*
Quando hanno visitato quel museo per l'ultima volta?	*Mi pare che ci **siano andati** due anni fa.*

b) azione completata durante un **periodo di tempo ben delimitato**:

Per quanto tempo ha studiato latino?	*Credo che l'**abbia studiato** per nove anni.*
Quando hanno vissuto a Roma?	*Credo che ci **abbiano vissuto** dal 1953 al 1966.*
Quanto è durato il film?	*Mi sembra che sia durato due ore.*

N.B. I verbi che esprimono ordine o richiesta (cfr. XI, 1e), dato il loro significato, non ammettono che il verbo della frase secondaria sia al passato:

> **Ordino che sia andato ieri in banca!* (non ha senso!)

XI, 5

N.B. Nel modo congiuntivo non esiste un tempo parallelo al passato remoto indicativo. Abbiamo visto che il passato prossimo indicativo può sostituire il passato remoto: ecco infatti che **nelle frasi dipendenti al congiuntivo il passato congiuntivo assorbe il passato remoto indicativo.**

Quando morì/ è morto Leonardo da Vinci?
*Credo che **sia morto** nel 1492.*

*Dove **combattè/ ha combattuto** tuo nonno durante la prima guerra*
mondiale?
*Credo che **abbia combattuto** sul Carso.*

N.B. Nel modo congiuntivo non esiste un tempo parallelo al trapassato remoto indicativo, né questo parallelismo è necessario, dato che le espressioni *dopo che, appena, quando* richiedono esclusivamente l'indicativo.

Garibaldi, dopo che ebbe combattuto, si ritirò a Caprera.

Mi pare *che Garibaldi, dopo che **ebbe combattuto**, si sia ritirato a Caprera.*

Enea, dopo che i Greci ebbero distrutto la città di Troia, fondò Lavinio.

*Si racconta che Enea, dopo che i Greci **ebbero distrutto** la città di Troia, abbia fondato Lavinio.*

6 IMPERFETTO CONGIUNTIVO

*Sono sicura che al mare **mangiava** tanto pesce.*

*Non credo che lui al mare **mangiasse** tanto pesce.*

*Sai che l'anno scorso Gino **telefonava** a Rina tutti i giorni?*

*Mi sembra che l'anno scorso Gino **telefonasse** a Rina tutti i giorni.*

*Ti assicuro che da giovane **andava** dal parrucchiere tutte le settimane.*

*Suppongo che da giovane **andasse** dal parrucchiere tutte le settimane!*

Come si vede nelle frasi di sinistra abbiamo un presente indicativo nella frase principale e l'imperfetto indicativo nella frase dipendente.

Se nella frase principale c'è un verbo che richiede il congiuntivo nella frase dipendente, anche in questa frase ci sarà l'imperfetto, ma al modo congiuntivo. Cioè **l'imperfetto indicativo e congiuntivo hanno usi paralleli e** si sceglie l'uno o l'altro a seconda del verbo che troviamo nella frase principale.

Esaminiamo con cura le finali dei verbi regolari delle tre coniugazioni:

		I, -are *(parl-are)*	II, -ere *(cred-ere)*	III, -ire *(sent-ire)*	III, -ire *(cap-ire)*
		che...	*che...*	*che...*	*che...*
sg.	I	*parl-ass-i*	*cred-ess-i*	*sent-iss-i*	*cap-iss-i*
	II	*parl-ass-i*	*cred-ess-i*	*sent-iss-i*	*cap-iss-i*
	III	*parl-ass-e*	*cred-ess-e*	*sent-iss-e*	*cap-iss-e*
pl.	I	*parl-ass-imo*	*cred-ess-imo*	*sent-iss-imo*	*cap-iss-imo*
	II	*parl-aste*	*cred-este*	*sent-iste*	*cap-iste*
	III	*parl-ass-ero*	*cred-ess-ero*	*sent-iss-ero*	*cap-iss-ero*

I verbi riflessivi seguono le forme riportate sopra:

lav-arsi   *che mi lavassi, ti lavassi, si lavasse, ci lavassimo,*
                 vi lavaste, si lavassero

ved-ersi   *che mi vedessi, ti vedessi, si vedesse, ci vedessimo,*
                 vi vedeste, si vedessero

copr-irsi   *che mi coprissi, ti coprissi, si coprisse, ci coprissimo,*
                 vi copriste, si coprissero

trasfer-irsi   *che mi trasferissi, ti trasferissi, si trasferisse,*
                 ci trasferissimo, vi trasferiste, si trasferissero

Consideriamo a parte i verbi **essere** e **avere**:

essere	*che fossi, fossi, fosse, fossimo, foste, fossero*
avere	*che avessi, avessi, avesse, avessimo, aveste, avessero*

Pochi verbi sono **irregolari** all'imperfetto congiuntivo (cfr. Appendici, 2):

dare	*che dessi, dessi, desse, dessimo, deste, dessero*
stare	*che stessi, stessi, stesse, stessimo, steste, stessero*[5]

I verbi *fare, dire, bere, porre, tradurre, trarre* formano questo tempo regolarmente dalle loro radici fac-, dic-, bev-, pon-, traduc-, tra-:

fare	*che fac-ess-i, fac-ess-i, fac-ess-e...*
dire	*che dic-ess-i, dic-ess-i, dic-ess-e...*
bere	*che bev-ess-i, bev-ess-i, bev-ess-e...*
porre	*che pon-ess-i, pon-ess-i, pon-ess-e...*
tradurre	*che traduc-ess-i, traduc-ess-i, traduc-ess-e...*
trarre	*che tra-ess-i, tra-ess-i, tra-ess-e...*

7 VARI USI DEL TEMPO IMPERFETTO CONGIUNTIVO

L'imperfetto congiuntivo ha gli **stessi valori dell'imperfetto indicativo**: (cfr. VI, 2)

a) **azione ripetuta, abituale nel passato:**

> *Non credo che da studentessa **studiasse** molto.*
> *Suppongo che l'anno scorso **andasse** a casa sua tutti i giorni.*
> *Immagino che, quando andavi a scuola, **passassi** dalla casa della tua amica.*

b) **un'azione o un processo nella sua durata:**

> *Non è possibile che ieri sera alle nove tu **studiassi** ancora.*
> *Mentre io leggevo, credo che mio fratello **sentisse** della musica.*
> *Spero che tu non **facessi** niente d'importante quando ti ho telefonato.*

---

[5] Il congiuntivo imperfetto ammette la costruzione "stare + gerundio" (cfr. Appendici 1, b):
> *Credo che lui **stesse leggendo** quando tu gli hai telefonato.*

c) **descrizione di uno stato fisico o psicologico:**

> *E` probabile che **fosse** una bella giornata.*
> *Non mi meraviglio che Sandra **fosse** stanca e **si sentisse** male.*
> *Mi pare che **avesse** gli occhi verdi.*
> *E` uscita in fretta perché credo che **volesse** andare alla posta.*

N.B. *   ***Venisse** un po' di sole! (ora non c'è sole)*
> ***Stessero** più attenti! (ma non stanno attenti)*
> *Gli **venisse** un accidente!*
> *(Magari) **fosse** vero!*

L'imperfetto congiuntivo si usa anche in frasi indipendenti quando si esprime un **desiderio contrario alla realtà attuale**. Tale uso è parallelo a quello dell'imperfetto indicativo che esprime un'azione presente impossibile da realizzare (cfr. VI, 2d).

8 TRAPASSATO CONGIUNTIVO

> *Era la prima volta che mangiava il caviale?*

No, so
*che l'**aveva mangiato** già prima.*

No, credo
*che l'**avesse mangiato** già prima.*

> *Era la prima volta che andava in Italia?*

No, so
*che ci **era** già **stato** in precedenza.*

No, suppongo
*che ci **fosse** già **stato** in precedenza.*

> *Hanno giocato a tennis ieri sera?*

*Quando sono venuti qui, mi hanno detto che **avevano** già **giocato**.*

*Quando sono venuti qui, credo che **avessero** già **giocato**.*

Ancora una volta insistiamo sul fatto che i tempi dell'indicativo e del congiuntivo hanno usi paralleli e così, anche per il trapassato, si sceglie il modo indicativo o congiuntivo a seconda dell'espressione verbale che troviamo nella frase principale.[6]

a)   Verbi con l'ausiliare *avere* (cfr. IV, 3 e 5):

		I, -are (parl-are)	II, -ere (cred-ere)	III, -ire (cap-ire)
sg.	I	che... avessi parlato	che... avessi creduto	che... avessi capito
	II	avessi parlato	avessi creduto	avessi capito
	III	avesse parlato	avesse creduto	avesse capito
pl.	I	avessimo parlato	avessimo creduto	avessimo capito
	II	aveste parlato	aveste creduto	aveste capito
	III	avessero parlato	avessero creduto	avessero capito

b)   Verbi con l'ausiliare *essere* (cfr. IV, 4 e 5):

		I, -are (and-are)	II, -ere (cad-ere)	III, -ire (usc-ire)
sg.	I	che... fossi andato/a	che... fossi caduto/a	che... fossi uscito/a
	II	fossi andato/a	fossi caduto/a	fossi uscito/a
	III	fosse andato/a	fosse caduto/a	fosse uscito/a
pl.	I	fossimo andati/e	fossimo caduti/e	fossimo usciti/e
	II	foste andati/e	foste caduti/e	foste usciti/e
	III	fossero andati/e	fossero caduti/e	fossero usciti/e

---

[6]   Come il trapassato prossimo indicativo può essere sostituito dal passato prossimo indicativo in certi contesti, così anche il trapassato congiuntivo è spesso sostituito dal passato congiuntivo (cfr. VII, 2):
  "Hanno mangiato al ristorante ieri sera?"
  "No, credo che **avessero mangiato/ abbiano mangiato** *prima di uscire."*

  "Non è uscito stamattina?"
  "Suppongo che **fosse** *già* **uscito/ sia uscito** *ieri pomeriggio."*

  "Perché l'hanno bocciato?"
  "Mi pare che non **avesse frequentato/ abbia frequentato** *le lezioni."*

XI, 8

c)   Verbi riflessivi (cfr. IV, 4c):

	I, -are (ammal-*arsi*)	II, -ere (sed-*ersi*)	III, - ire (divert-*irsi*)
sg. I II III	che... *mi fossi ammalato/a* *ti fossi ammalato/a* *si fosse ammalato/a*	che... *mi fossi seduto/a* *ti fossi seduto/a* *si fosse seduto/a*	che... *mi fossi vestito/a* *ti fossi vestito/a* *si fosse vestito/a*
pl. I II III	*ci fossimo ammalati/e* *vi foste ammalati/e* *si fossero ammalati/e*	*ci fossimo seduti/e* *vi foste seduti/e* *si fossero seduti/e*	*ci fossimo vestiti/e* *vi foste vestiti/e* *si fossero vestiti/e*

Consideriamo a parte i verbi **essere** e **avere**:

essere	*che fossi stato/a, fossi stato/a, fosse stato/a,* *fossimo stati/e, foste stati/e, fossero stati/e*
avere	*che avessi avuto, avessi avuto, avesse avuto, avessimo avuto,* *aveste avuto, avessero avuto*

9 VARI USI DEL TEMPO TRAPASSATO CONGIUNTIVO

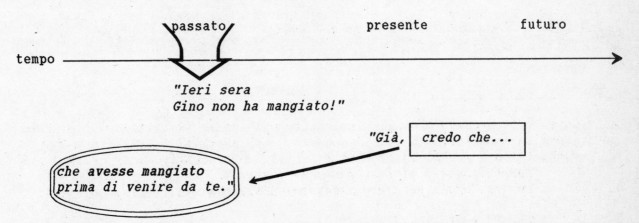

Il trapassato congiuntivo ha gli stessi valori del trapassato indicativo (cfr. VII, 2):

a) **aspetto puntuale:**

>"*Nel 1968 non frequentava più l'università?*"
>"*No, credo che l'**avesse** già **finita** nel 1966.*"

>"*Perchè l'hanno bocciato?*"
>"*Suppongo che non **avesse frequentato** regolarmente le lezioni.*"

b) **azione completata durante un periodo di tempo ben determinato:**

>"*E` rimasto a Roma solo due giorni!*"
>"*Ma mi pare che l'anno precedente ci **fosse rimasto** per due mesi!*"

>Credo che **fosse stata** una cattiva annata e per quello il paese era
>in miseria.

>Immagino che in paese **avesse avuto** sfortuna e perciò è emigrato.

Riassumiamo:

Il MODO CONGIUNTIVO di un verbo viene usato in frasi secondarie. Indica che quanto si esprime è un'opinione, un dubbio, una possibilità, un desiderio o un ordine del parlante.

Il congiuntivo ha:
a)   **due tempi semplici (presente e imperfetto)**; le forme verbali di questi tempi sono espresse con una parola.
b)   **due tempi composti (passato e trapassato)**; le forme verbali dei tempi composti sono espresse da due parole: una voce di un verbo ausiliare più il participio passato del verbo in questione.

Ecco uno schema riassuntivo delle finali delle forme regolari dei tempi semplici delle tre coniugazioni nel modo congiuntivo.

	I coniugazione	II coniugazione	III coniugazione	
Presente	-i	-a	-a	-isc-a
	-i	-a	-a	-isc-a
	-i	-a	-a	-isc-a
	-iamo	-iamo	-iamo	
	-iate	-iate	-iate	
	-ino	-ano	-ano	-isc-ano
Imperfetto	-assi	-essi	-issi	
	-assi	-essi	-issi	
	-asse	-esse	-isse	
	-assimo	-essimo	-issimo	
	-aste	-este	-iste	
	-assero	-essero	-issero	

Riassumiamo qui il parallelismo fra i tempi dell'indicativo e quelli del congiuntivo:

INDICATIVO		CONGIUNTIVO
presente	------->	presente
imperfetto	------->	imperfetto
passato prossimo	------->	passato
passato remoto	------->	passato
trapassato prossimo	------->	trapassato
trapassato remoto	------->	Ø
futuro	------->	Ø
futuro anteriore	------->	Ø

XI, 9

10 USO DEI TEMPI DEL CONGIUNTIVO NELLE FRASI DIPENDENTI: FRASE PRINCIPALE AL PRESENTE

Abbiamo visto al capitolo VII, 8 l'uso dei tempi dell'indicativo in frasi secondarie dipendenti da una frase principale col verbo al presente. Sarà bene confrontare quello schema con questo riportato qui di seguito per rilevare l'uso del congiuntivo in frasi secondarie dipendenti da una frase principale col verbo al presente.

(Notare che la linea semplice circonda frasi col verbo all'indicativo e la linea doppia circonda frasi con il verbo al congiuntivo.)

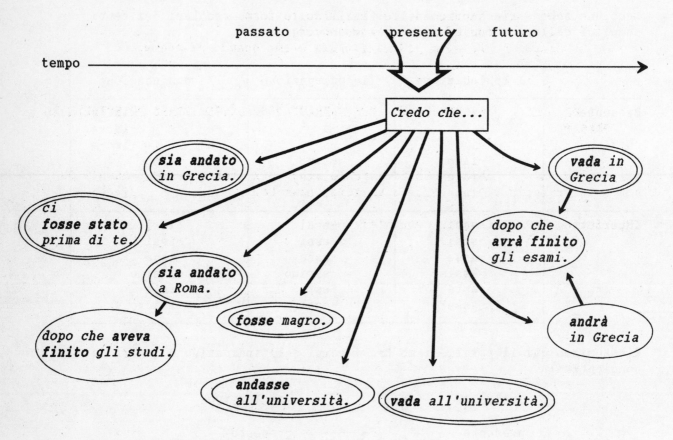

Se la frase principale ha il verbo al tempo presente, nella frase secondaria:

a)   la **contemporaneità** è espressa col tempo presente:

> Credo che **vada** all'università.
> Suppongo che **si alzi** sempre alle sette.

XI, 10

b)   la **precedenza** è espressa con l'**imperfetto**, il **passato** o il **trapassato** del congiuntivo:

> *Mi pare che **sia andato** in Grecia.*
> *Sembra che **sia partito** per Roma.*
> *E` possibile che ci **fosse** già **stato** prima di te.*
> *Credo che ci **sia stato** dopo che aveva finito gli studi.*
> *Ho l'impressione che la casa **fosse** stupenda.*
> *Immagino che ci **andasse** tutti i giorni.*

c)   il **futuro** rispetto alla frase principale è espresso con il **presente** congiuntivo o il **futuro semplice** e il **futuro anteriore** dell'indicativo.

> *Penso che **vadano** in Grecia l'anno venturo.*
> *Suppongo che ci **andrà** quando potrà.*
> *Immagino che **avrà** già **finito** gli esami quando ci andrà.*

11   USO DEI TEMPI DEL CONGIUNTIVO NELLE FRASI DIPENDENTI: FRASE PRINCIPALE AL PASSATO

Nell'unità VII, 9 abbiamo considerato le frasi all'indicativo dipendenti da una frase principale col verbo a un tempo passato.

Consideriamo ora lo schema seguente:

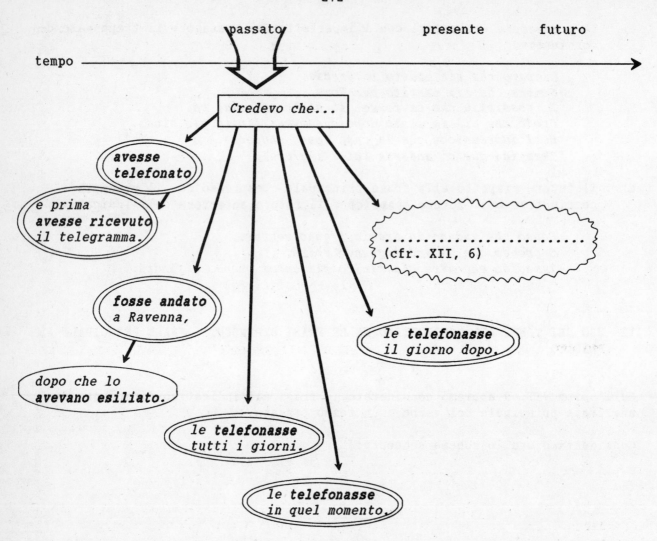

Se il verbo al passato della frase principale richiede il modo congiuntivo nella frase dipendente, anche qui avremo un parallelismo fra l'uso dei tempi dell'indicativo e l'uso dei tempi del congiuntivo, cioè:

a)   la **contemporaneità** alla frase principale è espressa nella frase dipendente con il tempo **imperfetto congiuntivo**:

> *Si credeva che **fosse** gravemente malato.*
> *Non rispondeva e ho pensato che **fosse** sordo.*
> *Si diceva che **fosse** fidanzata.*
> *Non l'ho disturbato perché credevo che **stesse** leggendo.*
> *Gli antichi pensavano che la terra **fosse** il centro dell'universo.*
> *Non sapevo che si **chiamasse** Aldo.*

XI, 11

b)   la **precedenza**, cioè il fatto passato rispetto alla principale, è espresso
     nella frase secondaria con il **trapassato** o l'**imperfetto** congiuntivo:

Credevo che tu fossi già uscito.
Non era sicuro che avessero avvisato tutti.
Come potevo immaginare che l'avessi comprato tu?
Si diceva che fosse emigrato in Canada.
Credevo che da giovane fosse brutta.
Non sapevo che tu da bambina andassi in quella scuola.

c)   il **futuro** rispetto alla frase principale è espresso con l'**imperfetto**
     congiuntivo:

Non sapevo che andassero in Francia il mese dopo.
Pensavo che lo facessero il giorno dopo.
Come potevo immaginare che lo comprassi tu?

12   USO DEL CONGIUNTIVO IN FRASI DIPENDENTI DA ESPRESSIONI VERBALI PARTICOLARI

Abbiamo già visto (cfr. XI, 3 N.B.) che i verbi o le espressioni verbali che
richiedono il congiuntivo nella frase dipendente, ammettono anche l'uso del
futuro semplice o anteriore:

Credo che l'anno prossimo vadano/ andranno in Italia.
Penso che alle dieci di stasera saranno già arrivati.

Bisogna però notare che le **espressioni verbali che indicano comando, ordine o
desiderio**, anche se espresse con "essere + aggettivo" e quelle di tipo
impersonale richiedono **esclusivamente i tempi semplici del modo congiuntivo.**

Desidero
Voglio
Consiglio
E` necessario   *che vadano in Italia il mese prossimo.*
Sarà utile
Bisogna

Ho voluto
Desideravo
Hai consigliato
Era necessario   *che andassero in Italia il mese seguente.*
E` stato utile
Bisognava

Abbiamo anche già notato nell'unità XI, 5 (N.B.) che, dato il loro significato, le espressioni che indicano comando, ordine o desiderio non ammettono che la frase secondaria abbia il verbo a un tempo che esprime precedenza rispetto a quello della frase principale.

> *Ordino che sia andato ieri in banca!*

*   *   *

Notiamo ora un'altra particolarità di queste **espressioni verbali**: se esse compaiono al **modo condizionale** (cfr. XII, 1) **sia semplice che composto**, il verbo della **frase dipendente** è sempre espresso all'**imperfetto congiuntivo**:

> *Vorrei che andassero in Italia il mese prossimo.*
> *Avrei voluto che andassero in Italia il mese seguente.*
> *Sarebbe necessario che tu lo facessi subito.*
> *Bisognerebbe che ci rispondessero immediatamente.*
> *Mi piacerebbe che tu fossi qui con me.*

N.B.　　　*Mio padre avrebbe voluto che io diventassi medico.*
　　　Mio padre avrebbe voluto che io fossi diventato medico.

La prima frase con l'imperfetto congiuntivo indica le possibilità che *io* sia diventato medico, mentre la seconda frase con il trapassato congiuntivo esclude che *io* sia diventato medico.

13 CONGIUNZIONI CHE RICHIEDONO IL CONGIUNTIVO

Nell'Introduzione, 15, abbiamo considerato frasi secondarie di vario tipo e in particolare nella unità VII, 7, abbiamo considerato le congiunzioni che introducono frasi secondarie col verbo all'indicativo.

Consideriamo ora le congiunzioni che richiedono, nella frase che introducono, il verbo al modo congiuntivo.

Notiamo che anche in queste frasi le relazioni fra i tempi dei vari verbi sono le stesse studiate nei capitoli XI, 10, e XI, 11.

a)　　congiunzioni che introducono frasi **temporali**: (solo una)

> *Devo tornare prima che Tino esca.*
> *Prima che comprino la casa devono considerare molte cose.*
> *Prima che arrivi la primavera, deve passare ancora tanto tempo!*
> *Prima che partisse l'ho incontrato e mi è parso stanco.*

N.B. La frase introdotta da *prima che* ha sempre il verbo a un tempo semplice.

b) congiunzioni che introducono frasi **finali**:

> *Ve lo rispiego* **affinché** *capiate bene.*
> *Te lo dico* **perché** *tu lo sappia.*
> *Te lo descrivo* **cosí che** *tu lo riconosca subito.*
> *La rifaccio* **in modo che** *sia più bella.*
> *Hanno cambiato la data delle nozze* **perché** *tutti potessero andarci.*
> *Lo abbiamo consultato* **perché** *ci desse un consiglio.*[7]

N.B. Le frasi finali hanno sempre il verbo a un tempo semplice.

c) congiunzioni che introducono frasi **concessive**:

> **Benché** *sia freddo, non si è messo il cappotto.*
> **Sebbene** *facesse caldo, non è andato in piscina.*
> *Non è qui,* **nonostante** *gli abbia raccomandato di essere puntuale.*
> *L'ha venduto per poco,* **quantunque** *sia un oggetto prezioso.*
> **Malgrado** *lo intuisca, non sono capace di spiegarlo.*
> **Per quanto** *glielo dicessi, non mi obbediva mai.*
> **Sebbene** *glielo avessi ricordato più volte, se ne è dimenticato.*

d) congiunzioni che introducono frasi **limitative**:

> *Lo faccio,* **purché** *tu mi dia due settimane di tempo.*
> *Lo faccio,* **sempre che** *tu mi dia due settimane di tempo.*
> *Ci sono andata solo* **a condizione** *che ci venisse anche lui.*
> *Te lo rispiegherò,* **a patto che** *tu stia attento.*
> *Ci vado io,* **sempre che** *non ci sia già andata Maria.*

e) altre congiunzioni:

> *Lo ha capito subito,* **senza che** *glielo spiegassi.*
> *Non lo faccio,* **a meno che** *(non) mi obblighino.*

---

[7] La congiunzione *perché* può avere vari significati in contesti diversi
> *Non capisco* **perché** *sia cosí nervoso.* (interrogativa indiretta)
> *Lo leggo* **perché** *mi piace.* (frase causale, perché = *because*)
> *Te lo consiglio,* **perché** *tu faccia meno fatica.* (frase finale,
> perché = *so that*)

Parlerò...

congiunzioni subordinanti	cg. + INDICATIVO (soggetto uguale o diverso da quello della frase principale)	cg. + CONGIUNTIVO (soggetto diverso da quello della frase principale)	cg. + INFINITO (soggetto uguale)	(cg.) + GERUNDIO (soggetto uguale)
temporali	**quando** *lui non ci sarà.* **appena** *potrò.* **finché** *avrò voce.* **dopo che** *avrò ascoltato.* / *mi avrai presentato.* **mentre** *starò in piedi.* / *tu mangerai.*	**prima che** *sia troppo tardi.*	**prima di** *uscire.* **dopo** *aver ascoltato.*	*stando in piedi.*
causali	**siccome** / **dato che** / **dal momento che** / **poiché** / **perché** *l'ho promesso.* / *ho notizie importanti.*		**per** *averlo promesso.*	*avendo notizie importanti.*
concessive	**anche se** *avrò mal di gola.* / *me lo proibiscono.*	**sebbene** / **benché** / **nonostante** / **malgrado** / **per quanto** / **quantunque** *abbia mal di gola.* / *me lo proibiscano.*		**pur** *avendo mal di gola.*
finali		**affinché** / **perché** / **cosí che** / **in modo che** / **con lo scopo che** *tutti sappiano.*	**per** *chiarire la mia posizione.*	
limitative		**purché** / **a condizione che** / **a patto che** / **sempre che** *non abbia mal di gola.* **salvo che** / **a meno che** *abbia mal di gola.* **senza che** *tu me lo chieda.*	**senza** *fare sbagli.*	
strumentali				*servendomi di un microfono.*

14   USO DEL CONGIUNTIVO IN FRASI CON INDEFINITI

> *Qualsiasi* vestito *si metta*, è sempre elegante.
> *Parla dei fatti suoi con* **chiunque incontri.**
> *Qualunque* cosa tu *dica*, non riuscirai a consolarlo.
> *Dovunque io* **andassi,** *lui mi seguiva.*
> *Chiunque* **abbia fatto** *questo quadro, deve essere un genio!*

Gli indefiniti **qualunque, qualsiasi, chiunque, dovunque** richiedono il
congiuntivo del verbo a loro connesso.

15   USO DEL CONGIUNTIVO NELLE FRASI RELATIVE

> *Ho conosciuto delle persone* <u>che</u> **sono state** *in Ungheria.*
> *I fogli* <u>che</u> **cerchi** *sono nel cassetto.*
> *La ragione* <u>per cui</u> te l'ho detto *è fondamentale.*

Le frasi dipendenti introdotte da un pronome relativo si chiamano **frasi
relative** (cfr. IX, 10). In genere queste frasi vogliono il verbo al **modo
indicativo**: in questo caso la frase relativa esprime un dato di fatto,
un'informazione certa, reale.

Se invece la frase relativa esprime possibilità, desiderio, paura ecc. il
verbo di tale frase deve essere al congiuntivo. In questo caso spesso la frase
principale contiene un'espressione verbale che richiede il modo congiuntivo
nella frase dipendente (cfr. XI, 1).

> *Cerco un libro* <u>che</u> **sia** *molto interessante.*
> **E' necessario** *fare uno studio approfondito* <u>che</u> **dimostri** *l'efficacia*
> *del prodotto in questione.*
> **Ho bisogno** *di una segretaria* <u>che</u> **parli** *italiano.*
> **Ha paura** *di novità* <u>che</u> **siano** *impreviste.*
> **Desidero** *una lavagna* <u>su cui</u> **possiate** *scrivere tutti quanti.*
> **Volevo** *una casa* <u>in cui</u> *ci* **fosse** *più spazio.*
> **E' difficile** *trovare un bambino* <u>che</u> **legga** *così bene.*
> **Non c'è nessuno** <u>di cui</u> *mi* **fidi** *completamente.*
> *In quest'ufficio* **esiste** *una segretaria* <u>che</u> **sappia/ sa** *l'italiano?*
> *Qui* **non ci sono** *segretarie* <u>che</u> **sappiano/ sanno** *l'italiano.*

*   *   *

La frase relativa ha il verbo al **modo congiuntivo anche se contiene un nome**

XI, 15

accompagnato da un aggettivo al grado comparativo o superlativo relativo
(cfr. I, 16).

> Questo è il **peggior** compito che **abbia** mai visto.
> E' **la più bella** donna che ci **sia**.
> E' la compagnia più simpatica, con cui io **abbia** mai viaggiato.
> "I promessi sposi" è l'opera più famosa che **abbia scritto** Manzoni.[8]

Altre frasi con le espressioni ...di quanto..., ...di quello che... che
indicano un secondo termine di paragone richiedono il congiuntivo:

> Aldo è intelligente.
> Elena è più intelligente di lui.
> > Aldo è **meno** intelligente **di quanto** lo **sia** Elena.

> Renato si è stancato.
> Io lo prevedevo.
> > Renato si è stancato **più di quanto io prevedessi**.

> Quel libro è interessante.
> Io lo pensavo.
> > Quel libro è **più** interessante **di quanto io pensassi**.

16 USO DEL CONGIUNTIVO NELLE FRASI INTERROGATIVE INDIRETTE

> Quale libro desidera?
> Quali vuole?
> Dove andranno?

Una frase semplice che contiene un aggettivo, un pronome o un avverbio
interrogativo, cioè **una frase semplice che formula una domanda**, si chiama
frase interrogativa diretta (cfr. II, 6). Le frasi di questo tipo sono
contrassegnate dal punto interrogativo.

Dov'é andato?	Dimmi **dov'é** andato.
Che ora è?	Dimmi **che** ora è.
Chi viene?	Non so **chi** viene.
Come è andato?	Mi ha spiegato **come** è andato.
Perché è nervoso?	Non capisco **perché** è così nervoso.

---

[8] Il congiuntivo è un'alternativa di stile dotto quando la frase relativa
si riferisce a un nome accompagnato dall'aggettivo *unico*:
Questo è l'unico vocabolario d'olandese *che* io abbia/ ho.

Se una frase interrogativa dipende da una frase principale, tale frase dipendente si chiama **frase interrogativa indiretta**: questa non richiede il punto interrogativo, ma si può facilmente riconoscere perché è possibile risalire alla domanda corrispondente.

La frase interrogativa indiretta è introdotta dallo stesso aggettivo, pronome o avverbio interrogativo che introduce la frase interrogativa diretta.

* * *

Finisce in tempo?	*Mi ha chiesto* **se** *finisce in tempo.*
Viene?	*Non so* **se** *viene.*
Fa bene a scuola?	*Non mi ha detto* **se** *fa bene a scuola.*

Se la frase interrogativa diretta non è introdotta da un aggettivo, pronome o avverbio interrogativo, la frae interrogativa indiretta corrispondente è introdotta dalla congiunzione **se**.[9]

* * *

Non so <u>che</u> *ora è.*	*Non so* <u>che</u> *ora* **sia**.
Non so <u>chi</u> *viene.*	*Non so* <u>chi</u> **venga**.
Non capisco <u>perchè</u> *è così nervoso.*	*Non capisco* <u>perché</u> **sia** *così nervoso.*
Non dicono <u>dove</u> *è andato.*	*Non dicono* <u>dove</u> **sia** *andato.*
Non so <u>che</u> *cos'è.*	*Non so* <u>che</u> *cosa* **sia**.
Non so <u>come</u> **si chiama**.	*Non so* <u>come</u> **si chiami**.
Mi ha chiesto <u>se</u> **avevo finito**.	*Mi ha chiesto* <u>se</u> **avessi finito**.

Le frasi di sinistra con la frase interrogativa indiretta all'indicativo e quelle di destra con la frase interrogativa indiretta al congiuntivo hanno fondamentalmente lo stesso significato. Le frasi al congiuntivo, al solito, comunicano un maggior senso di incertezza.

La frase interrogativa indiretta, dunque, può avere il verbo sia al **modo indicativo**, sia al **modo congiuntivo, che è preferibile** in un linguaggio dotto e nella lingua scritta.

---

9   Altre possibili risposte alle stesse domande sono:

Finisce in tempo?	*So che finisce in tempo.*
Viene?	*Mi ha detto che viene.*
Fa bene a scuola?	*Sono sicuro che fa bene a scuola.*

In questo caso abbiamo delle costruzioni già studiate precedentemente (cfr. Introduzione, 15), dove la frase introdotta dalla congiunzione *che* ha la funzione di complemento oggetto rispetto alla frase principale.

XII Modo condizionale

1 IL MODO CONDIZIONALE

Nell'unità XI, 1 abbiamo esaminato la differenza fra il messaggio espresso da una frase col verbo al modo indicativo (certezza, sicurezza del parlante rispetto a quello che dice) e il messaggio espresso da una frase col verbo al modo congiuntivo (incertezza, dubbio del parlante).

Sono sicuro che è italiano.	*Non sono sicuro che sia italiano.*
Ti dico che ha un cane.	*Si dice che abbia un cane.*
E` certo che fa l'avvocato.	*Pare che faccia l'avvocato.*

Esaminiamo ora le frasi seguenti:

Voglio *un caffè.*	**Vorrei** *un caffè.* *(se non ti disturba)*
Questa sera **vado** *al cinema.*	*Questa sera* **andrei** *al cinema.* *(se è possibile)*
Puoi *prestarmi mille lire?*	**Potresti** *prestarmi mille lire?* *(se le hai e se vuoi)*
Scrivo *a mia madre.*	**Scriverei** *a mia madre, ma non ho tempo.*

Vediamo che nelle frasi con il verbo al modo indicativo (*voglio, vado, puoi, scrivo*) le azioni sono viste "positivamente" e sono sentite come "sicure". Invece le frasi con il verbo al **modo condizionale** (*vorrei, andrei, potresti, scriverei*) esprimono azioni o eventi che hanno la **possibilità di realizzarsi**, ma non la certezza, in quanto sono condizionati da altri fatti o circostanze.

2 CONDIZIONALE SEMPLICE (o presente condizionale)

Il condizionale semplice o presente condizionale è un **tempo semplice.**

		I, -are (parl-are)	II, -ere (cred-ere)	III, -ire (sent-ire)	(fin-ire)
sg.	I	parl-er-ei	cred-er-ei	sent-ir-ei	fin-ir-ei
	II	parl-er-esti	cred-er-esti	sent-ir-esti	fin-ir-esti
	III	parl-er-ebbe	cred-er-ebbe	sent-ir-ebbe	fin-ir-ebbe
pl.	I	parl-er-emmo	cred-er-emmo	sent-ir-emmo	fin-ir-emmo
	II	parl-er-este	cred-er-este	sent-ir-este	fin-ir-este
	III	parl-er-ebbero	cred-er-ebbero	sent-ir-ebbero	fin-ir-ebbero[1]

I verbi riflessivi seguono le forme riportate sopra:

lavarsi   *mi laverei, ti laveresti, si laverebbe, ci laveremmo,
vi lavereste, si laverebbero*

vedersi   *mi vedrei, ti vedresti, si vedrebbe, ci vedremmo,
vi vedreste, si vedrebbero*

coprirsi   *mi coprirei, ti copriresti, si coprirebbe, ci copriremmo,
vi coprireste, si coprirebbero*

Consideriamo a parte i verbi **essere** e **avere:**

essere	*sarei, saresti, sarebbe, saremmo, sareste, sarebbero*
avere	*avrei, avresti, avrebbe, avremmo, avreste, avrebbero*

---

[1] Notare che la formazione del condizionale semplice ha le stesse caratteristiche della formazione del futuro semplice indicativo, cioè l'inserto
è indentico a quello del futuro semplice, ma le finali sono
caratteristiche del condizionale (cfr. III, 1). La consonante
caratteristica del condizionale è "r" e l'inserto dei verbi in -are e
-ere è **-er-**, l'inserto dei verbi in -ire è **-ir-**. Le finali delle tre
coniugazioni coincidono: I sg. -ei, II sg. -esti, III sg. ebbe,
I pl. -emmo, II pl. -este, III pl. -ebbero. L'accento cade sempre sulla
prima vocale della finale.
I verbi in **-care** e **-gare** inseriscono una "h" davanti all'inserto (cfr.
Premessa, 1): *cerc-are --> cerc-h-er-ei; pag-are --> pag-h-er-ei.*

I verbi che hanno il futuro contratto (cfr. III, 1 e Appendici, 2) hanno anche
il condizionale semplice **contratto**:

infinito	futuro	condiz. presente		infinito	futuro	condiz. presente
I. *andare*	*andrò*	*andrei*				
II. *b-ere*	*berrò*	*berrei*		*ved-ere*	*vedrò*	*vedrei*
pot-ere	*potrò*	*potrei*		*cad-ere*	*cadrò*	*cadrei*
dov-ere	*dovrò*	*dovrei*		*god-ere*	*godrò*	*godrei*
sap-ere	*saprò*	*saprei*		*viv-ere*	*vivrò*	*vivrei*
par-ere	*parrò*	*parrei*				
III. *mor-ire*	*morrò*	*morrei*				
	morirò	*morirei*				
ud-ire	*udrò*	*udrei*				

I verbi che hanno il futuro semplice irregolare hanno le stesse irregolarità
anche al condizionale semplice (cfr. III, 1a e Appendici, 2).

infinito	futuro	condiz. presente		infinito	futuro	condiz. presente
I. *d-are*	*darò*	*darei*		*st-are*	*starò*	*starei*
fare	*farò*	*farei*				
II. *vol-ere*	*vorrò*	*vorrei*		*ten-ere*	*terrò*	*terrei*
dire	*dirò*	*direi*		*riman-ere*	*rimarrò*	*rimarrei*
porre	*porrò*	*porrei*		*val-ere*	*varrò*	*varrei*
tradurre	*tradurrò*	*tradurrei*		*dol-ere*	*dorrò*	*dorrei*
trarre	*trarrò*	*trarrei*				
III. *venire*	*verrò*	*verrei*				

3 VARI USI DEL CONDIZIONALE SEMPLICE

Il condizionale semplice (o condizionale presente) esprime:

a) fatti che hanno la **possibilità di realizzarsi nel presente o nel futuro**, ma non la sicurezza, in quanto sono condizionati da altri fatti o circostanze. Tratteremo di queste frasi, dette ipotetiche, in seguito (cfr. periodo ipotetico della possibilità, XII, 7, b).

Scriverei a mia madre [*ma c'è lo sciopero.*
ma non ho tempo.
se avessi tempo.
se non ci fosse lo sciopero della posta.

b) una richiesta o un desiderio formulati con **cortesia** o **modestia**:

Vorrei vedere un paio di guanti.
Dovresti studiate di più.
Avrei fame.... Vorrei mangiare.
Direi di no!
Non saprei come rispondere.[2]
Direi che è sgarbato a comportarsi così.
Potrebbe fissarmi un appuntamento?

c) **notizie o fatti non confermati**: questo uso è tipico dello stile giornalistico, quando si riportano voci non sicure:

Secondo voci non confermate gli sposi, dopo la cerimonia, avrebbero l'intenzione di andare in un'isola del Mediterraneo, dove si fermerebbero per alcuni giorni in una villa di amici di famiglia e poi proseguirebbero per una crociera lungo le coste greche.

---

[2] Tutte queste forme verbali al condizionale semplice possono essere sostituite da forme al presente indicativo: le espressioni risulterebbero più dirette, più forti e franche.
Voglio vedere un paio di guanti.
Ho fame.... Voglio mangiare.
Dico di no!
Non so come rispondere.

Consideriamo a parte i verbi *essere* e *avere:*

essere	*sarei stato/a, saresti stato/a, sarebbe stato/a* *saremmo stati/e, sareste stati/e, sarebbero stati/e*
avere	*avrei avuto, avresti avuto, avrebbe avuto,* *avremmo avuto, avreste avuto, avrebbero avuto*

5 VARI USI DEL CONDIZIONALE COMPOSTO

Il condizionale composto si riferisce a un tempo **passato** ed ha gli stessi valori del condizionale semplice (cfr. XII, 3).

Il condizionale composto (o passato) esprime:

a) **fatti che non hanno avuto la possibilità di realizzarsi,** in quanto sono stati ostacolati da altri fatti o circostanze. Tratteremo di queste frasi, dette ipotetiche, in seguito (cfr. periodo ipotetico dell'impossibilità, XII, 7b).

Avrei scritto a mia madre
- *ma c'era lo sciopero.*
- *ma non avevo tempo.*
- *se avessi avuto tempo.*
- *se non ci fosse stato lo sciopero della posta.*

b) un **desiderio non realizzato:**

Avevo fame.... Avrei voluto mangiare.
*Mi **sarebbe piaciuto** andare al concerto con Renato, ma avevo già un altro impegno.*
Avresti partecipato volentieri a quel concorso?
Avresti dovuto studiare di più.

c) **notizie o fatti non confermati:** questo è un uso tipico dello stile giornalistico, quando si riportano voci non sicure:

*Secondo voci non confermate, gli sposi, dopo la cerimonia, **sarebbero** **andati** in un'isola del Mediterraneo, dove **si sarebbero fermati** per alcuni giorni in una villa di amici di famiglia e poi **avrebbero** **proseguito** per una crociera lungo le coste greche.*

6   USO DEL CONDIZIONALE NELLE FRASI DIPENDENTI

Finora abbiamo considerato il modo condizionale in frasi principali. Il modo condizionale, però, si può trovare anche **in frasi dipendenti, sia dopo frasi principali i cui verbi indicano sicurezza, sia dopo frasi principali i cui verbi indicano un'opinione o un dubbio.**

Confrontiamo le frasi seguenti:

> *Che cosa fa?*
>> *Deve chiedere aiuto, ma non ha coraggio.*
>> *Dovrebbe chiedere aiuto, ma non ha coraggio.*
>
>> *Sono sicura che deve chiedere aiuto.*
>> *Sono sicura che **dovrebbe** chiedere aiuto.*
>
>> *Penso che debba chiedere aiuto.*
>> *Penso che **dovrebbe** chiedere aiuto.*
>
> *Cosa ha fatto?*
>> *Ha dovuto chiedere aiuto.*
>> *Avrebbe dovuto chiedere aiuto, ma non aveva il coraggio.*
>
>> *Sono sicura che ha dovuto chiedere aiuto.*
>> *Sono sicura che **avrebbe dovuto** chiedere aiuto.*
>
>> *Penso che abbia dovuto chiedere aiuto.*
>> *Penso che **avrebbe dovuto** chiedere aiuto.*

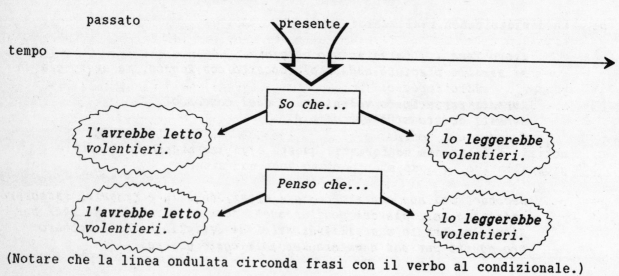

(Notare che la linea ondulata circonda frasi con il verbo al condizionale.)

XII, 6

Il condizionale composto si usa in frasi secondarie sia dopo espressioni verbali che richiedono l'indicativo (*so che, sono sicura che, è ovvio che...*), che dopo espressioni verbali che richiedono il congiuntivo (*penso che, non sono sicura che...*).

* * *

Un'altra funzione molto importante del condizionale composto è quella di esprimere **il futuro rispetto a una frase principale con il verbo al passato**; cioè il cosiddetto "futuro nel passato".

> *Aveva detto che **sarebbe tornato** il giorno dopo, ma poi non è venuto più.*
> *Pensavo che **non sarebbe** più **venuto** in viaggio, perchè aveva trovato un buon lavoro.*
> *Te lo avevo detto io che i regali non **sarebbero arrivati** in tempo per Natale!*

Tale uso del condizionale composto è valido sia per le espressioni verbali che richiedono l'indicativo, sia per quelle che richiedono il congiuntivo nella frase dipendente.

> *Ero certa* ┐
>   *che ci **sarebbe andato** il giorno dopo.*[3]
> *Credevo* ┘

> *Ero sicura* ┐
>   *che lo **avresti comperato** tu.*
> *Pensavo* ┘

N.B. Nell'unità precedente, descrivendo l'uso del congiuntivo nelle frasi dipendenti (cfr. XI, 11), abbiamo visto che, per esprimere il "futuro" rispetto alla frase principale col verbo al passato, si usa il congiuntivo imperfetto (*Pensavo che lo facesse il giorno dopo.*). Ora possiamo completare la descrizione aggiungendo che è anche possibile usare il **condizionale composto**.

> *Pensavo che **venisse** il*   *Pensavo che **sarebbe venuto***
>   *il giorno dopo.*   *il giorno dopo.*

---

[3] *Notiamo che l'inglese usa il condizionale presente per indicare il futuro rispetto a un tempo passato.*
> *I was sure that he **would leave** the day after.*
> *Ero sicura che lui **sarebbe partito** il giorno seguente.*

XII, 6

*Non sapevo che **andassero***   *Non sapevo che **sarebbero andati***
        in Francia.   *in Francia.*
Come potevo immaginare che   *Come potevo immaginare che lo*
        *lo **comprassi** tu!*   ***avresti comprato** tu!*

Riassumiamo:

Il MODO CONDIZIONALE di un verbo viene usato in frasi indipendenti e in frasi
dipendenti. Indica il desiderio, la possibilità che certi fatti si avverino.

Il condizionale ha:

a) **un tempo semplice, il presente**, le cui forme verbali sono espresse da una
    sola parola.

b) **un tempo composto, o passato**, le cui forme verbali sono espresse da due
    parole: una voce di un verbo ausiliare più il participio passato del
    verbo in questione.

Ecco uno schema riassuntivo delle finali delle forme regolari del tempo
semplice delle tre coniugazioni nel modo condizionale.

	I e II coniugazione	III coniugazione
Presente	-er-ei -er-esti -er-ebbe -er-emmo -er-este -er-ebbero	-ir-ei -ir-esti -ir-ebbe -ir-emmo -ir-este -ir-ebbero

XII, 6

7 LA FRASE IPOTETICA

La frase ipotetica è una frase complessa, in cui la frase secondaria
introdotta dalla congiunzione *se* esprime la condizione necessaria perché si
realizzi ciò che è espresso nella frase principale.

Le grammatiche usano distinguere due tipi di frase ipotetica:

a) **il tipo della realtà**: si può riferire sia al presente che al futuro e al
    passato. Questo tipo di frase esprime una situazione sentita dal parlante
    come un fatto reale, che possibilmente si realizzerà o si è realizzato.

    La frase ipotetica della realtà è così costruita:

se + indicativo	indicativo/condizionale/imperativo
Se ho fatto un errore,...	ti *chiedo* scusa.
Se è venuto,...	mi *ha* certamente *lasciato* il pacco.
Se nevicava,...	*dovevo spalare* io la neve.
Se finirà i compiti,...	gli *darò* il dolce.
Se viene,...	lo *vedrei* volentieri.
Se viene,...	*dimmelo.*

b) **il tipo della possibilità / impossibilità**: anche questo si può riferire
    al presente, al futuro o al passato. Questo tipo di frase esprime una
    situazione sentita dal parlante come possibile o impossibile, a seconda
    delle circostanze.

    La frase ipotetica della possibilità / impossibilità è costruita così:

se + congiuntivo ⌐imperfetto └trapassato	condizionale ⌐semplice └composto
Se domani fosse una bella giornata,...	*andremmo* in gita.
Se piovesse,...	non *annaffierei* i fiori.
Se ricevessi oggi la sua lettera,	*potrei* rispondergli subito.
Se andassi a vedere quel film,...	ti *divertiresti* molto.
Se stesse più attento,...	non *farebbe* tante gaffe.
Se io fossi ricca,...	*avrei già fatto* il giro del mondo.

*Se Dante **fosse stato** calabrese,...*   *oggi **parleremmo** tutti il calabrese.*

*Se **fossi venuto** ieri mattina,...*   ***avresti incontrato** Vittorio.*

*Se Cleopatra **avesse avuto** un brutto naso,*   *il corso della storia **sarebbe stato** diverso.*

*Se non **avessi avuto** una brutta influenza,*   *domani **sarei venuta** da te,...*[4]

N.B. Nelle frasi ipotetiche della possibilità e dell'impossibilità la frase secondaria introdotta dalla congiunzione *se* è espressa:

a)   con il **congiuntivo imperfetto se si riferisce al presente o al futuro** (*se andassi, se leggessi...*)

b)   con il **congiuntivo trapassato se si riferisce al passato** (*se fossi andato, se avessi letto....*)

Nell'unità VI, 2d, abbiamo già visto che talora nella lingua parlata si usa l'imperfetto indicativo per esprimere un'azione presente, o addirittura futura, impossibile da realizzare. Tale uso dell'imperfetto è obbligatorio nelle frasi ipotetiche.

Bisogna dunque fare attenzione a certe trasformazioni:

Sophia Loren è_____ bella e
      presente
$\longrightarrow$ *sta facendo una gran carriera.*
ha fatto una gran carriera.

      imperfetto
Se Sophia Loren fosse   brutta
non starebbe facendo molta carriera.
non avrebbe fatto una gran carriera.

---

[4]   Nel linguaggio familiare è corrente sostituire il congiuntivo e il condizionale con l'indicativo imperfetto (cfr. VI, 2d):
Se c'era lo zucchero, facevo un dolce.
Se veniva ieri mattina, incontravo anche Vittorio.
Molti dialetti italiani del sud usano il cogiuntivo imperfetto o trapassato in entrambe le parti del periodo ipotetico, cosa che confonde terribilmente gli studenti che hanno tali interferenze dialettali. Un "trucco" per far ricordare allo studente quale frase richieda il congiuntivo è il seguente "la frase che comincia con **se**, vuole nel verbo altre due **-ss-** (eccezione fatta per la II pers. pl.)", cioè **la frase del "*se*" è la frase delle tre "s"**.

Cleopatra <u>era</u>   *bella e Antonio si innamorò di lei.*
             imperfetto

              ↓

            <u>trapassato</u>

Se Cleopatra **fosse stata** *brutta, Antonio non si sarebbe innamorato di lei.*

Riassumiamo - La frase ipotetica.

REALTA`	*SE* + INDICATIVO	⌐ INDICATIVO/ CONDIZIONALE SEMPLICE/ ∟ IMPERATIVO
si riferisce		
al presente	*Se viene Mario*	⌐ *me lo dici?* *lo saluterei volentieri.* ∟ *ditemelo!*
al futuro	*Se arriverà Mario,*	⌐ *me lo diranno.* *lo saluterei volentieri.* ∟ *ditemelo!*
al passato	*Se è arrivato Mario,*	⌐ *me lo diranno.* *lo hanno fatto entrare.* ∟ *me lo dicono.*

POSSIBILITA`/** **IMPOSSIBILITA`	*SE* + CONGIUNTIVO	⌐IMPERFETTO ∟TRAPASSATO CONDIZIONALE	⌐SEMPLICE ∟COMPOSTO
si riferisce			
al presente	*Se* **avessi** *un'enciclopedia,*	*la consulterei spesso.*	
	Se **vivessi** *in Italia,*	*parlerei italiano molto bene.*	
	Se **vivessi** *sulla luna,*	*camminerei a gran salti.*	
	Se **vincessi** *alla lotteria,*	*andrei in Italia.*	
al futuro	*Se la giornata* **fosse** *di 48 ore,*	*io sarei felice!*	
	Se **sapessi** *il tedesco,*	*avrei già letto quei libri.*	
	Se **fossero stati** *più attenti,*	*ora* **saprebbero** *tutto.*	
al passato	*Se* **fossero stati** *più attenti,*	*avrebbero capito tutto.*	
	Se non **avessi avuto** *un impegno,*	*domenica prossima sarei*	
		venuta *da te.*[5]	

---

[5]   *Se arrivasse qualcuno, me lo dicono.*
        Anche se arrivasse qualcuno, non me lo dicono.
Questo tipo di frasi si trova specie nella lingua parlata e si evita nella lingua scritta.

292

Riassumiamo l'uso dei modi e dei tempi in una frase secondaria introdotta dalla congiunzione *che*:

Penso che... / che...

INDICATIVO
- *tornerà domani.*
- *sarà già tornato quando tu partirai*

CONGIUNTIVO
- *torni* [*domani.* / *oggi.*]
- *sia tornato* [*ieri sera.* / *dalla guerra ferito.*]
- *tornasse a casa sempre stanco.*
- *suo nonno fosse già tornato,* quando la moglie [*si ammalò.* / *si è ammalata.*]
- *appena suo padre fu tornato, abbiano fatto una gran fest.*

CONDIZIONALE
- *tornerebbe volentieri, se potesse.*
- *quella volta sarebbe tornato volentieri, se avesse potuto.*

So che... / Dice che... / Ha detto proprio ora che... / Direi che...

INDICATIVO
- *tornerà domani*
- *sarà già tornato quando tu partirai.*
- *torna* [*domani.* / *oggi.*]
- *è tornato ieri sera.*
- *suo nonno tornò dalla guerra ferito.*
- *tornava sempre a casa stanco.*
- *suo nonno era già tornato,* quando la moglie [*si ammalò* / *si è ammalata.*]
- *appena suo padre fu tornato, fecero una gran festa.*

CONDIZIONALE
- *tornerebbe volentieri domani, se potesse.*
- *quella volta sarebbe tornato volentieri, se avesse potuto.*

N.B. *Voglio che* / *E' necessario che* *torni* [*ora.* / *domani.*]

XII, 7

Ripassiamo l'uso dei modi e dei tempi in una frase secondaria introdotta dalla congiunzione *che:*

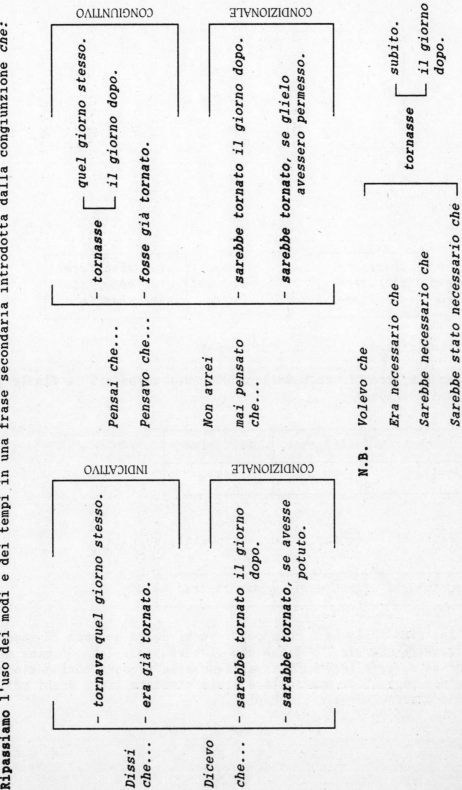

INDICATIVO

Dissi che...
- tornava quel giorno stesso.
- era già tornato.

CONDIZIONALE

Dicevo che...
- sarebbe tornato il giorno dopo.
- sarebbe tornato, se avesse potuto.

CONGIUNTIVO

Pensai che...
Pensavo che...
- tornasse [quel giorno stesso. / il giorno dopo.]
- fosse già tornato.

CONDIZIONALE

Non avrei mai pensato che...
- sarebbe tornato il giorno dopo.
- sarebbe tornato, se glielo avessero permesso.

N.B. Volevo che

Era necessario che

Sarebbe necessario che

Sarebbe stato necessario che

tornasse [subito. / il giorno dopo.]

XIII L'infinito

1 L'INFINITO

Posso	sbagliare.
Potevo	sbagliare.
Potrò	sbagliare.

Posso	aver sbagliato.
Potevo	aver sbagliato.
Potró	aver sbagliato.

In italiano l'infinito del verbo ha due forme:

a) l'**infinito semplice**, formato dalla radice del verbo più la finale propria di ogni coniugazione:

I, -are	II, -ere	III, -ire
parl-**are**	cred-**ere**	sent-**ire**

I verbi riflessivi seguono le forme riportate sopra:

vergogn-**arsi**	sed-**ersi**	divert-**irsi**

Hanno l'infinito irregolare solo pochi verbi della seconda coniugazione: *porre, tradurre* e *trarre*. Notiamo che il verbo *fare* (che origina dalla forma latina *facere*) in realtà appartiene alla seconda coniugazione, anche se per ragioni di praticità è stato elencato fra i verbi della prima coniugazione per alcuni tempi.

b)   l'**infinito composto**, formato dall'infinito dell'ausiliare opportuno
seguito dal participio passato del verbo stesso (cfr. IV, 3, 4, 5):

I, -are	II, -ere	III, -ire
avere parlato	*avere creduto*	*avere sentito*
essere andato	*essere caduto*	*essere guarito*
essersi vergognato	*essersi seduto*	*essersi divertito*[1]

Negli esempi sopra riportati vediamo che

a)   l'**infinito semplice** nelle frasi di sinistra (**sbagliare**) esprime la
contemporaneità al tempo del verbo modale (*potere, volere, dovere*).

b)   l'**infinito composto** nelle frasi di destra (**aver sbagliato**) esprime
l'**anteriorità** al tempo del verbo modale.

Cioè l'infinito, semplice o composto, non esprime di per sé un determinato
"tempo", ma esprime un tempo in relazione al verbo coniugato che lo
accompagna.

*   *   *

Posso sbagliare. (io)   *Cosa vuoi fare? (tu)*
Puoi sbagliare. (tu)   *Voglio uscire. (io)*
Possono sbagliare. (loro)   *Gino deve lavorare. (lui)*

Notiamo anche che l'infinito non ha la caratteristica della persona e del
numero (infatti è invariabile), ma assume il soggetto del verbo che lo
precede.

*   *   *

Intendo finirlo per oggi.
Posso comprarne due?
È difficile nasconderglielo per molto tempo.

Nell'unità IX, 9 abbiamo visto che i pronomi atoni dipendenti da un infinito
si pospongono ad esso sostituendosi alla vocale finale -e del verbo e formano
con esso una sola parola.

---

[1]   Il pronome riflessivo si unisce all'infinito dell'ausiliare.

2 L'INFINITO COME NOME

L'infinito, non avendo caratteristiche di tempo, persona e numero, può essere usato come un **nome astratto** e come tale può avere nell'ambito di una frase le funzioni proprie del nome.

L'infinito usato come nome è usato solo al singolare.[2]

a) L'infinito come soggetto o oggetto diretto.

> *Lo studio è utile.*   = *Studiare è utile.*
> *Mi piace il nuoto.*   = *Mi piace nuotare.*
> *Adoro le passeggiate nei boschi.* = *Adoro passeggiare nei boschi.*
> *Si sentiva un suono di campane.* = *Si sentiva un suonare di campane.*

Come abbiamo già visto nell'introduzione, 2, l'infinito può costituire un gruppo nominale soggetto o oggetto diretto.

b) L'infinito preceduto da una preposizione.

> *Al tramontare del sole si alza un vento leggero.*
> *(= al tramonto, complemento di tempo)*

> *E' uscito senza salutare.*
> *(= senza saluti, complemento di modo)*

> *Con il nuotare si irrobustisce il corpo.*
> *(= con il nuoto, complemento di mezzo)*

> *Ho bisogno di uscire subito.*
> *Il pensiero di ammalarsi lo ossessiona.*
> *Sono contento di andare al mare.*
> *Tino è disposto a venire con te.*
> *Ora comincio a capire che cosa voleva dire.*
> *In campagna spero di vivere in pace.*
> *Quando ti metti a studiare?*

In queste frasi vediamo che l'infinito può seguire una preposizione.

---

[2] L'infinito italiano con funzione di nome corrisponde all'inglese *"...ing"*
> *Studying* is important.   *Studiare* è importante.
> Do you mind *shutting* the door?   Ti dispiace *chiudere* la porta?
> *By doing* so you will have better   *Col fare* così, avrai risultati
>   results.   migliori.

XIII, 2

3   USI DELL'INFINITO NELLE FRASI SECONDARIE

a) Frasi oggettive (*di* + infinito)

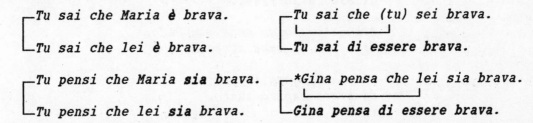

> ┌─*Tu sai che Maria è brava.*
> └─*Tu sai che lei è brava.*

> ┌─*Tu sai che (tu) sei brava.*
> └─*Tu sai di essere brava.*

> ┌─*Tu pensi che Maria **sia** brava.*
> └─*Tu pensi che lei **sia** brava.*

> ┌─**Gina pensa che lei sia brava.*
> └─***Gina pensa di essere brava.***

Nelle frasi di sinistra abbiamo delle frasi dipendenti con funzione di
oggetto diretto introdotte dalla congiunzione *che* seguita da una forma
verbale all'indicativo o al congiuntivo. Notiamo che in queste frasi il
soggetto della frase principale è diverso dal soggetto della frase
secondaria.

Nelle frasi di destra, invece, notiamo subito che **il soggetto della frase
principale e quello della frase secondaria coincidono.** Questo fatto è
molto importante perchè porta a una trasformazione: cioè la frase
secondaria viene espressa con la preposizione **di + l'infinito** del verbo
della frase dipendente.

Tale costruzione **di + infinito:**

i)   è **facoltativa** quando si tratta di una frase secondaria costruita con
     "che + indicativo". E` da notare però che la frase costruita con
     "che + indicativo" è più enfatica, e quindi è d'uso più raro.

Sapete
> ┌─*che **siete** in ritardo?*
> └─*di essere in ritardo?*

Dicono
> ┌─*che **hanno** un cane stupendo.*
> └─*di avere in cane stupendo.*

Dice
> ┌─*che **ha** capito tutto.*
> └─*di aver capito tutto.*

Sono sicuro
> ┌─*che **andrò** in Italia.*
> └─*di andare in Italia.*

Sapevate
> ┌─*che **eravate** in ritardo?*
> └─*di essere in ritardo?*

ii) **è obbligatoria** quando la frase secondaria introdotta dalla congiunzione *che* dovrebbe avere il verbo al congiuntivo.

Pensate ——— *che siate in ritardo?*
di essere in ritardo?

Credono ——— *che abbiano un cane stupendo.*
di avere un cane stupendo.

Crede ——— *che abbia capito tutto.*
di avere capito tutto.

Penso ——— che andrò in Italia.
di andare in Italia.[3]

Credevate ——— *che foste in ritardo.*
di essere in ritardo.

Notiamo che:

i) **ai tempi semplici** dell'indicativo o del congiuntivo **corrisponde l'infinito semplice.**

ii) **ai tempi composti** dell'indicativo o del congiuntivo **corrisponde l'infinito composto.**

b) **Frasi temporali** (*prima di* + infinito semplice // *dopo (di)* + infinito composto)

Ti scriverò dopo che
saranno arrivati.

┌Ti scriveranno dopo che saranno
│   arrivati.
└Ti scriveranno **dopo essere arrivati.**

Mi telefoni prima che
partano?

┌*Mi telefonano prima che partano?*
└Mi telefonano **prima di partire?**

---

[3]   Quando la frase secondaria si riferisce al futuro, la frase con la construzione del verbo all'infinito ha un significato di maggiore sicurezza rispetto all'azione espressa dal verbo.
Penso che andrò domani. (ma sono ancora incerta, esprimo un'opinione)
Penso di andare domani. (sono quasi certa, è una cosa già decisa, esprimo un'intenzione)

XIII, 3

Anche le frasi temporali introdotte da *prima che, dopo che* possono avere trasformazioni analoghe a quelle descritte per le frasi oggettive, se il soggetto della frase secondaria e della frase principale coincidono. In tale caso la frase secondaria é construita con **prima di** + infinito **semplice** o con **dopo (di)** + infinito **composto**.

c) **Frasi finali** (*per / allo scopo di / al fine di* + infinito semplice)

Lo leggo lentamente affinché Toni capisca meglio.	**Toni lo legge lentamente affinché capisca meglio.*
	*Toni legge lentamente **per capire meglio**.*
	*Toni legge lentamente **allo scopo di capire meglio**.*
Il padre lavora molto perché i figli possano andare all'università.	**I figli lavorano molto affinché possano andare all'università.*
	*I figli lavorano molto **per poter andare** all'università.*
	*Sono andata affinché vedessi come stava.
	*Sono andata **per vedere come stava**.*
	*Fanno di tutto affinché lo accontentino.
	*Fanno di tutto **per accontentarlo**.*
	*Spenderebbero un patrimonio affinché lo accontentino.
	*Spenderebbero un patrimonio **pur di accontentarlo**.*

Anche le frasi finali introdotte da *affinché, perché* (= *affinché*) devono avere trasformazioni analoghe a quelle descritte per le frasi oggettive, se il soggetto della frase secondaria e della frase principale coincidono. In tale caso la frase secondaria è costruita con **per / allo scopo di / al fine di** + infinito e raramente con **pur di** + infinito.

XIII, 3

d) Frasi causali (*per* + infinito composto)

> *Ha perso l'aereo perché era stato troppo a lungo al telefono!*
> *Ha perso l'aereo **per essere stato** troppo a lungo al telefono.*

> *Lo hanno punito poiché ha insultato un compagno.*
> *Lo hanno punito **per aver insultato** un compagno.*

> *Gli è venuta la polmonite perché aveva preso freddo.*
> *Gli è venuta la polmonite **per aver preso** freddo.*[4]

Una qualsiasi frase causale può avere trasformazioni analgohe a quelle descritte per la frase oggettiva. In tale caso la frase secondaria è costruita con **per** + infinito composto.

e) Frasi consecutive. (***tanto da / a tal punto da*** ⎤
 troppo* + aggettivo + *per ⎬ **+ infinito semplice**)
 così* + aggettivo + *da ⎦

> *Ha parlato tanto che ha seccato tutti.*
> *Ha parlato **tanto da seccare** tutti.*

> *Abbiamo sgobbato a tal punto, che abbiamo fatto tutto in un giorno.*
> *Abbiamo sgobbato **a tal punto da fare** tutto in un giorno.*

> *È un ragazzo troppo intelligente perché dica cose simili.*
> *È un ragazzo **troppo intelligente per dire** cose simili.*

> *È **così sbadato da dimenticare** di mettersi le scarpe.*

Anche le frasi consecutive possono avere trasformazioni analoghe a quelle descritte per le frasi oggettive. In tal caso la frase secondaria è costruita con ***tanto da / a tal punto da / troppo* + aggettivo + *per* / *così* + aggettivo + *da* / + infinito semplice.**

f) Frasi esclusive (*senza* + infinito semplice)

> *È caduto dalla finestra e non si è fatto male.*
> *È caduto dalla finestra **senza farsi male.***

---

[4] Nelle due ultime coppie di frasi la frase principale e quella secondaria hanno soggetti diversi, eppure la costruzione con l'infinito à corretta perché i pronomi *lo* e *gli* rendono chiaro il nesso sintattico.

XIII, 3

Sarete promossi se studierete.
*Non sarete promossi **senza studiare**.*

Entrava in casa e sbatteva la porta.
*Non entrava mai in casa **senza sbattere la porta**.*

Anche le frasi esclusive possono avere trsformazioni analoghe a quelle descritte per le frasi oggettive. In tal caso la frase secondaria è costruita con ***senza* + infinito semplice**.

4 FRASI SECONDARIE CON IL VERBO ALL'INFINITO DIPENDENTI DA UN VERBO DI "COMANDO" O "RICHIESTA"

Osserviamo le seguenti trasformazioni:

Gli ordino che esca subito. --------->   ***Gli ordino di uscire** subito.*

Vi chiede che portiate tutti i libri.   ***Vi chiede di portare** tutti i libri.*

A Maria non permetto che rientri tardi.   ***A Maria** non permetto **di rientrare** tardi.*

Ti raccomandava sempre che tu tornassi presto?   ***Ti raccomandava sempre di essere** buona?*

Le ha detto che studi di più.   ***Le ha detto di studiare di** più.*

Mi ha detto che stessi zitta.   ***Mi ha detto di stare** zitta.*

Come vediamo, nelle frasi complesse di sinistra la frase principale e la frase secondaria hanno soggetti diversi, eppure queste frasi ammettono la trasformazione della frase secondaria nella costruzione *di* + infinito. Questa trasformazione è possibile perché la frase principale contiene un verbo che indica un comando, un ordine o una richiesta, accompagnato dal complemento (o dal pronome) oggetto indiretto a cui sono rivolti il comando o la richiesta. La presenza di questo complemento (o pronome) infatti chiarisce chi deve fare l'azione espressa dall'infinito.

Verbi che esprimono un comando o una richiesta e che si costruiscono in tale modo, sono:

chiedere	*imporre*	*promettere*
concedere	*ordinare*	*raccomandare*
dire	*permettere*	*richiedere*
domandare	*proibire*	

*   *   *

Ordina che tutti escano subito.   **Ordina di** *uscire subito.*
Raccomadava a tutti che stessero   **Raccomandava di** *stare attenti.*
     attenti.
Ha detto a tutti loro che   **Ha detto** *a tutti loro* **di**
     studiassero di più.   *studiare di più.*

Le frasi sopra riportate sono anche perfettamente comprensibili, eppure non vi compare nessun pronome. In questo caso l'ordine o la richiesta si intendono come rivolte a un oggetto indiretto "generico", come *a persone in generale, alla gente, a tutti, ecc.* cioè la frase ha un significato generale, assoluto.

*   *   *

N.B.   *Dice di essere italiano.*
          Mi ha detto di avere talento per le lingue.
          Dice di aver fatto tanti viaggi.

          Dice di stare zitti.
          Ha detto di studiare di più.
          Dice sempre di andare in laboratorio.

Bisogna fare particolare attenzione al verbo *dire*, che **ha due significati fondamentali:** *informare* e *ordinare.* Le prime tre frasi qui riportate contengono delle informazioni (*il soggetto informa che è italiano, che ha talento per le lingue* e *che ha fatto tanti viaggi*). Le altre frasi, invece, esprimono degli ordini: *chi ascolta deve stare zitto, deve studiare di più, deve andare in laboratorio.*

Bisogna quindi fare attenzione a frasi ambigue del tipo:

          Dice di andare in Italia quest'estate.
          Ha detto di leggere tutti i giornali.

Queste frasi infatti possono essere intese sia come informazioni date a chi ascolta, sia come ordini dati ad altri.

XIII, 4

5 FRASI SECONDARIE COL VERBO ALL'INFINITO DIPENDENTI DAI VERBI *SENTIRE* E *VEDERE*

Ho sentito i Rossi che litigavano.

   ⎡ *Ho sentito i Rossi **litigare**.*
   ⎢ *Ho sentito **litigare** i Rossi.*
   ⎣ *Li ho sentiti **litigare**.*

Hai sentito la Callas che cantava?

   ⎡ ***Hai sentito** la Callas **cantare**?*
   ⎢ ***Hai sentito cantare** la Callas?*
   ⎣ ***L'hai sentita cantare**?*

Abbiamo visto Carla che camminava nel parco.

   ⎡ ***Abbiamo visto** Carla **camminare** nel parco.*
   ⎢ ***Abbiamo visto camminare** Carla, nel parco.*
   ⎣ ***L'abbiamo vista camminare** nel parco.*

Come vediamo, nelle frasi complesse di sinistra la frase principale e la frase secondaria hanno soggetti diversi, eppure queste frasi ammettono la trasformazione della frase seconaria all'infinito (non preceduto da preposizione). Questa trasformazione è possibile perchè la frase principale contiene il verbo *sentire* o *vedere* accompagnato da un complemento oggetto diretto, che coincide con il soggetto della frase secondaria.[5]

*   *   *

Ho sentito qualcuno che cantava.

Hanno sentito qualcuno che gridava.

Ho visto qualcuno che rubava.

***Ho sentito** (qualcuno) **cantare**.*

***Hanno sentito** (qualcuno) **gridare**.*

***Ho visto rubare**.*

Se il complemento oggetto diretto della frase principale (che coincide con il soggetto della frase secondaria) è "generico" (*qualcuno, della gente, ecc.*), quando si trasforma la frase secondaria all'infinito tale oggetto diretto può rimanere sottinteso.

---

[5]   In inglese questo costrutto è reso da ...*-ing*:
      I heard a girl screaming.   = *Ho sentito gridare una bambina.*
      I saw him stealing.   = *L'ho visto rubare.*

6 LA COSTRUZIONE CAUSATIVA DEL VERBO (*fare* + infinito)

> *Il padre obbliga il figlio a studiare.*
>   **--> Il padre fa studiare il figlio.**
>   **--> Lo fa studiare.**

> *Il padre obbliga il figlio a studiare l'italiano.*
>   **--> Il padre fa studiare l'italiano al figlio.**
>   **--> Gli fa studiare l'italiano.**
>   **--> Glielo fa studiare.**

> *La signora chiede al parrucchiere di tagliarle i capelli.*
>   **--> La signora si fa tagliare i capelli dal parrucchiere.**
>   **--> Se li fa tagliare dal parrucchiere.**

La **costruzione causativa** (*fare* + infinito) indica una situazione in cui il soggtto *spinge, obbliga, costringe* qualcuno a comportarsi o a essere in un certo modo. Insomma, il soggetto agisce in modo tale da ottenere una modificazione nel comportamento di un altro (per esempio *far studiare, far lavorare, far fare...*). Osserviamo i vari casi:

a) Quando l'infinito che segue *fare* non è seguito da un oggetto diretto

> *Io faccio in modo che la bambina cammini.*
>   **--> Io faccio camminare la bambina.**
>   **--> La faccio camminare.**

> *Il padre ha fatto in modo che Rita studiasse.*
>   **--> Il padre ha fatto studiare Rita.**
>   **--> L'ha fatta studiare.**

Notiamo che in queste trasformazioni il soggetto della frase secondaria (*la bambina*) diventa oggetto diretto del verbo "*fare* + infinito".

b) Quando l'infinito che segue *fare* è seguito da un oggetto diretto

> *Il padre ha fatto in modo che Rita studiasse il tedesco.*
>   **--> Il padre ha fatto studiare il tedesco a Rita.**
>   **--> Le ha fatto studiare il tedesco.**
>   **--> Gliel'ha fatto studiare.**

Il padre ha fatto in modo che Elena dicesse la verità.
      --> *Il padre ha fatto dire la verità a Elena.*
      --> *Le ha fatto dire la verità.*
      --> *Gliel'ha fatta dire.*

Quando la frase secondaria contiene un verbo seguito dall'oggetto diretto (*il tedesco*), quest'ultimo mantiene la sua funzione nella frase causativa e il soggetto della frase secondaria (*Rita*) diventa l'oggetto indiretto del verbo "*fare* + infinito".[6]

c) Quando l'infinito è una verbo riflessivo, con o senza oggetto diretto

La mamma faceva in modo che Tino si lavasse.
      --> *La mamma faceva lavare Tino.*
      --> *Lo faceva lavare.*

La mamma faceva in modo che Tino si lavasse i denti.
      --> *La mamma faceva lavare i denti a Tino.*
      --> *Gli faceva lavare i denti.*
      --> *Glieli faceva lavare.*

Quando la frase di partenza contiene un verbo riflessivo senza oggetto diretto espresso, il soggetto della frase di partenza diventa oggetto diretto di "*fare* + infinto" e il pronome riflessivo scompare.

Se invece nella frase di partenza il verbo riflessivo ha un oggetto diretto (*i denti*), quest'ultimo mantiene la sua funzione nella frase causativa e il soggetto della frase di partenza (*Tino*) diventa oggetto indiretto, mentre il pronome riflessivo scompare.

d) Quando il costrutto causativo assume la forma riflessiva.

Io faccio in modo che il parrucchiere mi pettini.
      --> *Mi faccio pettinare dal parrucchiere.*

Io ho fatto in modo che il parrucchiere mi pettinasse.
      --> *Mi sono fatta pettinare dal parrucchiere.*

---

[6] **N.B.** La frase:
    Il padre ha fatto lavare la macchina a Gino.
    Può anche essere espressa così:
    Il padre ha fatto lavare la macchina da Gino.

Io ho fatto in modo che la sarta mi facesse un vestito.
      *--> **Mi sono fatta fare un vestito dalla sarta.***
      *--> **Me lo sono fatto fare dalla sarta.***

Quando la frase di partenza contiene un complemento oggetto diretto o indiretto che coincide col soggetto del verbo *fare* (*io*), il costrutto causativo assume la costruzione riflessiva e il soggetto della frase di partenza (*il parrucchiere, la sarta*) si trasforma nell'espressione "*da* + gruppo nominale".[7]

*   *   *

Del tutto identico al costrutto "*fare* + infinito" sono i costrutti

       lasciare
       vedere   ] + infinito
       sentire

       Glielo lascio leggere.
       Gliel'ho visto fare.
       Gliel'ho sentita cantare.

---

[7]   Osserviamo ora queste frasi:
      Io faccio in modo che Angela pulisca.   *----> La faccio pulire.*
      Io faccio in modo che qualcuno pulisca
          la macchina.   *-------------> La faccio pulire.*
Le due frasi di sinistra, che sono ben diverse di significato, sono trasformate in due frasi col costrutto causativo, identiche fra loro: cioè frasi causative di questo tipo possono essere ambigue. Solo il contesto generale del discorso può chiarire il senso della frase.

XIII, 6

XIV Il gerundio

1 IL GERUNDIO

Sbagliando	*impara.*	*Non*	*avendo capito*	*sbaglia.*
Sbagliando	*ha imparato.*	*Non*	*avendo capito*	*ha sbagliato.*
Sbagliando	*imparerà.*	*Non*	*avendo capito*	*sbaglierà.*

In italiano il gerundio del verbo ha due forme:

a) il **gerundio semplice**, formato dalla radice del verbo più la finale propria di ogni coniugazione:

I, -are (parl-are)	II, -ere (cred-ere)	III, -ire (sent-ire)	(cap-ire)
parl-ando	cred-endo	sent-endo	cap-endo

I verbi *essere* e *avere* seguono le forme regolari del gerundio: *essendo, avendo.*

I verbi riflessivi seguono le forme riportate sopra:

lav-andosi	sed-endosi	divert-endosi[1]

Hanno il gerundio semplice irregolare solo pochi verbi della seconda coniugazione:

---

[1] Tale forma è già stata studiata nell'unità II, 4 per la costruzione di "*stare* + gerundio".

infinito	gerundio		infinito	gerundio
bere	*bevendo*		*soddisfare*	*soddisfacendo*
dire	*dicendo*		*tradurre*	*traducendo*
fare	*facendo*		*trarre*	*traendo*
porre	*ponendo*			

b)   il **gerundio composto** formato dal gerundio semplice dell'ausiliare seguito dal participio passato del verbo stesso:

I, -are	II, -ere	III, -ire
avendo parlato	*avendo creduto*	*avendo capito*
essendo andato/i	*essendo caduto/i*	*essendo guarito/i*
essendosi lavato/i	*essendosi seduto/i*	*essendosi divertito/i*

Le forme del gerundio composto dei verbi *essere* e *avere* sono: *essendo stato* e *avendo avuto*.

Anche il gerundio, come l'infinito, non esprime di per sé un determinato "tempo", ma esprime soltanto un tempo in relazione al verbo coniugato che lo accompagna. E più precisamente:

i)   il **gerundio semplice** esprime la **contemporaneità** rispetto al tempo del verbo della frase principale.

ii)   il **gerundio composto** indica **anteriorità** rispetto al tempo del verbo della frase principale.

*   *   *

Sbagliando imparo.
Sbagliando impari.
Sbagliando imparano.

Notiamo anche che il gerundio non ha la caratteristica della persona e del numero (infatti è invariabile), ma si riferisce al soggetto del verbo che lo accompagna.

*   *   *

XIV, 1

Copiandolo ho sbagliato.
Allacciandomi le scarpe, ho rotto una stringa.
Parlandogli, lo ho persuaso a non comportarsi così.

I pronomi atoni dipendenti da un gerundio si pospongono ad esso, formando una sola parola.

2 USI DEL GERUNDIO NELLA FRASE SECONDARIA

Il gerundio può sostituire il verbo coniugato di certe frasi secondarie, quando il soggetto della frase secondaria e quello della principale coincidono.

a) Uso del gerundio con valore temporale.

Mentre scrivo, penso. ------->	*Scrivendo, penso.*
Mentre mangiavo mi sono morsa la lingua.	*Mangiando, mi sono morsa la lingua.*
Mentre leggeva ha mangiato una scatola intera di cioccolatini.	*Leggendo, ha mangiato una scatola intera di cioccolatini.*
Mentre camminavano, cantavano.	*Camminando, cantavano.*
Ci penserò mentre andrò a spasso.	*Ci penserò andando a spasso.*

Correva mentre ansimava.
Correva e ansimava.   ⎫
Correva e allo stesso tempo ⎬ *Correva ansimando.*
ansimava.   ⎭

Nelle frasi di sinistra abbiamo delle frasi dipendenti temporali introdotte dalla congiunzione *mentre* (o da altra congiunzione di uguale significato). In queste frasi il soggetto della frase principale è uguale a quello della frase secondaria. In questo caso tali frasi complesse possono essere trasformate e la frase temporale viene espressa con il verbo al gerundio semplice (infatti tali frasi temporali esprimono tutte contemporaneità al tempo del verbo della frase principale).

b) Uso del gerundio con valore causale

Siccome è malata, non viene.---->	*Essendo malata, non viene.*
Dato che non ho capito la spiegazione, non posso risolvere il problema.	*Non avendo capito la spiegazione, non posso risolvere il problema.*

> Hai fatto male l'esame, **perché non avevi studiato** abbastanza.

> **Non avendo studiato** abbastanza, hai fatto male l'esame.

> **Poiché era** indisposto, non è intervenuto al dibattito.

> **Essendo** indisposto, non è intervenuto al dibattito.

Qualsiasi frase causale che abbia lo stesso soggetto della frase principale può essere trasformata in una frase con il verbo al gerundio.[2]

c) Uso del gerundio con valore strumentale o modale

Le frasi "strumentali" o "modali" espresse con il gerundio, se parafrasate, corrispondono a un complemento di mezzo o di modo (cfr. Introduzione, 14a).

> I bambini imparano **con il gioco**.-> I bambini imparano **giocando**.
> E' arrivato **di corsa**. E' arrivato **correndo**.
> Ha attraversato il fiume **a nuoto**. Ha attraversato il fiume **nuotando**.

> Si tiene su di morale **con il canto**.

> Si tiene su di morale **cantando**.

d) Uso del gerundio con valore concessivo

> **Benché sia** piccola, capisce -----> **Pur essendo** piccola, capisce tutto. tutto.
> **Sebbene mangi** molto, non ingrassa.

> **Pur mangiando** molto non ingrassa.

> **Nonostante abbia promesso** di venire, non è ancora qui.

> **Pur avendo promesso** di venire, non è ancora qui.

> **Quantunque lo intuisca**, non so spiegarlo.

> **Pur intuendolo**, non so spiegarlo.

> **Malgrado mi svegli** presto, sono sempre in ritardo.

> **Pur svegliandomi** presto, sono sempre in ritardo.

> **Per quanto lo sapesse**, non me lo ha detto.

> **Pur sapendolo**, non me lo ha detto.

Qualsiasi frase concessiva, che abbia lo stesso soggetto della frase principale, può essere trasformata in una frase secondaria con il verbo al gerundio, preceduto dalla congiunzione **pur**.

---

[2] A questo punto possiamo constatare che il gerundio semplice corrisponde ai tempi coniugati semplici e il gerundio composto corrisponde ai tempi coniugati composti.

3 ALTRI USI DEL GERUNDIO

> *Parlando* con Paolo, <u>mi</u> è venuta nostalgia dell'Italia.
> *Mi confido solo <u>con Aldo</u>, **essendo** l'unica persona disinteressata.*
> ***Essendo** troppo piccoli per me, <u>li</u> ho passati a mia figlia.*
> ***Essendomi alzata** tardi, non <u>mi</u> hanno portata in gita con loro.*

Nelle frasi sopra riportate i soggetti delle frasi principali sono diversi da quelli delle frasi secondarie, tuttavia queste frasi sono corrette, perchè portano un messaggio chiaro ed inconfondibile. L'elemento chiave di queste frasi è **il pronome personale (o il complemento) che compare nelle frasi principali**: il contesto è tale che il lettore capisce subito che la persona di tale pronome è il soggetto del gerundio.

*   *   *

> *Parlando* a voce alta, viene la laringite.
> *L'appetito viene **mangiando**.*

Anche in queste frasi la frase principale e la frase secondaria hanno soggetti diversi, eppure anche queste frasi sono corrette e facilmente comprensibili. In questo caso il gerundio si riferisce a un soggetto "generico" come *qualcuno, la gente, delle persone, tutti, ecc.*; cioè la frase con il verbo al gerundio sostituisce una frase che ha un **significato generale "assoluto"**.

> *Con il parlare a voce alta viene la laringite.*
> *L'appetito viene mentre si mangia.*

*   *   *

Dato che le cose stavano così, -->	***Stando** così **le cose**, ha pagato*
ha pagato tutto lui.	*tutto lui.*
Lei otterrà la cittadinanza per-	***Essendo lui** canadese, lei otterrà*
ché lui è canadese.	*la cittadinanza.*
Dato che il tempo era bello,	***Essendo bel tempo**, sono andati in*
sono andati in gita.	*gita.[3]*
Poiché è scoppiata una bomba,	***Essendo scoppiata una bomba**,*
tutti sono scappati.	*tutti sono scappati.*

Nelle frasi di sinistra abbiamo delle frasi secondarie con soggetti diversi da quelli delle frasi principali, eppure queste frasi secondarie si possono

---

[3] In tali frasi la parola *tempo* può essere sottintesa:
  Essendo bello / fresco / caldo, sono andati in gita.

XIV, 3

trasformare in frasi col verbo al gerundio, perché il soggetto resta
chiaramente espresso, accanto al gerundio.

N.B. Notiamo che il gerundio non è mai d'uso obbligatorio: il suo uso è una
possibilità che la lingua italiana ci offre e spesso è una variante
stilistica che rende il discorso più elegante.

* * *

Come si vede l'uso del gerundio è relativamente complicato. L'essenziale è che
la frase complessa che lo contiene sia chiara di significato.

* * *

N.B. Lo studente di lingua inglese ha spesso la tendenza a tradurre la forma
verbale inglese ...*ing* con il gerundio italiano: ciò è possibile solo se
la frase secondaria col verbo al gerundio rispetta i criteri sopra
esposti.

Per uno schema riassuntivo delle frasi secondarie introdotte da una
congiunzione seguita dal gerundio, si veda all'unità XI, 13.

XIV, 3

XV Il participio

1 IL PARTICIPIO PRESENTE

> *I Vidulli hanno una casa molto **accogliente**.*
> *Quei vestiti sono troppo **aderenti**.*
> *Il signor Stagliano è un **agente** immobiliare molto stimato.*
> *Con tutto questo lavoro non hai un **aiutante**?*
> *L'**andante** di quella sinfonia mi piace molto.*
> *Sono stati rubati dei quadri **rappresentanti** scene religiose.*
> *Il castello **dominante** la valle è di origine medioevale.*

Il participio presente è una forma verbale che ha le caratteristiche dei nomi
e degli aggettivi, cioè il genere e il numero.

Il participio presente è formato dalla radice del verbo più la finale tipica
di ogni coniugazione:

I, -are (parl-are)	II, -ere (cred-ere)	III, -ire (divert-ire)
parl-ante	cred-ente	divert-ente

Il participio presente del verbo *avere* è: *avente*.

Non tutti i verbi hanno il participio presente (**essente, *mangiante,
*bevente, *telefonante, *studiante, ecc. ecc.*).

Questa forma può avere vari usi.

a)   Nella maggior parte dei casi il participio presente funziona come
aggettivo ed infatti come tale è elencato nel vocabolario:

*In agosto ci sono molte stelle **cadenti**.*
*Per cuocere la pasta ci vuole l'acqua **bollente**.*
*L'ebreo **errante** è una figura leggendaria.*
*Che bello quel salice **piangente**!*
*I dintorni del lago di Como sono **ridenti**.*
*D'inverno uso vestiti **pesanti**.*

b) Alcuni participi presenti sono diventati dei veri e propri **nomi** e come tali sono elencati nei vocabolari.

*Quando potrai parlare con **il tenente** Ratti?*
***Il comandante** prese una decisione drastica.*
*In questa università non ci sono molti **assistenti**.*
*Le ha regalato un **brillante** stupendo.*
*Alle due ho un appuntamento con **l'insegnante** d'italiano.*

c) Molto spesso il participio presente corrisponde a una **frase relativa**, il cui soggetto coincide con il nome a cui si riferisce il participio presente:

*Sono stati rubati dei quadri **rappresentanti (che rappresentano)** scene religiose.*
*Il castello **dominante (che domina)** la valle è di origine medioevale.*
*Ha un bel quadro **raffigurante (che raffigura**, rappresenta) un cavallo in corsa.*

In questo caso il participio presente sostituisce il *che* relativo più un verbo coniugato al modo indicativo e può mantenere i complementi che accompagnavano il verbo coniugato.

N.B. Spesso, invece del participio presente, la lingua italiana preferisce usare una frase relativa:

*Ho visto un bambino piangente.
*Ho visto un bambino **che piangeva**.*

*Ho visto due ragazzi litiganti.
*Ho visto due ragazzi **che litigavano**.*

*Le persone strillanti mi danno noia.
*Le persone **che strillano** mi danno noia.*

XV, 1

2 IL PARTICIPIO PASSATO

> *Lo hanno **ferito** gravemente.*
> *In quell'incidente si è **ferito** gravemente.*
> *Il bambino **ferito** è stato portato all'ospedale.*
> *Hanno **abbandonato** il paese natale.*
> *Si sono **abbandonati** a scene isteriche.*
> *Bisogna soccorrere i **diseredati.***

Il participio passato è una forma verbale che ha le caratteristiche dei nomi e degli aggettivi, cioè il genere e il numero. Esso è formato dalla radice del verbo più la finale tipica di ogni coniugazione.

I, -are	II, -ere	III, -ire
parl-ato	*cred-uto*	*sent-ito*
lav-atosi	*sed-utosi*	*divert-itosi*

Tutti i verbi hanno il participio passato[1].

Abbiamo già visto che l'uso più comune del participio passato è nella formazione dei tempi composti dei verbi:

> *Le **ha telefonato** ieri sera.*
> *Le **ha mangiate** tutte.*
> *Mi **sono rotto** un braccio.*
> ***Siamo andati** da Lucia.*
> *Ci **siamo accorti** che era tardi.*
> *I vestiti invernali, **ce** li **siamo comprati** ieri sera.*

Altri usi del participio passato sono:

a)   Il participio passato può essere usato come **aggettivo**:

> *Ho **aperto** la porta.*   *La porta è **aperta.***

> *Ha **parlato** in italiano.*   *La lingua **parlata** ammette costru-*
> *Ho **scritto** una lettera.*   *zioni più libere di quella*
>   ***scritta.***

---

[1]   Per le forme irregolari del participio passato cfr. IV, 2 e Appendici, 2).

Vari governi stranieri hanno **oppresso** *le popolazioni italiane.*   *Le popolazioni* **oppresse** *finiscono sempre col ribellarsi.*

Dagli scavi sono **emerse** *delle anfore bellissime.*   *Le pitture* **emerse** *dagli scavi sono squisite.*

Ho **diviso** *il lavoro fra tutti.*   *L'Italia è* **divisa** *in 20 regioni.*

N.B. Ci sono dei verbi il cui participio passato non viene usato come aggettivo, perchè nella lingua esiste un aggettivo derivato dalla stessa radice del verbo, ma di forma diversa:

Mi sono **svegliata** *alle sei.*   *Sono* **sveglia.**
Ho **caricato** *la macchina.*   *La macchina è* **carica.**
Hanno **adornato** *la chiesa.*   *La chiesa è* **adorna** *di rose.*
Le mele sono **marcite** *sull'albero.*   *Le mele sono* **marce.**
Con le sue storie mi ha **stufato!**   *Sono* **stufa!**
Lo hanno **privato** *di tutto.*   *E'* **privo** *di tutto.*

Altre forme simili sono le seguenti:

infinito	part. passato	aggettivo
asciugare	asciugato	asciutto
adattare	adattato	adatto
adornare	adornato	adorno
aguzzare	aguzzato	aguzzo
arrostire	arrostito	arrosto
caricare	caricato	carico
completare	completato	completo
esaurire	esaurito	esausto
ingombrare	ingombrato	ingombro
fermare	fermato	fermo
gonfiare	gonfiato	gonfio
guastare	guastato	guasto
lessare	lessato	lesso
marcire	marcito	marcio
maturare	maturato	maturo
privare	privato	privo
scaltrire	scaltrito	scaltro
sporcare	sporcato	sporco
stancare	stancato	stanco
stufare	stufato	stufo
svegliare	svegliato	sveglio

b) Il participio passato può essere usato come **nome**:

> *Faccio l'**impiegato** presso una ditta di elettrodomestici.*
> *Dov'è l'**uscita**?*
> *Le **battute** di Giovanni sono sempre spiritose.*
> *Sembrava guarito, ma poi ha avuto una **ricaduta**. Ora sta*
>   *riprendendosi.*
> *In giugno ci sarà una cerimonia per i neo-**laureati**.*
> *Il **passato** è sempre carico di ricordi.*
> *Il **raccolto** delle mele si fa in ottobre.*
> *Hai già firmato il **contratto**?*

c) **Il participio passato può anche sostituire frasi secondarie.** Tale uso, più frequente nella lingua scritta che in quella parlata, è ormai **antiquato** e sta rapidamente scomparendo. Notiamo che i pronomi atoni dipendenti da un participio passato si pospongono ad esso, formando una sola parola.

Dopo che fu finita la tempesta, uscì il sole.	***Finita la tempesta,** uscì il sole.*
Dopo che i ragazzi furono usciti, la madre cominciò a preparare la festa.	***Usciti i ragazzi,** la madre cominciò a preparare la festa.*
Ti scriverò, appena sarò arrivata.	***Appena arrivata,** ti scriverò.*
Poiché era preoccupato per il lungo silenzio, le scrisse ancora una volta.	***Preoccupato per il lungo silenzio,** le scrisse ancora una volta.*
Dopo che avremo discusso la cosa, faremo un rapporto. *Dopo aver discusso la cosa, faremo un rapporto.*	***Discussa la cosa,** faremo un rapporto.*
Dopo che la ebbe sgridata, la mandò in camera. *Dopo averla sgridata, la mandò in camera.*	***Sgridatala,** la mandò in camera.*
Dopo che si levò il cappello, lo salutò. *Dopo essersi levata il cappello, lo salutò.*	***Levatasi il cappello,** lo salutò.*

Una qualsiasi frase temporale costruita con "*dopo che* + indicativo" e molte frasi causali, possono essere trasformate in una frase con il verbo al participio passato. Quando il soggetto del participio passato coincide col soggetto della frase principale, tale soggetto resta sottinteso. Se invece il soggetto del participio passato è diverso da quello della frase principale, il soggetto del participio passato deve essere espresso. Bisogna notare che le frasi secondarie con il verbo al participio passato non possono essere negative.

Se il participio passato è accompagnato da un complemento oggetto diretto, si accorda con esso:

> *Dopo che avremo discusso la cosa, faremo un rapporto.*
>
> *Discussa la cosa, faremo un rapporto.*

> *Dopo che ebbe iniziato una professione, abbandonò la casa paterna.*
>
> *Iniziata una professione, abbandonò la casa paterna.*

XVI Il discorso diretto e il discorso indiretto

Per trasformare il discorso diretto in discorso indiretto si devono fare quattro tipi di trasformazioni:

a)   bisogna **cambiare le persone dei verbi:**

> *Dice: "Sono brava."*   *Dice che è brava.*
> *Dice di essere brava.*
>
> *"Sei brava."*   *Dice che sono brava.*
> *"Carlo è bravo."*   *Dice che Carlo è bravo.*
> *"Siamo bravi."*   *Dice che sono bravi.*
> *"Siete bravi."*   *Dice che siamo bravi.*
> *"Sono bravi."*   *Dice che sono bravi.*

b)   bisogna **cambiare certi aggettivi e certi pronomi:**

> *Dice: "Questo libro è mio."*   *Dice che quel libro è suo.*
> *"Questo libro è tuo."*   *Dice che quel libro è mio.*
> *"Questo libro è suo."*   *Dice che quel libro è suo.*
> *"Questo libro è nostro."*   *Dice che quel libro è loro.*
> *"Questo libro è vostro."*   *Dice che quel libro è nostro.*
> *"Questo libro è loro."*   *Dice che quel libro è loro.*

c)   bisogna **cambiare i tempi dei verbi.** Abbiamo già svolto ampiamente l'argomento della relazione fra i vari tempi dei verbi nella frase complessa per l'indicativo (cfr. VII, 7 e 8), per il congiuntivo (cfr. XI, 10 e 11) e per il condizionale (cfr. XII, 6).

Basterà ora riprendere gli schemi che si trovano nella XII unità, al capitolo 7, per osservare le relazioni fra i tempi nel discorso indiretto.

discorso diretto	discorso indiretto	
	Dice che... *Ha appena detto che...*	*Disse che...* *Quella volta ha detto* *che...*
1. *"Sto male."*	*... sta male.*	*... stava male.*
"Torno oggi stesso."	*... torna oggi stesso.*	*... sarebbe tornato* *il giorno stesso.*
"Tornerò domani."	*... tornerà domani.*	*... sarebbe tornato il* *giorno dopo.*
"Sono tornato ieri sera."	*... è tornato ieri sera.*	*... era tornato la sera* *prima.*
"Tornai ferito."	*... tornò ferito.*	*... era tornato ferito.*
"Tornavo sempre stanco."	*... tornava sempre* *stanco.*	*... tornava sempre* *stanco.*
2. *"Penso che sia tardi."*	*... pensa che sia tardi.*	*... pensava che fosse* *tardi.*
"Penso che non ci sia *andato."*	*... pensa che non ci sia* *andato.*	*... pensava che non ci* *fosse andato.*
"Penso che fosse malato."	*... pensa che fosse* *malato.*	*... pensava che fosse* *malato.*
3. *"Tornerei volentieri."*	*... tornerebbe* *volentieri.*	*... sarebbe tornato* *volentieri.*
"Sarei tornato ieri, *ma..."*	*... sarebbe tornato* *ieri, ma...*	*... sarebbe tornato* *ieri, ma...*
"Tornerei, se potessi."	*... tornerebbe, se* *potesse.*	*... sarebbe tornato,* *se avesse potuto.*
"Sarei tornato, se *avessi potuto. "*	*... sarebbe tornato, se* *avesse potuto.*	*... sarebbe tornato,* *se avesse potuto.*
4. *"Torna presto!"*	*Gli dice di tornare* *presto.*	*Gli disse di tornare* *presto.*
"Non tornare presto!."	*Gli dice di non tornare* *presto.*	*Gli disse di non* *tornare presto.*

XVI

d) bisogna **cambiare i complementi di tempo:**

discorso diretto	discorso indiretto	
	Dice che...	*Disse che...*
"Adesso torno."	... adesso torna.	... tornava *proprio allora.*
"Torno oggi."	... torna *oggi.*	... tornava *quel giorno/ il giorno stesso.*
"Tornerò domani."	... tornerà *domani.*	... sarebbe tornato *il giorno dopo.*
"Tornerò fra poco."	... tornerà *fra poco.*	... sarebbe tornato *poco dopo.*
"Sono tornato ieri."	... è tornato *ieri.*	... era tornato *il giorno prima.*
"Sono tornato una settimana fa."	... è tornato *una settimana fa.*	... era tornato *una settimana prima.*

Appendici

1 CONIUGAZIONE DEI VERBI-MODELLO REGOLARI

a) Coniugazione attiva di:

parlare (I coniugazione),

credere (II coniugazione),

servire (III coniugazione),

capire (III coniugazione).

INDICATIVO

PRESENTE	parl-o	cred-o	serv-o	cap-isc-o
	parl-i	cred-i	serv-i	cap-isc-i
	parl-a	cred-e	serv-e	cap-isc-e
	parl-iamo	cred-iamo	serv-iamo	cap-iamo
	parl-ate	cred-ete	serv-ite	cap-ite
	parl-ano	cred-ono	serv-ono	cap-isc-ono

FUTURO	parl-er-ò	cred-er-ò	serv-ir-ò	cap-ir-ò
	parl-er-ai	cred-er-ai	serv-ir-ai	cap-ir-ai
	parl-er-à	cred-er-à	serv-ir-à	cap-ir-à
	parl-er-emo	cred-er-emo	serv-ir-emo	cap-ir-emo
	parl-er-ete	cred-er-ete	serv-ir-ete	cap-ir-ete
	parl-er-anno	cred-er-anno	serv-ir-anno	cap-ir-anno

IMPERFETTO	parl-av-o	cred-ev-o	serv-iv-o	cap-iv-o
	parl-av-i	cred-ev-i	serv-iv-i	cap-iv-i
	parl-av-a	cred-ev-a	serv-iv-a	cap-iv-a
	parl-av-amo	cred-ev-amo	serv-iv-amo	cap-iv-amo
	parl-av-ate	cred-ev-ate	serv-iv-ate	cap-iv-ate
	parl-av-ano	cred-ev-ano	serv-iv-ano	cap-iv-ano

PASSATO REMOTO	parl-ai	cred-etti (-ei)	serv-ii	cap-ii
	parl-asti	cred-esti	serv-isti	cap-isti
	parl-ò	cred-etti (-è)	serv-ì	cap-ì
	parl-ammo	cred-emmo	serv-immo	cap-immo
	parl-aste	cred-este	serv-iste	cap-iste
	parl-arono	cred-ettero (-erono)	serv-irono	cap-irono

PASSATO PROSSIMO	ho parlato	ho creduto	ho servito	ho capito
	hai parlato	hai creduto	hai servito	hai capito
	ha parlato	ha creduto	ha servito	ha capito
	abbiamo parlato	abbiamo creduto	abbiamo servito	abbiamo capito
	avete parlato	avete creduto	avete servito	avete capito
	hanno parlato	hanno creduto	hanno servito	hanno capito

TRAPASSATO PROSSIMO	avevo parlato	avevo creduto	avevo servito	avevo capito
	avevi parlato	avevi creduto	avevi servito	avevi capito
	aveva parlato	aveva creduto	aveva servito	aveva capito
	avevamo parlato	avevamo creduto	avevamo servito	avevamo capito
	avevate parlato	avevate creduto	avevate servito	avevate capito
	avevano parlato	avevano creduto	avevano servito	avevano capito

---

TRAPASSATO	ebbi parlato	ebbi creduto	ebbi servito	ebbi capito
REMOTO	avesti parlato	avesti creduto	avesti servito	avestii capito
	ebbe parlato	ebbe creduto	ebbe servito	ebbe capito
	avemmo parlato	avemmo creduto	avemmo servito	avemmo capito
	aveste parlato	aveste creduto	aveste servito	aveste capito
	ebbero parlato	ebbero creduto	ebbero servito	ebbero capito

FUTURO ANTERIORE	avrò parlato	avrò creduto	avrò servito	avrò capito
	avrai parlato	avrai creduto	avrai servito	avrai capito
	avrà parlato	avrà creduto	avrà servito	avrà capito
	avremo parlato	avremo creduto	avremo servito	avremo capito
	avrete parlato	avrete creduto	avrete servito	avrete capito
	avranno parlato	avranno creduto	avranno servito	avranno capito

CONGIUNTIVO

PRESENTE	parl-i	cred-a	serv-a	cap-isc-a
	parl-i	cred-a	serv-a	cap-isc-a
	parl-i	cred-a	serv-a	cap-isc-a
	parl-iamo	cred-iamo	serv-iamo	cap-iamo
	parl-iate	cred-iate	serv-iate	cap-iate
	parl-ino	cred-ano	serv-ano	cap-isc-ano

IMPERFETTO	parl-ass-i	cred-ess-i	serv-iss-i	cap-iss-i
	parl-ass-i	cred-ess-i	serv-iss-i	cap-iss-i
	parl-ass-e	cred-ess-e	serv-iss-e	cap-iss-e
	parl-ass-imo	cred-ess-imo	serv-iss-imo	cap-iss-imo
	parl-aste	cred-este	serv-iste	cap-iste
	parl-ass-ero	cred-ess-ero	serv-iss-ero	cap-iss-ero

PASSATO	abbia parlato	abbia creduto	abbia servito	abbia capito
	abbia parlato	abbia creduto	abbia servito	abbia capito
	abbia parlato	abbia creduto	abbia servito	abbia capito
	abbiamo parlato	abbiamo creduto	abbiamo servito	abbiamo capito
	abbiate parlato	abbiate creduto	abbiate servito	abbiate capito
	abbiano parlato	abbiano creduto	abbiano servito	abbiano capito

TRAPASSATO	avessi parlato	avessi creduto	avessi servito	avessi capito
	avessi parlato	avessi creduto	avessi servito	avessi capito
	avesse parlato	avesse creduto	avesse servito	avesse capito
	avessimo parlato	avessimo creduto	avessimo servito	avessimo capito
	aveste parlato	aveste creduto	aveste servito	aveste capito
	avessero parlato	avessereo creduto	avessero servito	avessero capito

CONDIZIONALE

PRESENTE	parl-er-ei	cred-er-ei	serv-ir-ei	cap-ir-ei
	parl-er-esti	cred-er-esti	serv-ir-esti	cap-ir-esti
	parl-er-ebbe	cred-er-ebbe	serv-ir-ebbe	cap-ir-ebbe
	parl-er-emmo	cred-er-emmo	serv-ir-emmo	cap-ir-emmo
	parl-er-este	cred-er-este	serv-ir-este	cap-ir-este
	parl-er-ebbero	cred-er-ebbero	serv-ir-ebbero	cap-ir-ebbero
PASSATO	avrei parlato	avrei creduto	avrei servito	avrei capito
	avresti parlato	avresti creduto	avresti servito	avresti capito
	avrebbe parlato	avrebbe creduto	avrebbe servito	avrebbe capito
	avremmo parlato	avremmo creduto	avremmo servito	avremmo capito
	avreste parlato	avreste creduto	avreste servito	avreste capito
	avrebbero parlato	avrebbero creduto	avrebbero servito	avrebbero capito

IMPERATIVO

	---	---	---	---
	parl-a	cred-i	serv-i	cap-isc-i
	parl-i	cred-a	serv-a	cap-isc-a
	parl-iamo	cred-iamo	serv-iamo	cap-iamo
	parl-ate	cred-ete	serv-ite	cap-ite
	parl-ino	cred-ano	serv-ano	cap-isc-ano

GERUNDIO

SEMPLICE	parl-ando	cred-endo	serv-endo	cap-endo
COMPOSTO	avendo parlato	avendo creduto	avendo servito	avendo capito

PARTICIPIO

PRESENTE	parl-ante	cred-ente	serv-ente	cap-ente
PASSATO	parl-ato	cred-uto	serv-ito	cap-ito

INFINITO

SEMPLICE	parl-are	cred-ere	serv-ire	cap-ire
COMPOSTO	aver(e) parlato	aver(e) creduto	aver(e) servito	aver(e) capito

b. Quadri esemplificativi della coniugazione del verbo *cambiare*:

- transitivo:
    Rita cambia spesso idea. Rita ha cambiato idea.

- intransitivo:
    La situazione cambia. La situazione è cambiata.

- riflessivo:
    *Rita si cambia le scarpe. Rita si è cambiata le
    scarpe.*

- passivo:

    con l'ausiliare "essere"
    La tovaglia è cambiata dal cameriere.
    La tovaglia è stata cambiata subito.

    con l'ausiliare "venire"
    La tovaglia viene cambiata regolarmente.

- con il "si" impersonale:
    Qui si cambia la tovaglia tutti i giorni.
    Ieri si è cambiata la tovaglia.

- nella costruzione "stare + gerundio":
    La situazione sta cambiando.

N.B. Nelle forme che richiedono l'accordo del participio passato con
    il soggetto si sono usate le forme femminili per rendere
    evidente tale accordo.

	transitivo	intransitivo	riflessivo	passivo con "essere"	passivo con "venire"	impersonale	"stare + gerundio"

INDICATIVO

	transitivo	intransitivo	riflessivo	passivo con "essere"	passivo con "venire"	impersonale	"stare + gerundio"
presente	*Rita cambia spesso idea.*	*La situazione cambia.*	*Rita si cambia (il vestito).*	*La tovaglia è cambiata dal cameriere.*	*La tovaglia viene cambiata regolarmente.*	*Qui si cambia la tovaglia ogni giorno.*	*La situazione sta cambiando.*
futuro	*Rita cambierà idea.*	*La situazione cambierà.*	*Rita si cambierà (il vestito).*	*La tovaglia sarà cambiata domani.*	*La tovaglia verrà cambiata domani.*	*Qui si cambierà la tovaglia domani.*	*La situazione starà cambiando ancora, quando...*
imperfetto	*Rita cambiava spesso idea.*	*La situazione cambiava.*	*Rita si cambiava (il vestito).*	*La tovaglia era cambiata regolarmente.*	*La tovaglia veniva cambiata regolarmente.*	*Qui si cambiava la tovaglia regolarmente.*	*La situazione stava cambiando.*
pass. rem.	*Rita cambiò idea.*	*La situazione cambiò.*	*Rita si cambiò (il vestito).*	*La tovaglia fu cambiata subito.*	*La tovaglia venne cambiata subito.*	*Si cambiò subito la tovaglia.*	Ø
passato prossimo	*Rita ha cambiato idea.*	*La situazione è cambiata.*	*Rita si è cambiata (il vestito).*	*La tovaglia è stata cambiata subito.*	Ø	*Si è cambiata subito la tovaglia.*	Ø
trapassato prossimo	*Rita aveva cambiato idea.*	*La situazione era cambiata.*	*Rita si era cambiata (il vestito).*	*La tovaglia era stata cambiata subito.*	Ø	*Si era cambiata subito la tovaglia.*	Ø
trapassato remoto	*Dopo che Rita ebbe cambiato idea...*	*Dopo che la situazione fu cambiata...*	*Dopo che Rita si fu cambiata (il vestito)...*	Ø	Ø	*Dopo che si fu cambiata la tovaglia...*	Ø
futuro anteriore	*Quando Rita avrà cambiato idea...*	*Quando la situazione sarà cambiata...*	*Quando Rita si sarà cambiata (il vestito)...*	*Quando la tovaglia sarà stata cambiata*	Ø	*Quando si sarà cambiata la tovaglia...*	Ø

	transitivo	intransitivo	riflessivo	passivo con "essere"	passivo con "venire"	impersonale	"stare + gerundio"

CONGIUNTIVO | *Suppongo che...*

presente	*Rita cambi spesso idea.*	*la situazione cambi.*	*Rita si cambi (il vestito).*	*la tovaglia sia cambiata dal cameriere.*	*la tovaglia venga cambiata regolarmente.*	*qui si cambi la tovaglia ogni giorno.*	*la situazione stia cambiando.*
imperfetto	*Rita cambiasse spesso idea.*	*la situazione cambiasse con facilita.*	*Rita si cambiasse (il vestito).*	*la tovaglia fosse cambiata regolarmente.*	*la tovaglia venisse cambiata regolarmente.*	*qui si cambiasse la tovaglia regolarmente.*	*la situazione stesse cambiando.*
passato	*Rita abbia cambiato idea.*	*la situazione sia cambiata.*	*Rita si sia cambiata (il vestito).*	*la tovaglia sia stata cambiata subito.*	∅	*si sia cambiata subito la tovaglia.*	∅
trapassato	*Rita avesse cambiato idea.*	*la situazione fosse cambiata.*	*Rita si fosse cambiata (il vestito).*	*la tovaglia fosse stata cambiata subito.*	∅	*si fosse cambiata subito la tovaglia.*	∅

CONDIZIONALE

presente	*Rita cambierebbe idea, ma...*	*La situazione cambierebbe, se...*	*Rita si cambierebbe (il vestito), ma...*	*La tovaglia sarebbe cambiata dal cameriere, se...*	*La tovaglia verrebbe cambiata regolarmente, se...*	*Qui si cambierebbe la tovaglia ogni giorno, se..*	*La situazione starebbe cambiando se...*
passato	*Rita avrebbe cambiato idea, se....*	*La situazione sarebbe cambiata, ma...*	*Rita si sarebbe cambiata (il vestito), se...*	*La tovaglia sarebbe stata cambiata subito, se...*	∅	*Si sarebbe cambiata subito la tovaglia, se...*	∅

	transitivo	intransitivo	riflessivo	passivo con "essere"	passivo con "venire"	impersonale	"stare + gerundio"

IMPERATIVO

	transitivo	intransitivo	riflessivo	con "essere"	con "venire"	impersonale	"stare + gerundio"
	Rita, cambia la tovaglia!	0	*Rita, cambiati (il vestito)!*	0	0	0	0

GERUNDIO

	transitivo	intransitivo	riflessivo	con "essere"	con "venire"	impersonale	"stare + gerundio"
semplice	*Rita, cambiando idea,...*	*La situazione, cambiando,...*	*Rita, cambiandosi (il vestito), ...*	0	0	0	0
composto	*Rita, avendo cambiato idea,...*	*La situazione, essendo cambiata,...*	*Rita, essendosi cambiata (il vestito), ...*	*La tovaglia, essendo stata cambiata,*	0	0	0

PARTICIPIO

	transitivo	intransitivo	riflessivo	con "essere"	con "venire"	impersonale	"stare + gerundio"
presente	*non si usa*						
passato	*Rita, cambiato discorso, ...*	*La situazione cambiata, ...*	*Rita, cambiatosi (il vestito), ...*	0	0	0	0

INFINITO

	transitivo	intransitivo	riflessivo	con "essere"	con "venire"	impersonale	"stare + gerundio"
semplice	*Bisogna cambiare idea.*	*Bisogna cambiare.*	*Bisogna cambiarsi.*	*Questa tovaglia deve essere cambiata subito.*	*Questa tovaglia deve venire cambiata subito.*	0	0
composto	*Dopo aver(e) cambiato discorso, Rita...*	*Dopo esser(e) cambiata, la situazione ...*	*Dopo essersi cambiata, Rita ...*	*Dopo essere stata cambiata, la tovaglia ...*	0	0	0

2 CONIUGAZIONE DEI VERBI-MODELLO IRREGOLARI

N.B. Il segno (e) indica che il verbo richiede l'ausiliare
essere. Il segno (a/e) indica che il verbo può
richiedere sia l'ausiliare *avere* che l'ausiliare
essere. Se non compare nessuna indicazione, il verbo
richiede l'ausiliare *avere*, ad eccezione dei verbi
riflessivi, che richiedono sempre l'ausiliare *essere*. Per
un buon uso degli ausiliari si confronti l'unità IV, 3, 4,
5 e si consulti un buon dizionario.

---- Nelle forme che richiedono l'accordo del participio passato
con il soggetto si sono usate le forme femminili per rendere
evidente tale accordo.

INFINITO			PRESENTE	IMPERFETTO	PASS. PROSS.	PASSATO REMOTO	FUTURO
andare		riandare (e)					
	IND.		vado, vai, va, andiamo, andate, vanno	andavo	sono andata	andai, andasti	andrò
	CONG.		vada	andassi			
	IMPER.		-, va'! vada!				
	GERUND.		andando			CONDIZ. PRES. - andrei	
annettere	IND.		annetto, annetti	annettevo	ho annesso	annessi/annettei, annettesti	annetterò
	CONG.		annetta	annettessi			
	IMPER.		-, anneti! annetta!				
	GERUND.		annettendo			CONDIZ. PRES. - annetterei	
affiggere		crocifiggere					
	IND.		affiggo, affiggi	affiggevo	ho affisso	affissi, affiggesti	affiggerò
	CONG.		affigga	affiggessi			
	IMPER.		-, affiggi! affigga!				
	GERUND.		affiggendo			CONDIZ. PRES. - affiggerei	

INFINITO			PRESENTE	IMPERFETTO	PASS. PROSS.	PASSATO REMOTO	FUTURO
apparire		comparire (e), riapparire (e), scomparire (e)					
	IND.		appaio, appari, appare, (appariamo), apparite, appaiono	apparivo	sono apparsa	apparvi, apparisti	apparirà
	CONG.		appaia	apparissi			
	IMPER.		-, appari! appaia!			
	GERUND.		apparendo			CONDIZ. PRES. - apparirei
aprire		coprire, offrire, riaprire, ricoprire, scoprire, soffrire					
	IND.		apro, apri	aprivo	ho aperto	aprii/ apersi, apristi	aprirò
	CONG.		apra	aprissi			
	IMPER.		-, apri! apra!			
	GERUND.		aprendo			CONDIZ. PRES. - aprirei
ardere	IND.		ardo, ardi	ardevo	ho arso	arsi, ardesti	arderò
	CONG.		arda	ardessi			
	IMPER.		-, ardi! arda!			
	GERUND.		ardendo			CONDIZ. PRES. - arderei
assumere		presumere, riassumere					
	IND.		assumo, assumi	assumevo	ho assunto	assunsi, assumesti	assumerò
	CONG.		assuma	assumessi			
	IMPER.		-, assumi! assuma!			
	GERUND.		assumendo			CONDIZ. PRES. - assumerei
avere	IND.		ho, hai, ha, abbiamo, avete, hanno	avevo	ho avuto	ebbi, avesti	avrò
	CONG.		abbia	avessi			
	IMPER.		-, abbi! abbia!			
	GERUND.		avendo			CONDIZ. PRES. - avrei
bere	IND.		bevo, bevi, beve, beviamo, bevete, bevono	bevevo	ho bevuto	bevvi, bevesti	berrò
	CONG.		beva	bevessi			
	IMPER.		-, bevi! beva!			
	GERUND.		bevendo			CONDIZ. PRES. - berrei
cadere		accadere (e), decadere (e), ricadere (e)					
	IND.		cado, cadi	cadevo	sono caduta	cadde, cadesti	cadrà
	CONG.		cada	cadessi			
	IMPER.		-, cadi! cada!			
	GERUND.		cadendo			CONDIZ. PRES. - cadrei

INFINITO		PRESENTE	IMPERFETTO	PASS. PROSS.	PASSATO REMOTO	FUTURO
chiedere	richiedere					
	IND.	chiedo, chiedi	chiedevo	ho chiesto	chiesi, chiedesti	chiederò
	CONG.	chieda	chiedessi			
	IMPER.	-, chiedi! chieda!				
	GERUND.	chiedendo				CONDIZ. PRES. - chiederei
chiudere	accludere, alludere, concludere, deludere, escludere, illudere, includere, racchiudere, richiudere, rinchiudere					
	IND.	chiudo, chiudi	chiudevo	ho chiuso	chiusi, chiudesti	chiuderò
	CONG.	chiuda	chiudessi			
	IMPER.	-, chiudi! chiuda!				
	GERUND.	chiudendo				CONDIZ. PRES. - chiuderei
concedere	succedere (1) ["cedere, precedere, procedere" sono regolari]					
	IND.	concedo, concedi	concedevo	ho concesso	concessi, concedesti	concederò
	CONG.	conceda	concedessi			
	IMPER.	-, concedi! conceda!				
	GERUND.	concedendo				CONDIZ. PRES. - concederei

(1) "succedere" ha due participi passati con significato diverso: "successo" e "succeduto"

INFINITO		PRESENTE	IMPERFETTO	PASS. PROSS.	PASSATO REMOTO	FUTURO
conoscere	riconoscere					
	IND.	conosco, conosci	conoscevo	ho conosciuto	conobbi, conoscesti	conoscerò
	CONG.	conosca	conoscessi			
	IMPER.	-, conosci! conosca!				
	GERUND.	conoscendo				CONDIZ. PRES. - conoscerei
correre	accorrere (e), concorrere, occorrere (e), ricorrere (a/e), rincorrere , scorrere (a/e), trascorrere (a/e)					
	IND.	corro, corri	correvo	ho corso/ sono corsa	corsi, corresti	correrò
	CONG.	corra	corressi			
	IMPER.	-, corri! corra!				
	GERUND.	correndo				CONDIZ. PRES. - correrei
crescere	accrescere, rincrescere (e)					
	IND.	cresco, cresci	crescevo	ho cresciuto/ sono cresciuta	crebbi, crescesti	crescerò
	CONG.	cresca	crescessi			
	IMPER.	-, cresci! cresca!				
	GERUND.	crescendo				CONDIZ. PRES. - crescerei

INFINITO			PRESENTE	IMPERFETTO	PASS. PROSS.	PASSATO REMOTO	FUTURO
cuocere	IND.		cuocio, cuoci	cuocevo	ho cotto	cossi, cuocesti	cuocerò
	CONG.		cuocia	cuocessi			
	IMPER.		-, cuoci! cuocia!				----------
	GERUND.		cuocendo			CONDIZ. PRES. - cuocerei	
dare		ridare					
	IND.		do, dai, dà, diamo, date, danno	davo	ho dato	diedi, desti	darò
	CONG.		dia	dessi			
	IMPER.		-, da'! dia!				----------
	GERUND.		dando			CONDIZ. PRES. - darei	
decidere		coincidere, condividere, dividere, incidere, recidere, ridere, sorridere, suddividere, uccidere					
	IND.		decido, decidi	decidevo	ho deciso	decisi, decidesti	deciderò
	CONG.		decida	decidessi			
	IMPER.		-, decidi! decida!				----------
	GERUND.		decidendo			CONDIZ. PRES. - deciderei	
dire		benedire, contraddire, maledire, predire					
	IND.		dico, dici, dice,	dicevo	ho detto	dissi, dicesti	dirò
			diciamo, dite, dicono				
	CONG.		dica, dica, dica,	dicessi			
			diciamo, diciate, dicano				
	IMPER.		-, di'! dica!				----------
	GERUND.		dicendo			CONDIZ. PRES. - direi	
dirigere		erigere, prediligere					
	IND.		dirigo, dirigi	dirigevo	ho diretto	diressi, dirigesti	dirigerò
	CONG.		diriga	dirigessi			
	IMPER.		-, dirigi! diriga!				----------
	GERUND.		dirigendo			CONDIZ. PRES. - dirigerei	
discutere	IND.		discuto, discuti	discutevo	ho discusso	discussi, discutesti	discuterò
	CONG.		discuta	discutessi			
	IMPER.		-, discuti! discuta!				----------
	GERUND.		discutendo			CONDIZ. PRES. - discuterei	
disfare	IND.		disfaccio/disfo, disfai, disfa,	disfacevo	ho disfatto	disfeci, disfacesti	disfarò
			disfacciamo, disfate,				
			disfanno/ disfano				
	CONG.		disfaccia, disfaccia, disfaccia	disfacessi			
			disfacciamo, disfiate, disfacciano				
	IMPER.		-, disfa'! disfaccia!				----------
	GERUND.		disfacendo			CONDIZ. PRES. - disfarei	

INFINITO			PRESENTE	IMPERFETTO	PASS. PROSS.	PASSATO REMOTO	FUTURO

```
=====================================================================================================
distinguere | estinguere
            |..................................................................................................
            IND.  | distinguo, distingui      | distinguevo | ho distinto | distinsi,      | distinguerò
                  |                            |             |             | distinguesti   |
            CONG. | distingua                  | distinguessi|             |                |
            IMPER.| -, distingui! distingua!   |             |             |-----------------------------------
            GERUND.| distinguendo              |             |             |    CONDIZ. PRES. - distinguerei
=====================================================================================================
distruggere | struggere
            |..................................................................................................
            IND.  | distruggo, distruggi       | distruggevo | ho distrutto | distrussi,    | distruggerò
                  |                            |             |             | distruggesti   |
            CONG. | distrugga                  | distruggessi|             |                |
            IMPER.| -, distruggi! distrugga!   |             |             |-----------------------------------
            GERUND.| distruggendo              |             |             |    CONDIZ. PRES. - distruggerei
=====================================================================================================
dovere    IND.  | devo/ debbo, devi, deve,    | dovevo      | ho dovuto   | dovetti, dovesti | dovrò
                | dobbiamo, dovete, devono/debbono |          |             |                |
          CONG. | deva/debba,                 | dovessi     |             |                |
                | dobbiamo, dobbiate, devano/debbano |        |             |                |
          IMPER.| --,--,--                    |             |             |-----------------------------------
          GERUND.| dovendo                    |             |             |    CONDIZ. PRES. - dovrei
=====================================================================================================
emergere  | convergere (che non ha participio passato), detergere, immergere, sommergere, tergere
          |..................................................................................................
          IND.  | emergo, emergi              | emergevo    | sono emersa | emersi, emergesti | emergerò
          CONG. | emerga                      | emergessi   |             |                |
          IMPER.| -, emergi! emerga!          |             |             |-----------------------------------
          GERUND.| emergendo                  |             |             |    CONDIZ. PRES. - emergerei
=====================================================================================================
esigere   IND.  | esigo, esigi                | esigevo     | ---         | esigei/ esigetti, | esigerò
                |                             |             |             | esigesti       |
          CONG. | esiga                       | esigessi    |             |                |
          IMPER.| -, esigi! esiga!            |             |             |-----------------------------------
          GERUND.| esigendo                   |             |             |    CONDIZ. PRES. - esigerei
=====================================================================================================
espellere IND.  | espello, espelli            | espellevo   | ho espulso  | espulsi, espellesti | espellero
          CONG. | espella                     | espellessi  |             |                |
          IMPER.| -, espelli! espella!        |             |             |-----------------------------------
          GERUND.| espellendo                 |             |             |    CONDIZ. PRES. - espellerei
=====================================================================================================
eplodere  IND.  | esplodo, esplodi            | esplodevo   | sono esplosa | esplosi, esplodesti | esploderò
                |                             |             |             |                |
          CONG. | esploda                     | esplodessi  |             |                |
          IMPER.| -, esplodi! esploda!        |             |             |-----------------------------------
          GERUND.| esplodendo                 |             |             |    CONDIZ. PRES. - esploderei
=====================================================================================================
```

INFINITO			PRESENTE	IMPERFETTO	PASS. PROSS.	PASSATO REMOTO	FUTURO
esprimere			comprimere, deprimere, imprimere, opprimere, reprimere, sopprimere				
	IND.		esprimo, esprimi	esprimevo	ho espresso	espressi, esprimesti	esprimerò
	CONG.		esprima	esprimessi			
	IMPER.		-, esprimi! esprima!				
	GERUND.		esprimendo			CONDIZ. PRES. - esprimerei	
essere	IND.		sono, sei, è, siamo, siete, sono	ero	sono stata	fui, fosti, fu, fummo, foste, furono	sarò
	CONG.		sia	fossi			
	IMPER.		-, sii! sia!				
	GERUND.		essendo			CONDIZ. PRES. - sarei	
fare			rifare				
	IND.		faccio, fai, fa, facciamo, fate, fanno	facevo	ho fatto	feci, facesti	farò
	CONG.		faccia, faccia, faccia facciamo, facciate, facciano	facessi			
	IMPER.		-; fa'! faccia!				
	GERUND.		facendo			CONDIZ. PRES. - farei	
fondere			confondere, diffondere				
	IND.		fondo, fondi	fondevo	ho fuso	fusi, fondesti	fonderò
	CONG.		fonda	fondessi			
	IMPER.		-, fondi! fonda!				
	GERUND.		fondendo			CONDIZ. PRES. - fonderei	
friggere			affliggere, infliggere, sconfiggere, soffriggere, trafiggere				
	IND.		friggo, friggi	friggevo	ho fritto	frissi, friggesti	friggerò
	CONG.		frigga	friggessi			
	IMPER.		-, friggi! frigga!				
	GERUND.		friggendo			CONDIZ. PRES. - friggerei	
giungere			aggiungere, congiungere, pungere, raggiungere, soggiungere, sopraggiungere (e), ungere				
	IND.		giungo, giungi	giungevo	sono giunta	giunsi, giungesti	giungerò
	CONG.		giunga	giungessi			
	IMPER.		-, giungi! giunga!				
	GERUND.		giungendo			CONDIZ. PRES. - giungerei	

INFINITO			PRESENTE	IMPERFETTO	PASS. PROSS.	PASSATO REMOTO	FUTURO
godere	IND.		godo, godi	godevo	ho goduto	godei/godetti, godesti	godrò
	CONG.		goda	godessi			
	IMPER.		-, godi! goda!				
	GERUND.		godendo			CONDIZ. PRES. - godrei	

invadere | evadere (a/e), radere

	IND.		invado, invadi	invadevo	ho invaso	invasi, invadesti	invaderò
	CONG.		invada	invadessi			
	IMPER.		-, invadi! invada!				
	GERUND.		invadendo			CONDIZ. PRES. - invaderei	

leggere | correggere, eleggere, proteggere, reggere, rileggere, sorreggere

	IND.		leggo, leggi	leggevo	ho letto	lessi, leggesti	leggerò
	CONG.		legga	leggessi			
	IMPER.		-, leggi! legga!				
	GERUND.		leggendo			CONDIZ. PRES. - leggerei	

mettere | ammettere, commettere, compromettere, dimettersi, emettere, immettere, permettere, promettere, rimettere, scommettere, smettere, sottomettere, trasmettere

	IND.		metto, metti	mettevo	ho messo	misi, mettesti	metterò
	CONG.		metta	mettessi			
	IMPER.		-, metti! metta!				
	GERUND.		mettendo			CONDIZ. PRES. - metterei	

mordere	IND.		mordo, mordi	mordevo	ho morso	morsi, mordesti	morderò
	CONG.		morda	mordessi			
	IMPER.		-, mordi! morda!				
	GERUND.		mordendo			CONDIZ. PRES. - morderei	

morire	IND.		muoio, muori, muore, moriamo, morite, muoiono	morivo	sono morta	morii, moristi	morirò/ morrò
	CONG.		muoia, muoia, muoia moriamo, moriate, muoiano	morissi			
	IMPER.		-, muori! muoia!				
	GERUND.		morendo			CONDIZ. PRES. - morirei	

muovere | commuovere, promuovere

	IND.		muovo, muovi	muovevo	ho mosso	mossi, movesti	muoverò
	CONG.		muova	muovessi			
	IMPER.		-, muovi! muova!				
	GERUND.		muovendo			CONDIZ. PRES. - muoverei	

INFINITO			PRESENTE	IMPERFETTO	PASS. PROSS.	PASSATO REMOTO	FUTURO
nascere		rinascere (e)					
	IND.		nasco, nasci	nascevo	sono nata	nacqui, nascesti	nascerò
	CONG.		nasca	nascessi			
	IMPER.		-, nasci! nasca!				
	GERUND.		nascendo				CONDIZ. PRES. - nascerei
nuocere	IND.		nuoccio, nuoci, nuoce,	nuocevo	ho nociuto/	nocqui, nuocesti	nuocerò
			nuociamo, nuocete, nuocciono		ho nuociuto		
	CONG.		nuoccia	nuocessi			
	IMPER.		-, nuoci! nuoccia!				
	GERUND.		nuocendo				CONDIZ. PRES. - nuocerei
offrire		soffrire					
	IND.		offro, offri	offrivo	ho offerto	offersi, offristi	offrirò
	CONG.		offra	offrissi			
	IMPER.		-, offri! offra!				
	GERUND.		offrendo				CONDIZ. PRES. - offrirei
parere	IND.		paio, (pari), pare,	parevo	sono parsa	parvi, (paresti)	parrò
			(paiamo), (parete), paiono				
	CONG.		paia, paia, paia	paressi			
			paiamo, paiate, paiano				
	IMPER.		--,--,--				
	GERUND.		parendo				CONDIZ. PRES. - parrei
perdere		disperdere					
	IND.		perdo, perdi	perdevo	ho perso	persi/perdetti,	perderò
						perdesti	
	CONG.		perda	perdessi			
	IMPER.		-, perdi! perda!				
	GERUND.		perdendo				CONDIZ. PRES. - perderei
persuadere		dissuadere					
	IND.		persuado, persuadi	persuadevo	ho persuaso	persuasi,	persuaderò
						persuadesti	
	CONG.		persuada	persuadessi			
	IMPER.		-, persuadi! persuada!				
	GERUND.		persuadendo				CONDIZ. PRES. - persuaderei

INFINITO			PRESENTE	IMPERFETTO	PASS. PROSS.	PASSATO REMOTO	FUTURO

piacere | compiacere, dispiacere (e), giacere (e), spiacere (e), tacere

		PRESENTE	IMPERFETTO	PASS. PROSS.	PASSATO REMOTO	FUTURO
IND.	piaccio, piaci, piace, piacciamo, piacete, piacciono	piacevo	sono piaciuta	piacqui, piacesti	piacerò
CONG.	piaccia, piaccia, piaccia, piacciamo, piacciate, piacciano	piacessi			
IMPER.	-, piaci! piaccia!				
GERUND.	piacendo			CONDIZ. PRES. - piacerei	

piangere | rimpiangere

IND.	piango, piangi	piangevo	ho pianto	piansi, piangesti	piangerò
CONG.	pianga	piangessi			
IMPER.	-, piangi! pianga!				
GERUND.	piangendo			CONDIZ. PRES. - piangerei	

piovere | spiovere (a/e) *(usati solo alla terza persona singolare)*

IND.	piove	pioveva	ha piovuto/	piovve	pioverà
CONG.	piova	piovesse	è piovuto		
IMPER.	--				
GERUND.	piovendo			CONDIZ. PRES. - pioverebbe	

porre | comporre, contrapporre, decomporre, deporre, disporre, esporre, imporre, opporre, predisporre, proporre, riporre, scomporre, sottoporre, sovrapporre, supporre

IND.	pongo, poni, pone, poniamo, ponete, pongono	ponevo	ho posto	posi, ponesti	porrò
CONG.	ponga	ponessi			
IMPER.	-, poni! ponga!				
GERUND.	ponendo			CONDIZ. PRES. - porrei	

possedere | sedersi

IND.	possiedo, possiedi, possiede, possediamo, possedete, possiedono	possedevo	ho posseduto	possedei/possedetti, possedesti	possiederò/ possederò
CONG.	possieda, possieda, possieda, possediamo, possediate, possiedano	possedessi			
IMPER.	-, possiedi! possieda!				
GERUND.	possedendo			CONDIZ. PRES. - possiederei/ possederei	

potere

IND.	posso, puoi, può, possiamo, potete, possono	potevo	ho potuto	potei, potesti	potrò
CONG.	possa, possa, possa, possiamo, possiate, possano	potessi			
IMPER.	--,--,--				
GERUND.	potendo			CONDIZ. PRES. - potrei	

INFINITO			PRESENTE		IMPERFETTO	PASS. PROSS.	PASSATO REMOTO	FUTURO

prendere | accendere, appendere, apprendere, arrendersi, attendere, comprendere, contendere, difendere, dipendere (e), discendere (a/e), distendere, estendere, intendere, intraprendere, offendere, pretendere, protendere, rendere, riprendere, risplendere *(non ha il participio passato)*, scendere (a/e), sorprendere, sospendere, spendere, splendere *(non ha il participio passato)*, stendere, tendere

			PRESENTE	IMPERFETTO	PASS. PROSS.	PASSATO REMOTO	FUTURO
	IND.	prendo, prendi		prendevo	ho preso	presi, prendesti	prenderò
	CONG.	prenda		prendessi			
	IMPER.	-, prendi! prenda!					
	GERUND.	prendendo				CONDIZ. PRES. - prenderei	

redimere
	IND.	redimo, redimi		redimevo	ho redento	redensi, redimesti	redimerò
	CONG.	redima		redimessi			
	IMPER.	-, redimi! redima!					
	GERUND.	redimendo				CONDIZ. PRES. - redimerei	

resistere | assistere, consistere (e), esistere (e), insistere, persistere

	IND.	resisto, resisti		resistevo	ho resistito	resistei/resistetti, resistesti	resisterò
	CONG.	resista		resistessi			
	IMPER.	-, resisti! resista!					
	GERUND.	resistendo				CONDIZ. PRES. - resisterei	

riempire
	IND.	riempio, riempi, riempie, riempiamo, riempite, riempiono	riempivo	ho riempito	riempii, riempisti	riempirò
	CONG.	riempia		riempissi			
	IMPER.	-, riempi! riempia!					
	GERUND.	riempiendo				CONDIZ. PRES. - riempirei	

riflettere
	IND.	rifletto, rifletti		riflettevo	ho riflettuto / ho riflesso	riflessi/ riflettei riflettesti	rifletterò
	CONG.	rifletta		riflettessi	(1)		
	IMPER.	-, rifletti! rifletta!					
	GERUND.	riflettendo				CONDIZ. PRES. - rifletterei	

(1) "riflettere" ha due participi passati con significato diverso: "riflettuto" e "riflesso".

rifulgere
	IND.	rifulgo, rifulgi		rifulgevo	ho rifulso/ sono rifulsa	rifulsi, rifulgesti	rifulgerò
	CONG.	rifulga		rifulgessi			
	IMPER.	-, rifulgi! rifulga!					
	GERUND.	rifulgendo				CONDIZ. PRES. - rifulgerei	

rimanere
	IND.	rimango, rimani, rimane, rimaniamo, rimanete, rimangono	rimanevo	sono rimasta	rimasi, rimanesti	rimarrò
	CONG.	rimanga		rimanessi			
	IMPER.	-, rimani! rimanga!					
	GERUND.	rimanendo				CONDIZ. PRES. - rimarrei	

INFINITO		PRESENTE	IMPERFETTO	PASS. PROSS.	PASSATO REMOTO	FUTURO
risolvere		assolvere, dissolvere				
	IND.	risolvo, risolvi	risolvevo	ho risolto	risolsi, risolvesti	risolverò
	CONG.	risolva	risolvessi			
	IMPER.	-, risolvi! risolva!				
	GERUND.	risolvendo				CONDIZ. PRES. - risolverei
rispondere		corrispondere, nascondere				
	IND.	rispondo, rispondi	rispondevo	ho risposto	risposi, rispondesti	risponderò
	CONG.	risponda	rispondessi			
	IMPER.	-, rispondi! risponda!				
	GERUND.	rispondendo				CONDIZ. PRES. - risponderei
rodere		corrodere				
	IND.	rodo, rodi	rodevo	ho roso	rosi, rodesti	roderò
	CONG.	roda	rodessi			
	IMPER.	-, rodi! roda!				
	GERUND.	rodendo				CONDIZ. PRES. - roderei
rompere		corrompere, interrompere				
	IND.	rompo, rompi	rompevo	ho rotto	ruppi, rompesti	romperò
	CONG.	rompa	rompessi			
	IMPER.	-, rompi! rompa!				
	GERUND.	rompendo				CONDIZ. PRES. - romperei
salire		assalire, risalire (a/e)				
	IND.	salgo, sali, sale, saliamo, salite, salgono	salivo	ho salito/ sono salita	salii, salisti	salirò
	CONG.	salga	salisse			
	IMPER.	-, sali! salga!				
	GERUND.	salendo				CONDIZ.PRES.- salirei
sapere		risapere				
	IND.	so, sai, sa, sappiamo, sapete, sanno	sapevo	ho saputo	seppi, sapesti	saprò
	CONG.	sappia, sappia, sappia, sappiamo, sappiate, sappiano	sapessi			
	IMPER.	-, sappi! sappia!				
	GERUND.	sapendo				CONDIZ. PRES. - saprei
scegliere	IND.	scelgo, scegli, sceglie scegliamo, scegliete, scelgono	sceglievo	ho scelto	scelsi, scegliesti	sceglierò
	CONG.	scelga	scegliessi			
	IMPER.	-, scegli! scelga!				
	GERUND.	scegliendo				CONDIZ.PRES. - sceglierei

342

INFINITO			PRESENTE	IMPERFETTO	PASS. PROSS.	PASSATO REMOTO	FUTURO
scindere	IND.		scindo, scindi	scindevo	ho scisso	scissi, scindesti	scinderò
	CONG.		scinda	scindessi			
	IMPER.		-, scindi! scinda!				
	GERUND.		scindendo			CONDIZ. PRES. - scinderei	
sciogliere	IND.		sciolgo, sciogli, scioglie, sciogliamo, sciogliete, sciolgono	scioglievo	ho sciolto	sciolsi, sciogliesti	scioglierò
	CONG.		sciolga	sciogliessi			
	IMPER.		-, sciogli! sciolga!				
	GERUND.		sciogliendo			CONDIZ. PRES. - scioglierei	
scrivere		descrivere, iscrivere, prescrivere, sottoscrivere					
	IND.		scrivo, scrivi	scrivevo	ho scritto	scrissi, scrivesti	scriverò
	CONG.		scriva	scrivessi			
	IMPER.		-, scrivi! scriva!				
	GERUND.		scrivendo			CONDIZ. PRES. - scriverei	
scuotere		percuotere, riscuotere					
	IND.		scuoto, scuoti	scuotevo	ho scosso	scossi, scuotesti	scuoterò
	CONG.		scuota	scuotessi			
	IMPER.		-, scuoti! scuota!				
	GERUND.		scuotendo			CONDIZ. PRES. - scuoterei	
seppellire	IND.		seppellisco, seppellisci	seppellivo	ho sepolto/ ho seppellito	seppellii, seppellisti	seppellirò
	CONG.		seppellisca	sepellissi			
	IMPER.		-, seppellisci! seppellisca!				
	GERUND.		seppellendo			CONDIZ. PRES. - seppellirei	
soddisfare	IND.		soddisfaccio/soddisfo, soddisfai/ soddisfi, soddisfa, soddisfacciamo, soddisfate, soddisfanno/soddisfano	soddisfacevo	ho soddisfatto	soddisfeci, soddisfacesti	soddisfarò
	CONG.		soddisfaccia/soddisfi, soddisfacciamo, soddisfacciate, soddisfacciano/soddisfino	soddisfacessi			
	IMPER.		-, soddisfa'! soddisfaccia!				
	GERUND.		soddisfacendo			CONDIZ. PRES. - soddisfarei	
spandere	IND.		spando, spandi	spandevo	---	spandei/ spandetti spandesti	spanderò
	CONG.		spanda	spandessi			
	IMPER.		-, spandi! spanda!				
	GERUND.		spandendo			CONDIZ. PRES. - spanderei	

INFINITO		PRESENTE	IMPERFETTO	PASS. PROSS.	PASSATO REMOTO	FUTURO
spargere		cospargere				
	IND.	spargo, spargi	spargevo	ho sparso	sparsi, spargesti	spargerò
	CONG.	sparga	spargessi			
	IMPER.	-, spargi! sparga!				
	GERUND.	spargendo			CONDIZ. PRES. - spargerei	
spegnere	IND.	spengo, spegni, spegne, spegniamo, spegnete, spengono	spegnevo	ho spento	spensi, spegnesti	spegnerò
	CONG.	spenga	spegnessi			
	IMPER.	-, spegni! spenga!				
	GERUND.	spegnendo			CONDIZ. PRES. - spegnerei	
spingere		accingersi, attingere, cingere, dipingere, fingere, respingere, tingere				
	IND.	spingo, spingi	spingevo	ho spinto	spinsi, spingesti	spingerò
	CONG.	spinga	spingessi			
	IMPER.	-, spingi! spinga!				
	GERUND.	spingendo			CONDIZ. PRES. - spingerei	
sporgere		accorgersi, insorgere (e), porgere, risorgere (e), scorgere, sorgere (e)				
	IND.	sporgo, sporgi	sporgevo	ho sporto	sporsi, sporgesti	sporgerò
	CONG.	sporga	sporgessi			
	IMPER.	-, sporgi! sporga!				
	GERUND.	sporgendo			CONDIZ. PRES. - sporgerei	
stare		sottostare (e) - ["restare" è regolare]				
	IND.	sto, stai, sta, stiamo, state, stanno	stavo	sono stata	stetti, stesti	starò
	CONG.	stia	stessi			
	IMPER.	-, sta! state!				
	GERUND.	stando			CONDIZ. PRES. - starei	
stringere		costringere, restringere				
	IND.	stringo, stringi	stringevo	ho stretto	strinsi, stringesti	stringerò
	CONG.	stringa	stringessi			
	IMPER.	-, stringi! stringa!				
	GERUND.	stringendo			CONDIZ. PRES. - stringerei	
tenere		appartenere (a/e), astenersi, contenere, intrattenere, mantenere, ottenere, ritenere, sostenere, trattenere				
	IND.	tengo, tieni, tiene, teniamo, tenete, tengono	tenevo	ho tenuto	tenni, tenesti	terrò
	CONG.	tenga	tenessi			
	IMPER.	-, tieni! tenga!				
	GERUND.	tenendo			CONDIZ. PRES. - terrei	

INFINITO		PRESENTE	IMPERFETTO	PASS. PROSS.	PASSATO REMOTO	FUTURO
togliere		accogliere, cogliere, raccogliere				
	IND.	tolgo, togli, toglie, togliamo, togliete, tolgono	toglievo	ho tolto	tolsi, togliesti	toglierò
	CONG.	tolga	togliessi			
	IMPER.	-, togli! tolga!				
	GERUND.	togliendo				CONDIZ. PRES. - toglierei
torcere	IND.	torco, torci	torcevo	ho torto	torsi, torcesti	torcerò
	CONG.	torca	torcessi			
	IMPER.	-, torci! torca!				
	GERUND.	torcendo				CONDIZ.PRES. - torcerei
tradurre		condurre, indurre, introdurre, produrre, ricondurre, ridurre, sedurre				
	IND.	traduco, traduci, traduce, traduciamo, traducete, traducono	traducevo	ho tradotto	tradussi, traducesti	tradurrò
	CONG.	traduca	traducessi			
	IMPER.	-, traduci! traduca!				
	GERUND.	traducendo				CONDIZ. PRES. - tradurrei
trarre		attrarre, contrarre, distrarre, estrarre, ritrarre, sottrarre				
	IND.	traggo, trai, trae, traiamo, traete, traggono	traevo	ho tratto	trassi, traesti	trarrò
	CONG.	tragga	traessi			
	IMPER.	-, trai! tragga!				
	GERUND.	traendo				CONDIZ. PRES. - trarrei
udire	IND.	odo, odi, ode, udiamo, udite, odono	udivo	ho udito	udii, udisti	udirò/ udrò
	CONG.	oda	udissi			
	IMPER.	-, odi! oda!				
	GERUND.	udendo				CONDIZ. PRES. - udirei/udrei
uscire		riuscire (e)				
	IND.	esco, esci, esce, usciamo, uscite, escono	uscivo	sono uscita	uscii, uscisti	uscirò
	CONG.	esca	uscissi			
	IMPER.	-, esci! esca!				
	GERUND.	uscendo				CONDIZ. PRES. - uscirei
valere		avvalersi, equivalere (a/e), prevalere (a/e)				
	IND.	valgo, vali, vale, valiamo, valete, valgono	valevo	sono valsa	valsi, valesti	varrò
	CONG.	valga	valessi			
	IMPER.	-, vali! valga!				
	GERUND.	valendo				CONDIZ. PRES. - varrei

345

```
INFINITO     |       | PRESENTE                      | IMPERFETTO | PASS. PROSS. | PASSATO REMOTO   | FUTURO
============================================================================================================
vedere       | intravvedere, prevedere, rivedere
             |...........................................................................................
             | IND.  | vedo, vedi                    | vedevo    | ho veduto/   | vidi, vedesti    | vedrò
             |       |                               |           | ho visto     |                  |
             | CONG. | veda                          | vedessi   |              |                  |
             | IMPER.| -, vedi! veda!                |           |              |-------------------------------
             | GERUND.| vedendo                      |           |              |    CONDIZ. PRES. - vedrei
============================================================================================================
venire       | avvenire (e), convenire (e), divenire (e), intervenire (e), pervenire (e), provenire (e), rinvenire (a/e),
             | sopravvenire (e), svenire (e)
             |...........................................................................................
             | IND.  | vengo, vieni, viene,          | venivo    | sono venuta  | venni, venisti   | verrò
             |       | veniamo, venite, vengono      |           |              |                  |
             | CONG. | venga                         | venissi   |              |                  |
             | IMPER.| -, vieni! venga!              |           |              |-------------------------------
             | GERUND.| venendo                      |           |              |    CONDIZ. PRES. - verrei
============================================================================================================
vincere      | convincere
             |...........................................................................................
             | IND.  | vinco, vinci                  | vincevo   | ho vinto     | vinsi, vincesti  | vincerò
             | CONG. | vinca                         | vincessi  |              |                  |
             | IMPER.| -, vinci! vinca!              |           |              |-------------------------------
             | GERUND.| vincendo                     |           |              |    CONDIZ. PRES. - vincerei
============================================================================================================
vivere       | convivere, rivivere, sopravvivere
             |...........................................................................................
             | IND.  | vivo, vivi                    | vivevo    | ho vissuto   | vissi, vivesti   | vivrò
             | CONG. | viva                          | vivessi   |              |                  |
             | IMPER.| -, vivi! viva!                |           |              |-------------------------------
             | GERUND.| vivendo                      |           |              |    CONDIZ. PRES. - vivrei
============================================================================================================
volere       | IND.  | voglio, vuoi, vuole,          | volevo    | ho voluto    | volli, volesti   | vorrò
             |       | vogliamo, volete, vogliono    |           |              |                  |
             | CONG. | voglia, voglia, voglia,       | volessi   |              |                  |
             |       | vogliamo, vogliate, vogliano  |           |              |                  |
             | IMPER.| --, --, --                    |           |              |-------------------------------
             | GERUND.| volendo                      |           |              |    CONDIZ. PRES. - vorrei
============================================================================================================
volgere      | avvolgere, capovolgere, coinvolgere, rivolgere, sconvolgere, svolgere, travolgere
             |...........................................................................................
             | IND.  | volgo, volgi, volge,          | volgevo   | ho volto     | volsi, volgesti  | volgerò
             |       | volgiamo, volgete, volgono    |           |              |                  |
             | CONG. | volga                         | volgessi  |              |                  |
             | IMPER.| -, volgi! volga!              |           |              |-------------------------------
             | GERUND.| volgendo                     |           |              |    CONDIZ. PRES. - volgerei
============================================================================================================
```

Indice degli elementi grammaticali trattati nel testo

In questo indice di riferimento sono incluse tutte le parole elencate in rettangoli a contorno doppio sia chiusi che aperti (vedi NOTA all'inizio del testo) e le parole "grammaticali" come: *alcuno, benché, cui, dove, gli, il, mi, molto, per, perché, quanto, se lo, ecc. ecc.*

Per i verbi irregolari è segnalato tra parentesi il verbo modello con le stesse irregolarità. La lista dei paradigmi di tali verbi inizia a pagina 331.

supremo 84
sussurrare 25
svanire 145
sveglio 316
svenire (v. venire) 145
svolgere (v. volgere)
svuotare 27

tabù 88
tacere (v. piacere)
tale 68, 70
tanto 68, 70, 76, 196
tanto da 300
tanto... quanto 80
tè 88, 89
te 202-207, 208-212, 217
te lo/la/li/le 213-217
tecnico 48
telefonare 22
telefonista 86
telegramma 85
tema 85
tempio 47
tenaglie 91-92
tendere (v. prendere)
tenebre 91-92
tenere (v. tenere) 88, 115,
    133, 158, 161, 246, 256,
    282, 256
tennis 88
teologo 49
teorema 85
tergere (v. emergere)
terminare 149
terrorista 86
tesi 87
ti 116, 202-207, 208-212
tingere (v. spingere)
tipico 48
tisi 87
toccare 24, 146, 150
togliere (v. togliere) 25, 115,
    140, 160, 246
torcere (v. torcere) 139, 160
tornare 144
tra 21
tradurre (v. tradurre) 115,
    133, 159, 161, 168, 246,

256, 264, 282, 294, 308
trafiggere (v. friggere)
tram 88
tramite 21
tramontare 144
tranne 21
trarre (v. trarre) 115, 133,
    140, 159, 161, 168, 222,
    246, 256, 264, 282, 294,
    308
trascorrere (v. correre) 150
traslocare 143
trasmettere (v. mettere)
trattare 27
trattenere (v. tenere)
trauma 85
travolgere (v. volgere)
Trentino 100
tribù 88
troppo 68, 70, 196
troppo ... per 300
trottare 143
tu 128, 199-201
tuo 62-66
tuonare 152
tuttavia 190
tutto 43

ubbidire 22
uccidere (v. decidere)
udire (v. udire) 115, 133, 246,
    256, 282,
umoristico 48
un/una/un' 43, 45
ungere (v. giungere)
unico 278
unità 88
università 88
uno 43, 45, 70
uomo 47
uovo 92
urlo 94
Uruguai 100
uscire (v. uscire) 115, 144,
    246, 256
uxorocida 86

vaglia 89
valere (v. valere) 115, 133,
    140, 146, 160, 246, 256, 282
valico 48
vamp 88
vantarsi 27
ve lo/la/li/le 213-217
vecchio 76
vedere (v. vedere) 133, 140,
    161, 282, 306
vedetta 98
velocità 88
vendere 25
venerdì 88
Veneto 100
Venezuela 100
venire (v. venire) 24, 37, 38,
    115, 133, 140, 144, 162,
    246, 256, 282
vergognarsi 27
verso 21
vi 116, 202-207, 208-212,
viaggiare 112, 143
vicinanze 91-92
vicino 196-197
vicino a 28, 58
vincere (v. vincere) 113, 139,
    160
viola 90
violentemente 198
violinista 86
virtù 88
vite 98
vivere (v. vivere) 27, 133,
    140, 152, 161, 282
voi 129, 199-201, 202-207,
    208-212, 217
volare 151-152
voler bene 22
volerci 146
volere (v. volere) 115, 133,
    152-153, 158, 161, 229, 256,
    282
volgere (v. volgere) 115, 140,
    160, 246
vostro 62-66

zampillare 144
zoo 47